Eric Lippmann

Identität im Zeitalter des Chamäleons

Flexibel sein und Farbe bekennen

Mit einem »Multilog« von Matthias Varga von Kibéd
als Geleitwort

Mit 13 Abbildungen und einer Tabelle

3., aktualisierte Auflage

Vandenhoeck & Ruprecht

Bibliografische Information der Deutschen Nationalbibliothek

Die Deutsche Nationalbibliothek verzeichnet diese Publikation in der Deutschen Nationalbibliografie; detaillierte bibliografische Daten sind im Internet über http://dnb.d-nb.de abrufbar.

ISBN 978-3-525-40382-2

Umschlagabbildung: shutterstock.com

© 2018, Vandenhoeck & Ruprecht GmbH & Co. KG, Theaterstr. 13,
D-37073 Göttingen / Vandenhoeck & Ruprecht LLC, Bristol, CT, U.S.A.
www.v-r.de
Alle Rechte vorbehalten. Das Werk und seine Teile sind urheberrechtlich geschützt. Jede Verwertung in anderen als den gesetzlich zugelassenen Fällen bedarf der vorherigen schriftlichen Einwilligung des Verlages.
Printed in Germany.

Satz: SchwabScantechnik, Göttingen
Druck und Bindung: ⊕ Hubert & Co., Robert-Bosch-Breite 6,
D-37079 Göttingen

Gedruckt auf alterungsbeständigem Papier.

V&R

Inhalt

Ein Multilog zwischen Zelig, Eric Lippmann
und Matthias Varga von Kibéd 7

1 Einleitung 17

2 »Zelig«: Der Film 25

3 Ich bin viele – Facetten der fünf Säulen der Identität 31
   3.1 Ich liebe, also bin ich: Soziale Beziehungen 32
      3.1.1 Sage mir, woher du kommst, und ich sage dir,
           wer du warst: Herkunft und Identität 33
      3.1.2 Sage mir, mit wem du wohin gehst, und ich
           sage dir, wer du wirst: Partnerschaft, Hinkunft
           und Identität 46
      3.1.3 Ich werde verstanden, also bin ich:
           Heimatgefühl und Identität 53
      3.1.4 Ich bin online, also bin ich:
           Virtuelle Identitäten und Beziehungen 56
      3.1.5 Ich spreche mit mir, also bin ich – oder:
           »Du bist vielleicht viele, aber ich liebe dich«:
           Beziehungen zur inneren Familie 65
      3.1.6 Die Säule »Soziale Beziehungen« bei Zelig 76

   3.2 Ich arbeite, also bin ich 83
      3.2.1 Der flexible Mensch – Korrosion
           des Charakters? 85
      3.2.2 Erwerbsbiografische Unsicherheiten 89
      3.2.3 Das Chamäleon-Prinzip: Farbe bekennen
           und sich anpassen 95
      3.2.4 Die Säule »Arbeit und Leistung« bei Zelig 99

3.3 Ich bin da, also bin ich 101
   3.3.1 Die Leib-Seele-Thematik 101
   3.3.2 Embodiment: Die Wechselwirkung von Körper
       und Psyche 103
   3.3.3 Wo wohnt das »Ich« oder gibt es überhaupt
       ein »Selbst«? 112
   3.3.4 Identität und Geschlecht 125
   3.3.5 Die Säule »Leiblichkeit« bei Zelig 134

3.4 Ich habe, also bin ich 136
   3.4.1 Haben-Modus und Konformität 138
   3.4.2 Spielen und Haben 140
   3.4.3 Die Säule »Materielle Sicherheiten« bei Zelig 143

3.5 Ich glaube, also bin ich 147
   3.5.1 Glaube und Religion 147
   3.5.2 Ich erzähle, also bin ich: Die eigene Geschichte
       als Kraftquelle der Identität 149
   3.5.3 Ich gebe dem Leben Sinn, also bin ich:
       Auf der Suche nach Sinngebung 155
   3.5.4 Ich bin verrückt, also bin ich: Paradoxes,
       »Crazy Quilt« – und selbst dies nicht und
       auch das nicht 164
   3.5.5 Die Säule »Glaube, Werte und Sinn« bei Zelig 171

4 Zusammenfassende und weiterführende Gedanken
zu den fünf Säulen der Identität 177

4.1 Schlussgedanken zur Säule »Soziale Beziehungen« 177

4.2 Schlussgedanken zur Säule »Arbeit und Leistung« 181

4.3 Schlussgedanken zur Säule »Leiblichkeit« 184

4.4 Schlussgedanken zur Säule »Materielle Sicherheiten« 187

4.5 Schlussgedanken zur Säule »Glaube, Werte und Sinn« 191

Literatur 199

Ein Multilog zwischen Zelig, Eric Lippmann und Matthias Varga von Kibéd

Zelig: Einer der Songtitel über mich lautet ja »Du bist viele, aber ich liebe dich«. Dies verweist doch auf die Tatsache, dass die sozialen Beziehungen wohl die wichtigste Säule der Identität darstellen. Ich und der Mensch als soziales Wesen überhaupt, wir sind eben von Anfang an auf andere angewiesen. Und ich wollte ja immer, dass man mich mag.

Eric: Und welche Konsequenzen hast du daraus gezogen? Was hast du gerade dadurch gelernt? Was können wir von deinen Erkenntnissen dazulernen?

Zelig: Nun, deshalb habe ich die Fähigkeit entwickelt, mich der jeweiligen Umgebung anzupassen. Dass ich dadurch paradoxerweise besonders auffällig geworden bin, ist wohl mein Schicksal gewesen. Tja ... nicht zufällig ist es auch ein Aspekt dieser Säule der Identität, der wesentlich zu meiner Heilung beigetragen hat: die Liebe zu Dr. Fletcher, meiner Therapeutin, welche glücklicherweise diese Gefühle erwiderte.

Eric: Ja, da habe ich von dir gelernt: Ich habe deshalb die sozialen Beziehungen als erste Säule der Identität in meinem Buch aufgeführt, weil ich auch davon überzeugt bin, dass sie für unsere Identitätsentwicklung zentral ist.

Matthias: Ja, woher sollen wir sonst schon wissen, wer wir sind, wenn wir es nicht in unseren Beziehungen zu den anderen herausfinden? Auch wenn nicht jeder das Glück haben kann, so wie du, Dr. Fletcher persönlich zu kennen.

Zelig: Da habe ich wirklich mal Glück gehabt! Und außerdem finde ich: Man ist dann immer gut beschäftigt, weil es schon über die Herkunft so viel herauszufinden gibt.

Eric: Wie viel Energie jemand aufbringen kann, um das Rätsel seiner Herkunft zu entschlüsseln, habe ich im Buch am Beispiel des Jungen aufgezeigt, der seinen Vater ausfindig gemacht hat. Zudem habe ich eine gewisse Ehrfurcht davor, wie die Fragmentierung der Identität heutzutage schon vor der Geburt möglich geworden ist.

Zelig: Fragmentiert habe ich mich wirklich immer schon gefühlt.

Matthias: Ohne das würde der Versuch, in der Beziehung zur Ganzheit zu finden, ja auch sehr an Reiz verlieren, nicht wahr? Außerdem wird nach Martin Buber der Mensch ja erst am Du zum Ich.

Eric: Zugegeben, die Triade von Mutter, Vater und Kind ist noch immer der Normalfall. Die Tatsache aber, dass wir im Zeitalter der Reproduktionsmedizin bereits zwei Väter und drei Mütter haben können, ganz abgesehen von späteren Patchwork-Konstellationen, stellt für mich ein starkes Symbol dieser Fragmentierung dar. Diese muss aber nicht mit negativen Konsequenzen verbunden sein, wie dies Richard Sennett für die nicht privilegierten Menschen postuliert.

Zelig: Ich habe zwar bloß zwei Eltern, aber das höre ich mit Erleichterung.

Eric: Vielfalt und Fragmentierung der Persönlichkeit können durchaus auch kreatives Potenzial für den Einzelnen bedeuten.

Matthias: Auch so stimmen uns eben deine Erfahrungen, werter Zelig, letztlich hoffnungsfroher. Und es wäre uns wirklich ohne die auf den ersten Blick beunruhigenden Aspekte der Fragmentierung der Persönlichkeit Kostbares entgangen: noch so eine Paradoxie deines Lebens – und des unseren.

Ein Multilog

Zelig: Mich wundert es, dass dem Begriff der Flexibilität um die Jahrtausendwende so hohe Beachtung zukam. Ich habe das ja schon vorgelebt, indem ich zeigte, wie man sowohl verschiedene Berufe als auch verschiedene Persönlichkeiten annehmen kann.

Eric: Ja, und damit hast du das Chamäleon-Prinzip schon auf verschiedenen Ebenen vorgelebt. Hier ist deine Form der zweiten Säule der Identität zu finden: die Säule von Arbeit und Leistung – in deinem Fall eine sehr flexible Version davon.

Matthias: Und im Zweifelsfall kannst du ja bei Bedarf auch große Massen bewegen, etwa zu Ostern im Vatikan. Das fördert und fordert dann auch die Flexibilität der anderen. Aber, Zelig, sag doch noch, wie du zum Chamäleon stehst?

Zelig: Dass ich dann als Chamäleon diagnostiziert wurde, war für mich eigentlich eine Ehre. Außer als dann der Vorschlag kam, mich mit Fliegen durchzufüttern …

Eric: Statt mit Fliegen wurdest du mit Versuchsmedikamenten abgespeist. Kein Wunder, dass du dann wörtlich die Wände hochgingst.

Matthias: Wohl eine weitsichtige Vorwegnahme der Ambivalenz, die viele heutzutage den Psychopharmaka entgegenbringen.

Eric: Womit wir bei der Leib-Seele-Thematik angekommen sind, der dritten Säule der Identität. Wie ich im Buch aufzeige, bist du, Zelig, ja Meister in der Form des Modell-, Resonanz- und Imitationslernens. Dir gelingt es mittels deiner Spiegelneuronen optimal, bei andern Menschen wahrgenommene Signale so abzuspeichern, dass du sie selber reproduzieren kannst. Hier findet sich bei dir meine dritte Säule der Identität: die Leiblichkeit, in dieser deiner besonderen Lernfähigkeit als paradigmatischer Chamäleoniker.

Zelig: Ja, doch leider mit dem Preis, dass ich mich dabei immer wieder meinem eigenen Körper entfremdete.

Eric: Überhaupt ist deine Suche nach Sinn und Identität gespickt mit Paradoxien. So wurdest du ja gerade durch deine Art, dich an die Umgebung anzupassen und nicht auffallen zu wollen, zum Objekt größter Aufmerksamkeit.

Matthias: Und eigentlich, lieber Zelig, wolltest du dich doch nur anpassen, um dazuzugehören und normal zu sein! Doch wie Eric in seinem Buch darlegt, gelangst du gerade so in die Fänge der Psychiatrie.

Eric: Und dein anderes Motiv, nämlich um jeden Preis geliebt zu werden, verschaffte dir auch viele Feinde.

Matthias: Ich finde es wirklich bewundernswert, Zelig, wie du in dem Spannungsnetz so vieler Paradoxien deiner Identität auf der Spur geblieben bist!

Eric: Und da war noch ein weiteres Paradox bei dir, Zelig, das Paradox des Rückgrats …

Matthias: … womit du deinen Paradoxien eine körperliche Form verliehen hast …

Eric: … nämlich die Paradoxie, die entsteht im Zwischenraum von starkem Rückgrat im Sinne von »Farbe bekennen«, und von Flexibilität und Biegsamkeit, was ja auch bedeuten kann, dass man über kein zu starkes Rückgrat verfügt.

Matthias: Hier zeigst du Flexibilität selbst im Umgang mit der Flexibilität, was dir manchmal erstaunliche Kraft verleiht. Von einem Zelig'schen chamäleonischen Rückgrat könnten die Osteopathen noch was lernen!

Zelig: Die Fähigkeit, Farbe zu bekennen und mich anzupassen, habe ich auch gezeigt, in dem ich mich beispielsweise in einen afroamerikanischen Jazzmusiker, in einen Chinesen oder einen Indianer verwandelt habe. Und dies ohne chamäleonische Schillerschuppen!

Ein Multilog 11

Woody Allen: Und ich zeige meine Fähigkeiten zur Flexibilität, indem ich selber Drehbuchschreiber, Regisseur und Protagonist bin. Und in der Protagonistenrolle kann ich mich – wie ihr seht – in viele Personen verwandeln.

(Von dem plötzlichen Auftauchen dieses neuen Mitredners sind die drei Gesprächpartner alle überrascht und tun daher weiter so, als wären sie noch unter sich.)

Matthias (zu Zelig und vielleicht indirekt zu Woody Allen): Ja, und so mancher ahmt solche wahre Flexibilität eben nur nach, wie Amateure ein echtes Genie seiner Zunft.

Eric: Interessant scheint mir noch das Paradox des Versprechens bei dir, Zelig: Deine mit verschiedenen Identitäten gemachten Versprechen wurden dir ja zum Verhängnis.

Zelig: Ja, das verursachte bei mir »Rückfälle«, wie die Psychologie das zu bezeichnen pflegt.

Matthias: Wobei »Rückfälle« durchaus auch ihren Sinn haben können; manchmal sind sie ja eher das, was Gunther Schmidt hypnosystemisch wertschätzender eine »Ehrenrunde« nennt.

Zelig: Etwa in der Episode, wo ich mit Dr. Fletcher aus Nazi-Deutschland floh und blitzschnell die Identität eines Piloten annehmen konnte.

Eric: Auffällig ist dabei die Tatsache, dass du beim Identitätswechsel nie in eine Frauenidentität geschlüpft bist. Die Diskussion zu Identität und Geschlecht führe ich im Buch ja auch.

Matthias: Aber ob das nun etwa biografische Gründe in deiner Familiengeschichte hat oder aus anderen angeblichen Ursachen abzuleiten wäre oder ob dir nicht vielmehr, werter Zelig, hier eine Festigkeit inmitten all der Flexibilität zu gewinnen gelungen ist?

Zelig: Diese Frage münze ich gerne in ein Kompliment um, ich bin ja flexibel.

Eric: Kommen wir zum Aspekt der materiellen Sicherheiten als vierte Säule der Identität!

Zelig: Ich verkörpere da sicher eher den von Erich Fromm beschriebenen asketischen Charakter, bescheiden und sehr anpassungsfähig.

Eric: Mit der Schattenseite, dass du durch deine Schwester und ihren Liebhaber aus Geldgier ausgebeutet wurdest.

Matthias: Das Eigentümliche der Grenzen, die wir mit unserer Identität verbinden, beruht nach William James, wie insbesondere Habermas herausgearbeitet hat, ja darauf, dass es schwierig ist, zwischen dem, was man als sich selbst bezeichnet, und dem Eigenen, uns Gehörenden strikt zu trennen, da wir bei dem uns Gehörenden offenbar oft ähnlich empfinden und handeln wie dann, wenn es um uns selbst geht. Man denke an die Autofahrer-Äußerung »Sie haben mich gerammt!«.

Zelig: Besitz sagt mir nicht viel, selbst meine geliebte Eudora Fletcher wollte ich nie besitzen, sondern nur mit ihr, bei ihr sein.

Woody Allen: Aber im richtigen Leben habe ich Mia Farrow dann doch verloren.

(Alle drei schauen sich irritiert zum ungebetenen Gast um, bemühen sich aber, ihn weiter zu ignorieren.)

Matthias: Ein weiteres Paradox in deinem Leben und im Leben überhaupt taucht hier auf: Geht vielleicht der, der sich weniger um das Haben kümmert, in unserer Konsumgesellschaft materiell leer aus? Oder hast du vielleicht einen geradezu künstlerischen, sozusagen höheren Umgang mit dem Haben als deiner Form der Prozessierung dieses Gegensatzes entwickelt?

Eric: Jeremy Rifkin postuliert dazu, dass der Haben-Modus abgelöst wird von der proteischen Persönlichkeit, die spielerisch mit Besitz und Identität umgeht, mit dem Preis, vor lauter Spielen sich selbst nie finden zu können.

Zelig: Das Thema habe ich im Kern klar vorweggenommen: Ich bin ja in der Form eines Mockumentary »Spiel pur«.

Eric: Das gipfelt bei dir dann im »Spiel im Spiel«, indem es ja auch noch einen Film im Film gibt (»Der Mann, der sich verwandelt«).

Matthias: Ja, Zelig, denn da sagst du selbst, »der Film hat nicht übertrieben«, und wir sehen das Leonard-Zelig-Spiel mit der Kartonaufschrift »Wechseln Sie die Köpfe, mit einem kleinen Handgriff!«. Es ist wunderbar, wie du hier das Spiel im Spiel als Film im Film zu einer selbstreferenziellen Aufhebung der paradoxen Zirkel nützt, in denen du dich befindest – hier zeigst du dich, lieber Zelig, ganz auf den Höhen der Anwendung moderner Paradoxientheorie. Denn in der modernen Paradoxientheorie besteht der Sinn einer Paradoxie ja im Oszillationsprozess, den sie auslöst.

Eric: Die Vermarktung des ganzen »Leonard-Zelig-Kitsches« ist dann noch die Parodie, wie heute gerade im Film, in der Kunst oder im Sport alles vermarktet wird.

Zelig: Deshalb fragt Irving Howe am Schluss des Filmes zu Recht: »Hat sich Amerika denn seit damals verändert?« Und seine Antwort ist auch klar: wohl kaum!

Matthias: Eric meint dazu ja in seinem Buch, »Second Life gab es damals noch nicht, aber das Spiel mit den verschiedenen Ebenen der ›Realitäten‹ beherrscht Woody Allen wie wohl kaum einer sonst«, und tut glatt so, als ob alles diesem Woody Allen zuzuschreiben wäre, der ja glatt behaupte, dich erfunden zu haben.

Woody Allen: Ich behaupte das nicht nur, ich habe Zelig tatsächlich erfunden und bin zugegebenermaßen selber ein Teil von ihm, wie mein Leben nach dem Zelig-Film eindrücklich zeigt, deshalb habe ich mich ja vorher schon in euren Mutlilog eingeloggt.

Matthias (etwas ärgerlich): Mr. Allen, wir unterhalten uns nun schon geraume Zeit sehr angeregt mit Herrn Zelig und gedenken das fortzusetzen. Sie sind schließlich nicht der Erste, der haltlos behauptet, jemand anders erfunden zu haben. Wie sollen Menschen sich sinnvoll ihrer Identität nähern können, wenn jederzeit jemand wie Sie deren eigene Existenz in Zweifel ziehen kann?

Eric (etwas irritiert): Spricht jetzt Zelig oder Woody Allen? Wie auch immer: Die Suche nach Sinn und Identität ist jedenfalls auch gespickt mit Paradoxien. Damit möchte ich zur fünften Säule überleiten: »Glauben, Werte und Sinn«.

Matthias: ... und Verrücktes!

Eric: Verrücktes?

Matthias: Ja, auch wenn du deinen früheren Plan jetzt vergessen haben solltest, aber hier gehört das streng akademisch dazu!

Zelig: Verrücktes? Naja, also für mich ist ein Sinn im Leben, geliebt zu werden ...

Eric: ... und der Versuch, geliebt zu werden durch Anpassung, hatte ja die Paradoxie zur Folge, dass du dir damit nicht nur auch Feinde schufst, sondern auch Gefahr liefst, das eigene »Ich« zu verlieren – sofern man das überhaupt so formulieren kann.

Zelig: Wieso eigentlich? Ich bin doch immer noch ich? Oder?

Eric: Ja, schon, aber im Film sagst du in der Therapiesitzung auf die paradoxe Intervention von Dr. Fletcher: »Ich bin niemand, ich bin nichts.« Deshalb verstehe ich deine Bemerkung nicht, dass du immer noch »ich« seist. Wie soll ich das verstehen?

Zelig: Macht Sinn, deine Frage. Aber bezüglich des Sinns im Leben noch dies: Ich habe ja – wie du im Buch erwähnst – vom Rabbi den Sinn im Leben nur auf Hebräisch erklärt bekommen. Da ich kein Hebräisch kann, musste ich mir den Sinn im Leben somit selber erkunden. Das ist für mich ein starkes Symbol: Vielleicht war das ja auch die Botschaft vom Rabbi, das nehme ich so mal an.

Matthias: Bei der Herausforderung der Suche nach Sinn und Werten fingst du also bei einer Quelle des Glaubens an, und als diese nur in fremden Zungen sprach, hast du eine chamäleonische Überlebensstrategie gewählt und bist zu einer Botschaft für dich gelangt.

Woody Allen: Seht ihr nicht? Seht ihr nicht? Das hat er doch ganz klar von mir gelernt!

Eric: Bei wichtigen Botschaften, wenn sie uns wirklich erreicht haben, ist die Biografie des Postboten vielleicht nicht mehr stets so entscheidend.

Matthias: Das, Eric, würde dir auch die Wissenschaftstheorie zugestehen!

Zelig: Also dafür hatte ich nie Zeit, leider, leider.

Eric: Zelig, du hattest wirklich größere Herausforderungen zu bewältigen. Einen strengen Wissenschaftler chamäleonisch zu erfassen wäre viel zu leicht für dich gewesen!

Matthias: Zelig, du hast uns da einen Weg zu deinem Funken Anteil an der Weisheit vorgelebt, die du im Balancieren in verschiedensten Dilemmata erworben hast. Wie Eric es im Buch sagt: Wenn Identität etwas Werdendes ist, so kann ich ja keine verlässlichen Aussagen über mich in meiner Zukunft machen. Dem hast du durch deine Ars Chamaeleonica, deine Chamäleonskunst, gründlich vorgebeugt, indem du dich immer wieder überraschend wandeltest. Du lehrst durch dein wundersames Leben, Toleranz zu entwickeln, mit Widersprüchen und Paradoxien, dem »Normalen« und dem »Verrückten«

und schließlich nicht nur mit den anderen, sondern auch sogar mit uns selbst umzugehen – wer immer wir (gerade) sind.

Im Cyberspace, den 30. November 2012

Woody (über Zelig): Jetzt hat es dieser Zelig zu guter Letzt noch geschafft, mich aus meinem eigenen Werk wieder herauszuschubsen, obwohl ich doch sogar samt früheren Familienteilen darin vorkomme!

Zelig (nun als Chamäleon Woody als Autor imitierend): Ganz im Gegenteil – du darfst nun gerne ganz in »deiner« Geschichte bleiben, denn ich habe beschlossen, sie passend umzuschreiben, sowie ich Moby Dick doch noch fertig gelesen habe! (Zelig lächelt Ihnen, liebe Leser/-innen, selig zu.)

1 Einleitung

Wer bin ich und wer könnte ich sein? Gibt es überhaupt ein Sein, eine Identität? Solche Fragen stellen sich in der *Multioptionsgesellschaft* (Gross, 1994) auf brisante Weise. Die Auseinandersetzung rund um dieses anspruchsvolle Thema findet hauptsächlich an den Schnittstellen von Psychologie, Soziologie und den Sozialwissenschaften statt. Dabei laufen die einzelnen Disziplinen Gefahr, »unverbundene Spezialdiskurse« (Keupp et al., 1999, S. 63) zu betreiben, ohne dass ein interdisziplinärer Austausch gefördert wird. Als Psychologe mit sozialpsychologischem, familientherapeutischem und organisationspsychologischem Hintergrund versuche ich in diesem Buch, das Konstrukt Identität aus verschiedenen Perspektiven zu beleuchten.

Ziel, Sinn und Zweck dieses Buches bestehen darin, Ihnen als Leserin oder Leser Anregungen zu geben für die individuelle Auseinandersetzung mit der eigenen Identität und derjenigen anderer Menschen. Dies soll eine Form des Nachdenkens und Nachfühlens ermöglichen, welche zur Reflexion und Weiterentwicklung der eigenen »Persönlichkeit« dient.

Das Buch richtet sich an alle, die eine kritische Auseinandersetzung mit der eigenen Identität wie auch mit der Identität als »Konstrukt« suchen. Darüber hinaus angesprochen sind speziell Berater und Beraterinnen, Führungskräfte, Eltern, Pädagoginnen und Pädagogen und sonstige Personen, die in ihrem professionellen Wirken in Interaktion mit anderen Individuen und deren Identitäten treten. Allen soll das Buch Anstöße und Orientierungen geben, Identität als Prozess konstruktiv und ressourcennutzend zu gestalten.

Identität als psychologischer Begriff ist ein Konstrukt: »Die Instanz, die über die Identität eines Menschen Auskunft zu geben vermag, ist der betreffende Mensch, ist das Subjekt selbst« (Hausser, 1995, S. 3). Vielleicht können Sie nach der Lektüre dieses Buches differenzierter Auskunft über Aspekte Ihrer Identität geben? Dies wäre zumindest aus meiner Sicht kein unerwünschter Nebeneffekt, aber für eventuelle Nebenwirkungen übernehme ich keine Haftung.

Etymologisch lässt sich Identität vom lateinischen »idem, eadem, idem« (derselbe, dieselbe, dasselbe) herleiten. Dies könnte zur Annahme verleiten, dass wir über die Zeit hinweg eine Einheit bleiben. Allerdings ist Identität nichts Statisches, sondern ein Relationsbegriff. Von identisch zu reden ergibt nur Sinn, wenn man zwei Dinge oder Personen zueinander in Relation setzt. Deshalb stellt sich weniger die Frage »Wer bin ich?«, sondern viel eher: »Wer bin ich im Verhältnis zu anderen oder im Vergleich zu damals?«. Das Relationale legitimiert einen sozialpsychologischen Zugang, denn es geht bei Identität immer um die Herstellung einer Passung zwischen dem Individuum, dem »Innen«, und der Gesellschaft, dem »Außen«. Identitätsdiskussionen stehen durch das Relationale ständig in *Spannungsfeldern,* welche in diesem Buch thematisiert werden (vgl. dazu auch Keupp et al., 1999, S. 69):

- *Personaler Fokus versus soziale Konstruktion*
  Identität befindet sich im Spannungsfeld zwischen Selbstbezogenheit, Autonomie einerseits und sozialer Anerkennung mit einer gewissen Anpassung an das Umfeld andererseits.
- *Identität als Sein versus Identität als Werden*
  Wir haben eine Identität mit einem dazugehörenden So-Sein oder aber wir befinden uns in einem permanenten Such- und Entwicklungsprozess und erfinden uns ständig neu. Kontinuität und Wandel können als komplementäre Perspektiven betrachtet werden: »Wir sind wir, nicht obwohl, sondern weil wir uns dauernd verändern und anpassen. Könnten wir das nicht, wären wir gar nicht mehr, also auch nicht mehr wir« (Greve, 2013, S. 33).
- *Identität braucht Einheit versus Vielfalt als Chance*
  Wir haben und brauchen einen »Identitätskern« bzw. ein »Kernselbst«, mit dem wir durchaus in verschiedenen Rollen authentisch und kohärent bleiben können. Diese These steht im Spannungsfeld mit der Negierung eines Identitätskerns und eines realen »Selbst«.
- *Identität zwischen den Polen des Bei-sich-Seins versus des Aus-sich-Heraustretens*
  Identität kann als fortwährende Entwicklung und Wachsen betrachtet werden. Dieser Prozess geschieht zwischen den Polari-

täten der *Integration* des Bei-sich-Seins, der damit verbundenen notwendigen Abgrenzung, und der *Desintegration* des Aus-sich-Heraustretens mit entsprechenden Grenzüberschreitungen (Schmidt-Lellek, 2011, S. 31).
- *Identität als Substanz versus Narration*
Identität beruht auf grundlegenden innerpsychischen Prozessen, verbunden mit einem Identitätsgefühl, oder aber Identität wird durch Narration sozial konstruiert.
- *Identität ist ein Problem versus Identität ist eine Lösung*
Gerade in der Multioptionsgesellschaft schafft die Vorstellung, dass wir noch so etwas wie eine Identität haben sollen, erst recht ein Problem, da wir einem unerfüllbaren Soll-Zustand nacheifern. Dieser Sichtweise kann man entgegenhalten, dass wir – besonders in einer Zeit, in der Unbestimmbarkeit, Vielfalt, Widersprüchlichkeit und Relativität immer mehr zunehmen – zumindest eine Vorstellung einer Identität als gewisser Einheit brauchen, um uns nicht gänzlich im Chaos aufzulösen.

Die zentrale Fragestellung dieses Buches lautet: Ist es überhaupt noch möglich, in einer Multioptionsgesellschaft, in der die verschiedenen Lebenswelten immer vielfältiger werden, eine gewisse »Einheit einer Person zu erfahren mit einer Kontinuität über die Zeit« (Keupp et al., 1999, S. 86)? Brauchte das Individuum in vormodernen Gesellschaften keinen inneren Zusammenhang herzustellen, weil die Gesellschaft diesen festen Rahmen bot? Ist die Aufsplitterung des Subjekts erst zu einem Problem geworden, weil die postmoderne Gesellschaft dem Individuum keinen festen Halt mehr gibt? Oder ist die Vielfalt, welche eine dissoziierte Gesellschaft bietet, eine Chance für eine kreative Weiterentwicklung von uns Menschen?

Die Ausführungen in den einzelnen Kapiteln machen deutlich, wie stark die »gesellschaftlichen Kohärenzgarantien wegschmelzen« (Keupp et al., 1999, S. 87). Am pointiertesten zeigt sich dies in der Frage nach der eigenen Herkunft, einem zentralen Identitätsfaktor: Die heutigen technischen Möglichkeiten erlauben eine vielfache Mutter- und Vaterschaft (in der Kombination von Samen- bzw. Ei-Spende, Leihmutterschaft und verschiedenen Formen sozialer Elternschaft). Damit beginnt unter Umständen die *Fragmentierung unseres Selbst* schon vor der Geburt. Aber auch die anderen Felder der sozialen Beziehungen (Partnerschaften, virtuelle Welten usw.) werden in der Postmoderne vielfältiger und beliebiger. Die weiteren Kerngebiete unserer Identitätskonstruktionen – nationale und ethnische Identität, Berufsidentität, Körper- und Geschlechtsidentität – haben ebenfalls ihre »Qualität als Identitätsgaranten verloren« (Keupp et al., 1999, S. 87). Damit stellt sich die Frage, ob dann Materielles, Besitz oder Glauben und Spiritualität als mögliche Identitätssäulen umso wichtiger werden. Basierend auf diesen Kerngebieten der Identität gestaltet sich der Aufbau des Buches. Anhand der *fünf Säulen der Identität*, einem Konzept aus der Gestalttherapie (Petzold, 1993), werden zentrale Bausteine einer Identitätskonstruktion dargelegt. Die fünf Säulen umfassen die Aspekte:

Soziales Netz, Beziehungen: Als Beziehungswesen entwickeln wir unsere Identität in Interaktion mit unserer Umwelt in einem Prozess der Individuation oder Ko-Individuation. Beleuchtet werden die Rolle der Herkunftsfamilie, Partnerschaften und Hinkunftsfamilien, die Zugehörigkeit zu größeren Systemen wie Nation, Heimat sowie die virtuellen Beziehungen, die den soziokulturellen Megatrend der Individualisierung und Hybridisierung intensivieren und beschleunigen. Identität als Konstrukt wird dadurch zwar vielfältiger, aber auch fragiler. Bei den Beziehungen zu den inneren Familien- oder Teammitgliedern wird deutlich, dass sich parallel zur Komplexitätserweiterung in der Gesellschaft auch die Konzeptvielfalt der Anteilspsychologie erweitert hat. Es wird dargelegt, wie die inneren Familienmitglieder entstehen und welches ein optimaler Umgang mit ihnen sein kann.

Arbeit und Beruf: In der westlichen Gesellschaft wird dieser Säule eine hohe Bedeutung zugeschrieben, angefangen bei den Investitionen in Aus- und Weiterbildungen bis hin zur Betonung der Leistungs- und Konkurrenzfähigkeit auf individueller wie auch organisationaler Ebene, wie etwa der Ausdruck »War of Talents« deutlich macht. Im Zentrum der Ausführungen stehen einige Phänomene in der Arbeitswelt, die mit der Globalisierung und Flexibilisierung einhergehen. Während etwa Richard Sennett (1998) von »Corrosion of Character« spricht, kann die Multioptionsgesellschaft durchaus auch Chancen beinhalten. So kann sich ein »modularer Mensch« flexibel den Bedürfnissen von verschiedenen Netzwerken anpassen.

Begriffe wie Crowdsourcing, Slashers oder Sohos stehen für solche modernen Arbeitsnomaden.

Körper und Leiblichkeit: Die Leib-Seele-Thematik beschäftigt die Menschheit seit Langem im Zusammenhang mit der Identität. Das Konzept *Embodiment* beschreibt, wie das psychisch-mentale System mit seinem Organ, dem Gehirn, immer in Bezug zum gesamten Körper steht. Die wechselseitige Abhängigkeit von körperlicher und psychischer Entwicklung wird mit Ergebnissen aus einigen psychologischen Experimenten untermauert. Die Suche nach den neuronalen Grundlagen des Selbst mündet in eine Kontroverse, ob wir überhaupt ein »reales« Selbst haben oder nicht. Auch bei der Thematik Identität und Geschlecht wird gezeigt, dass es selbst in der Geschlechterforschung immer weniger Eindeutigkeiten gibt. Wir bewegen uns möglicherweise auch im Bereich der Geschlechteridentität hin zu einer uneindeutigen Vielfalt, die mit dem Begriff der »multisexuellen Biodiversität« treffend umschrieben worden ist.

Besitz und Materielles: In der psychologischen Fachliteratur finden materielle Sicherheiten wenig Beachtung. Dies bedeutet aber keinesfalls, dass »Haben« für das Individuum nicht von Bedeutung wäre. Gerade in Zeiten, in denen so vieles im Fluss ist, dürften die Identitätsfunktionen von Besitz dem Einzelnen eine gewisse Stabilität bieten. Eine gelingende Identität ist immer auch auf »materielles Kapital« angewiesen. Erich Fromm beschreibt mit dem Marketing-Charakter, der sehr stark mit einer konformistischen Persönlichkeit einhergeht, die Übertreibung des Haben-Modus der modernen Gesellschaft sehr einprägsam. Auch Beziehungen werden verstärkt vermarktet, dies umfasst den Bereich der Partnerschaften so gut wie Geschäftsverbindungen. Dem Haben stellt Fromm den Sein-Modus gegenüber, welcher zur letzten Säule überleitet. Seine Dichotomie »Haben oder Sein« soll jedoch kritisch hinterfragt werden.

Glaube, Werte und Sinn: Die weiterhin starke Bedeutung von Religion kann als Folge der Verunsicherungen durch die Globalisierung verstanden werden. Parallel zur Zunahme einer Vielfalt an religiösen Bewegungen dürfte der Kampf um den »richtigen Glauben« anhalten, sodass die Forderungen nach gegenseitiger Toleranz weiterhin aktuell bleiben. Neben dem Glauben kann die Auseinandersetzung mit und Konstruktion von Lebensgeschichten in der postmodernen Welt dazu dienen, an der eigenen Identität zu arbeiten. Das Konzept der narrativen Identität betont die Wichtigkeit von Kohärenz, die eine zentrale Ressource für den Identitätsprozess darstellt. Geschichten haben zusätzlich die Funktion, das Selbst mit Sinn zu versorgen. Da es in der Multioptionsgesellschaft niemanden gibt, der uns sinnvolle Ziele vorgibt, muss jeder Mensch seinen eigenen obersten Sinn oder seine Ziele selbst finden. Da er sich dabei mit vielen Widersprüchlichkeiten auseinandersetzt, sollen auch Paradoxien aufgezeigt werden, die sich im Zusammenhang mit dem Identitätskonstrukt manifestieren, ganz im Sinne von »flexibel sein und Farbe bekennen«. Identität als Prozess berührt immer auch die Frage nach der »Verrücktheit« und der optimalen Balance auf der Gratwanderung zwischen Normalität und Abnormität.

In der Therapie, Beratung oder im Coaching dienen die fünf Säulen als wertvoller Einstieg und im weiteren Verlauf als Orientierungsrahmen, um eigene Identitätsbereiche zu erfassen und sich über Stärken, Ressourcen und Ungleichgewichte bewusst zu werden. Daraus ergeben sich oft Ansatzpunkte für Veränderungen und damit Ziele für die Beratungsarbeit. Hier sollen die fünf Säulen ebenfalls der Orientierung dienen, um sich in dem weitläufigen Themenfeld nicht zu verirren. Um eine weitere Optik hereinzubringen, werden anhand des Films »Zelig«, meines Lieblingsfilms von Woody Allen, die Ausführungen ergänzt und veranschaulicht.

Kapitel 2 fasst den Film aus dem Jahre 1983 zusammen. Einzelne Elemente werden dann in den folgenden Kapiteln zu den einzelnen Säulen der Identität genauer ausgeführt. Weshalb habe ich »Zelig« als Film ausgewählt?

Im Zentrum um die Hauptfigur Zelig (Woody Allen) steht die Identitätsthematik und allem voran das Spannungsfeld zwischen Autonomie und Anpassung. Zelig als fiktive Figur ist in der Lage, sich chamäleonartig an Menschen in seiner Umgebung anzupassen. Er macht dies aus einer »Identitätsschwäche« heraus, um ja nicht aufzufallen oder anzuecken. Paradoxerweise fällt er gerade deswegen auf und gerät ins Rampenlicht der Psychiatrie und der Öffentlichkeit in den USA. Seine Therapeutin Dr. Fletcher (Mia Farrow) heilt ihn durch verschiedene therapeutische Interventionen, der haupt-

Einleitung

sächliche Genesungsgrund dürfte aber die gegenseitige Liebe sein. Der Film in der Form eines »Mockumentary« (fiktionaler Dokumentarfilm) ist eine hervorragende Veranschaulichung der Vermischung verschiedener Realitätsebenen. Zelig ist zwar eine fiktive, aber dennoch historische Figur. Denn Woody Allen arbeitet mit echten Schwarz-Weiß-Filmausschnitten vor allem aus den zwanziger Jahren des letzten Jahrhunderts. Hineingewoben werden in Farbe gestaltete Interviews mit echten intellektuellen Persönlichkeiten aus den USA, welche sich zur Figur Zelig so äußern, als hätte es diese wirklich gegeben. Im Zentrum der Aussagen stehen Kommentare zu Zelig und dessen Identitätsproblematik. Viele Kommentare beinhalten gesellschaftskritische Äußerungen und verweisen darauf, dass Identität ein individuelles und soziales Konstrukt ist. Zelig ist in einem weiteren Sinn historische Figur: Denn obwohl Fiktion, gilt das *menschliche Chamäleon* mittlerweile als Symbolfigur für die Anpassungs- und Konformitätsproblematik, die spätestens seit Richard Sennetts flexiblem Menschen (1998) an Aktualität noch gewonnen hat. Nicht zuletzt veranschaulicht der ganze Film auf verschiedenen Ebenen alle fünf Säulen der Identität eindrücklich.

Während Richard Sennett die Flexibilisierung überwiegend kritisch betrachtet und von einer »Korrosion des Charakters« (Sennett, 1998) ausgeht, sollen hier auch die positiven Seiten dieser Entwicklung beleuchtet werden. Dabei greife ich die Metapher des »Crazy Quilt« auf, welche Keupp (1989) aus der Patchwork-Identität weiterentwickelt hat. Umschrieben wird damit einerseits der Aspekt der Verrücktheit, die auch bei Woody Allen eine zentrale Rolle spielt; andererseits soll der Zugewinn an kreativen Lebensmöglichkeiten thematisiert werden, der durch die Flexibilisierung und Fragmentierung des Ichs eine Chance bedeuten kann.

Identität im Zeitalter des Chamäleons symbolisiert damit alle Facetten, welche das Leben uns eröffnen kann. Flexibel sein und Farbe bekennen ist ein Plädoyer für einen kreativen Umgang mit den Paradoxien des Lebens. Identität ist ein Thema voller Widersprüche. Dieser Aspekt zieht sich durch das ganze Buch und wird im letzten Kapitel noch besonders hervorgehoben. Es werden Paradoxien aufgezeigt, die sich im Zusammenhang mit dem Identitätskonstrukt manifestieren. Ein querdenkerischer Umgang mit Gegensätzen und

Multivalenzen ist mit der sogenannten *Tetralemma-Arbeit* möglich, einem Verfahren, das Varga von Kibéd und Sparrer in der *systemischen Strukturaufstellung* entwickelt haben. Die Frage nach der Identität im Zeitalter des Chamäleons, wer ich bin bzw. werden könnte, kann frei nach dem Tetralemma wie folgt beantwortet werden: Ich bin (viele) oder ich bin gar nicht; indem ich werde, gilt beides: sowohl ein Sein als auch ein Nicht-Sein, aber es gilt auch weder noch, keines von beiden. Und mit der Einführung des fünften Elementes entsteht eine übergeordnete Sichtweise mit Aspekten der Überraschung, des Querdenkens und Humors: »All dies nicht – und selbst das nicht!« Mit »und selbst das nicht« wird postuliert, dass auch die fünfte Position keinen Anspruch auf Absolutheit haben kann. Bei der Suche nach einer Antwort, wer ich bin bzw. werden könnte, handelt es sich um einen vermutlich erst beim Tod endenden Entwicklungsprozess, der sich spiralförmig um die fünf Positionen des Tetralemmas dreht. Antworten in diesem Buch sind somit als Annäherungen an »die Wahrheit« zu betrachten, als Anregungen zum Reflektieren über Identitäten – die eigenen und die meines Gegenübers.

2 »Zelig«: Der Film

»Zelig« spielt in den USA in den zwanziger Jahren des letzten Jahrhunderts, den sogenannten »Roaring Twenties«. Im Stil einer Fernsehdokumentation erzählt er die seltsame Geschichte Leonard Zeligs (Woody Allen), der durch die Fähigkeit, sich chamäleonartig der Umgebung anzupassen, weltberühmt wurde. Dabei passt er sich nicht nur äußerlich an, sondern imitiert auch die emotionalen und intellektuellen Charaktereigenschaften, wobei er das nur bei Männern macht. Das erste Mal auf sich aufmerksam macht Zelig 1928 auf einer Party der einflussreichen Upperclass in einem Sommerhaus auf Long Island. Der Schriftsteller F. Scott Fitzgerald schreibt an einem Tisch im Garten über die zwanziger Jahre und beobachtet einen merkwürdigen kleinen Mann, der in erlesenem Bostoner Akzent bewundernd über die Republikanische Partei spricht. Wenig später spricht der gleiche Mann mit dem Küchenpersonal in einem dazu passenden Akzent und gibt sich zur Verblüffung des Schriftstellers als Demokrat aus. Ein Jahr später erzeugt Zelig die Aufmerksamkeit der Medien als Baseballspieler bei den New York Yankees. In einer sogenannten Flüsterkneipe tritt er im selben Jahr zuerst als Gangster auf und einen kurzen Moment später erblickt ihn ein Augenzeuge als Jazzmusiker unter den Farbigen.

Ein paar Monate später melden sowohl die Hauswirtin wie auch der Chef des Büroangestellten Leonard Zelig dessen Verschwinden der Polizei. Nur zwei Hinweise wurden in Zeligs Wohnung in Greenwich Village gefunden: ein Foto von Zelig mit Eugene O'Neill und ein Foto von ihm als Bajazzo. Aufgrund eines Hinweises verfolgt die Polizei seine Spur in Chinatown. Dort entdecken sie einen sonderbar aussehenden Asiaten, der Zelig ähnlich sieht. Die Polizei versucht, dem Mann seine Maskierung herunterzureißen, dabei stellt sie fest, dass es gar keine Maskierung ist. Es kommt zu einer Schlägerei und Zelig wird ins Manhattan Hospital gebracht. Da beginnt der Prozess von vielen Untersuchungen und Experimenten. Bei der ersten

Begegnung mit den Ärzten gibt Zelig vor, selbst Psychiater zu sein. Eine junge Psychiaterin, Dr. Eudora Fletcher (Mia Farrow), ist von Anfang an fasziniert von Leonard Zelig und möchte den Neuzugang übernehmen. Sie sieht in ihm – wie sie später in einem Interview berichtet – die Möglichkeit, Karriere zu machen. Zelig behauptet, sein Spezialgebiet seien paranoide Wahnvorstellungen. Er habe in Wien mit Freud gearbeitet: »Wir haben uns über den Penis-Neid zerstritten. Freud war der Ansicht, dass er nur bei Frauen auftrete« (Allen, 1983, S. 20). Zu Testzwecken wird Zelig mit verschiedenen Personen zusammengebracht, an die er sich dann verblüffend gut anpasst: Franzosen, fettleibige Männer und Afroamerikaner. Man erfährt, dass Zelig der Sohn von Morris Zelig sei, eines Schauspielers am jüdischen Theater. Seine Kindheit verlief nicht besonders erfreulich. Mit seiner zweiten Frau stritt sich Morris Zelig häufig in einer solchen Lautstärke, dass sich, obgleich die Familie über einer Bowlingbahn wohnte, die Benutzer der Bowlingbahn über ständige Lärmbelästigung beschweren. Als Junge wurde Leonard häufig von Antisemiten schikaniert. Seine Eltern schützten ihn aber nicht, sondern stellten sich auf die Seite der Antisemiten. Nach dem Tod des Vaters erlitt Zeligs Bruder Jack einen Nervenzusammenbruch und seine Schwester Ruth wurde zur Ladendiebin und Alkoholikerin.

Die Presse hat Wind von Zelig bekommen und das sensationslüsterne Interesse der Öffentlichkeit wird sofort kommerzialisiert. »Mensch mit verschiedenen Persönlichkeiten entdeckt« lautet die Schlagzeile einer Zeitung. Die Ärzte sind ratlos und stellen skurrile Diagnosen. Eine Vermutung ist, dass Zeligs Krankheit auf eine Verkrümmung der Wirbelsäule zurückzuführen sei. Tests jedoch zeigen, dass diese Diagnose ein Irrtum ist, und verursachen beim Patienten vorübergehende Beschwerden. Ein Bild zeigt Zelig auf einem Streckbett, umgeben von lächelnden Pflegenden, die seine Beine massieren. Seine Beine sind falsch herum am Körper. Medienberichte häufen sich. Zwei Zeitungsredakteure des New York Daily Mirror erwähnen in einem späteren Interview, dass sich Zeligs Geschichte von allein verkaufen ließ, ohne dass sie wie sonst üblich an den Fakten noch etwas beschönigen mussten, um die Auflagen in die Höhe zu treiben. Es bricht eine »Zelig-Manie« aus, es gibt Zelig-Witze und im Jahrzehnt der Modetänze wird die Nation schon wieder von einem neuen mitgerissen: »Tanz den Chamäleon«. Es gibt aber auch kritische Stimmen zu Zelig. Die Kommunisten klagen, dass Zelig unfair zu den Arbeitern sei, da er fünf Jobs für sich allein beanspruche. Der Ku-Klux-Klan sieht in ihm eine dreifache Bedrohung: einen Juden, der sich in einen Neger oder Indianer verwandeln kann. Eudora Fletcher ist als einzige Ärztin überzeugt, dass Zeligs Symptome psychische Ursachen haben. Sein Verhalten sei ein Schutzmechanismus. Indem er sich anpasse, versuche er, das Wohlwollen seiner Umgebung zu gewinnen. Paradoxerweise macht ihn gerade dieses Nichtauffallen-Wollen, dieses zwanghafte Anpassen und Verleugnen der eigenen Persönlichkeit, zu einer Attraktion in der Öffentlichkeit. Fletcher hypnotisiert Zelig in den Behandlungen. Dabei gibt Zelig seine Motivation preis, wieso er sich der Umgebung völlig anpasst: »Es ist sicher […] so wie die anderen zu sein […] Ich will, dass man mich mag« (Allen, 1983, S. 35).

Seine Verwandlungen haben bereits im Kindesalter angefangen. Die erste prägende Anpassung an die Umgebung war in der Schule. Ihm sei es peinlich gewesen, dass er als Einziger »Moby Dick« nicht gelesen habe. Da habe er einfach so getan, als ob er das Buch kenne. Die erste Verwandlung geschah an einem St. Patrick's Day in einer irischen Bar. Da habe er sich in einen Iren verwandelt und habe etwas von der großen Hungersnot erzählt und von Gnomen und Elfen.

Als Dr. Fletcher anfängt, einige Fortschritte zu erzielen, tauchen plötzlich Zeligs Halbschwester Ruth und ihr zwielichtiger Liebhaber auf und geben an, sich um Zelig zu kümmern. Sie vermarkten in der Folge Zelig als Zirkusnummer. Es werden Zelig-Merchandise-Artikel verkauft, Musikstücke komponiert und es wird sogar ein Film über Zelig gedreht. Eine Eifersuchtsaffäre führt dann aber zum gewaltsamen Tod von Ruth und ihrem Geliebten, sodass Zelig auf sich selbst gestellt ist und untertaucht. Zuerst geht die Nachricht wie ein Lauffeuer um die Welt, dass Zelig vermisst werde. Doch schon bald gerät er in Vergessenheit, denn »eine Bevölkerung, die mit Reizen überflutet ist, vergisst rasch«, so der Erzähler (S. 69). Unterdessen enden die zwanziger Jahre im totalen wirtschaftlichen Zusammenbruch, Zelig bleibt verschwunden. Dr. Fletcher versucht vergeblich, ihn zu finden, und gibt nach einigen erfolglosen Hinweisen auf.

Später taucht Zelig während der Ostersonntagszeremonie von Papst Pius XI. als Störenfried auf. Es entsteht ein Chaos, Zelig wird von den italienischen Behörden wieder in die USA gebracht. Erneut erfolgt eine Einlieferung ins Manhattan Hospital. Diesmal erhält Dr. Fletcher die Chance, Zelig zu behandeln. Sie nimmt ihn mit zu sich in ihr Landhaus und therapiert ihn unter anderem mit Hypnose. Die Sitzungen finden im sogenannten »Weißen Zimmer« statt und werden von Fletchers Cousin Paul Deghuee gefilmt. Damit soll die Therapie für die Nachwelt festgehalten werden. Dr. Fletcher möchte »damit in die Geschichte eingehen« (S. 73).

Zelig gibt sich vorerst wieder als Psychiater aus. Er arbeite gerade an einem Fall mit zwei Paaren siamesischer Zwillinge, die an Persönlichkeitsspaltung leiden: »Ich werde von acht Leuten bezahlt« (S. 76). Die Sitzungen in der ersten Woche verlaufen nicht so gut, denn Zelig identifiziert sich mit seiner Ärztin. Einmal gibt er an, er leite Masturbationsseminare für Fortgeschrittene und müsse umgehend in die Stadt gehen, sonst fange die Gruppe ohne ihn an (S. 77). Dr. Fletcher ist entmutigt; während sie mit ihrem Verlobten ausgeht, denkt sie unentwegt an Zelig. Dabei kommt ihr der Einfall, bei Zelig eine sogenannte »paradoxe Intervention« zu machen. Sie gesteht ihm in der nächsten Sitzung, dass sie in Wirklichkeit gar keine Ärztin sei, sie habe das nur vorgespielt, um besser zu ihrem Freundeskreis zu passen. Sie brauche nun Zeligs Hilfe, da er ja Arzt sei. Die Intervention funktioniert und Zelig gibt zu, dass er gar kein Arzt ist. Sie fragt ihn, wer er denn sei. »Wie soll ich denn das wissen? Das ist eine schwierige Frage ... ich bin niemand, ich bin nichts« (S. 84). In weiteren Sitzungen erzählt Zelig aus seiner Kindheit, wie er geschlagen wurde und wie ihm der Rabbi den Sinn des Lebens leider nur auf Hebräisch erklärte.

Die Therapie erzielt Fortschritte, Zelig gibt sich bei einem Besuch der Chefärzte im Garten des Landhauses sogar zu selbstsicher und eigensinnig, sodass es zu einem Streit kommt. Ausschlaggebend für den Therapieerfolg dürfte wohl die Tatsache sein, dass sich Zelig in Dr. Fletcher verliebt. Auch sie empfindet besondere Zuneigung für ihren Patienten und lässt ihren Verlobten fallen, denn er war nur »der Typ Mann, mit dem mich meine Mutter gerne verheiratet hätte«, wie sie später in einem Interview preisgibt (S. 90). Das Paar wird von der Stadt New York mit dem »Schlüssel der Stadt« geehrt. Die Verleihung wird in der Wochenschau übertragen. Vor der Ehrung wird eine Szene eingespielt, in der Dr. Fletcher auf der Couch im Wohnzimmer näht. Der Wochenschausprecher kommentiert: »Wer sagt denn, dass Frauen nur zum Nähen gut sind?« (S. 96). Nach der Ehrung folgt ein Festbankett im Waldorf Astoria. In der gleichen Woche darf Dr. Fletcher ein Schiff taufen. Das Paar wird auf den Landsitz von Hearst eingeladen, um zu sehen, wie sich die Reichen und Berühmten (u. a. Charlie Chaplin) die Zeit vertreiben. Weitere Szenen auf dem Golf- und Tennisplatz zeigen, wie sich Zelig in der gehobenen Gesellschaft bewährt. Die Heirat der beiden steht bevor, doch es kommt noch nicht zum Happy End. Zwei Wochen vor der Hochzeit melden sich Frauen, die behaupten, sie seien mit Zelig verheiratet oder er sei Vater von einem Kind oder gar Zwillingen. Gerichtsprozesse und Klagen folgen. Die Stimmung wendet sich gegen Zelig, der diese Taten in seinen anderen Identitäten begangen hat. Er entschuldigt sich, aber der Druck auf ihn wird so groß, dass er am Vorabend seiner Verurteilung erneut untertaucht.

Das Jahr geht zu Ende, Zelig wird noch immer vermisst. Als eines Abends Dr. Fletcher im Kino einen Film sieht, entdeckt sie in der vorherigen Wochenschau über Nazideutschland jemanden zwischen den Braunhemden, der Zelig sein könnte. Schon in der Woche darauf reist sie nach Deutschland, sucht ihn zuerst in Berlin und entdeckt ihn schließlich in München inmitten einer Massenveranstaltung. Sie winkt dem neben Hitler stehenden Zelig zu, der winkt zurück, mitten unter den »Heil« schreienden Nazis. Hitler bemerkt die Störung, er kann seinen Witz über Polen nicht beenden. Zelig, der seine Hand immer noch hochhält, wird von den Offizieren festgehalten. An dieser Stelle wird wieder der »Film im Film« eingeblendet, das heißt, die Befreiung wird im »Mann, der sich verwandelt« angedeutet, dem Film, der über Zelig gedreht wurde. Ihre Flucht in einem Doppeldecker ist dann wieder als Bericht einer deutschen Wochenschau zu entnehmen. Zelig fliegt mit der gerade bewusstlos gewordenen Eudora über den Atlantik, über Kopf. Er kann ja eigentlich gar nicht fliegen, aber unter dem Druck erleidet er erneut einen »Rückfall«, indem er Eudora, die Pilotin, kopiert. Zurück in New York wird er begnadigt, als Nationalheld gefeiert und erhält die Tapferkeitsmedaille. In seinen Dankesworten bemerkt Zelig: »Ich hatte noch nie zuvor ein Flugzeug geflogen, und dies zeigt doch genau, was man alles schaffen kann, wenn man total geistesgestört ist« (S. 127). Seine Fähigkeit als Chamäleon erweist sich somit als Ressource für seine Rettung, mit dieser Paradoxie endet der Film. Das Paar heiratet dann doch noch und sie leben für den Rest ihres Lebens glücklich zusammen. Im Filmabspann erfährt man, dass Zelig auf dem Totenbett seinen Ärzten erzählte, dass er ein gutes Leben hatte. Das einzig Ärgerliche am Sterben sei, dass er gerade angefangen habe, »Moby Dick« zu lesen, und nun wissen wolle, wie es ausgehe.

3 Ich bin viele – Facetten der fünf Säulen der Identität

Die fünf Säulen der Identität dienen als Gerüst im Hauptteil des Buches, um eine Orientierung im weitläufigen Themenfeld zu erhalten (siehe Abbildung 1). Die Säulen sind nicht klar voneinander abtrennbar, sondern eng miteinander verwoben. So können etwa Beziehungen am Arbeitsplatz oder sportliche Betätigungen Teil des sozialen Netzes werden. Einschränkungen in der materiellen Säule haben häufig Auswirkungen auf Körper, Leiblichkeit oder auf das soziale Netz usw. Das Ganze ist mehr als die Summe seiner Teile, dieses Gesetz hat auch bei den fünf Säulen seine Gültigkeit. Identität beinhaltet weit mehr als die hier beleuchteten Facetten. Die Säulen suggerieren zudem etwas Statisches. Die Ausführungen zeigen jedoch deutlich, dass sich Identität prozesshaft entwickelt. Insofern sind wir viel mehr als das hier Dargestellte, unsere Identität ist im Grunde flexibel und farbenfroh.

Soziales Netz/ Beziehungen	Arbeit und Beruf	Körper und Leiblichkeit	Besitz und Materielles	Glaube, Werte und Sinnt
Herkunftsfamilie, Partnerschaften, Hinkunftsfamilie, Heimat, virtuelle Beziehungen, innere Familie usw.	Aus- und Weiterbildungen, Beruf, Karriere, Anerkennung in der Arbeit usw.	Leib-Seele-Thematik, Gesundheit, Geschlechteridentität, Sexualität usw.	Besitz, geliebte Objekte, Eigentum, finanzielle/ materielle Sicherheiten usw.	Religion und Glaube, narrative Identität, Werte, Normen, Sinn des Lebens, Umgang mit Widersprüchen, Spirituelles, »Verrücktes« usw.

Abbildung 1: Die fünf Säulen der Identität

3.1 Ich liebe, also bin ich: Soziale Beziehungen

Wir Menschen sind *Beziehungswesen* und können allein keine Identität entwickeln, geschweige denn überleben. Daniel Stern hat in seinen Untersuchungen klar aufgezeigt, wie das Selbstempfinden des Säuglings und Kleinkindes sich bildet, wie es schon von Anfang an im Kinde angelegt ist. Es kann sich aber nur ausdifferenzieren, wenn dies im Dialog mit dem Gegenüber geschieht (Stern, 1992). Helm Stierlin (1994) prägt für die Entwicklung des Selbst oder der verschiedenen »Selbste« den Begriff der *bezogenen Individuation* oder der *Ko-Individuation*. Damit beschreibt er Identitätsentwicklungen als vielschichtige Prozesse, die stets sowohl Individuation und Trennung als auch neue Formen und Ebenen von Bezogenheit ermöglichen und verlangen. Diese Beziehungsdialektik beginnt mit den ersten Bezugspersonen des Individuums, bezieht dann aber zunehmend das weitere soziale Netz ein (Familienangehörige, Freunde, Gleichaltrige, Lehrpersonen usw.). Identitätsentwicklung setzt eine permanente Auseinandersetzung mit der Umwelt voraus. Jürg Willi spricht von der *Interaktionspersönlichkeit* und bemerkt: »Wir leben immer nur einen kleinen Teil unserer Möglichkeiten, nämlich jene, die durch die Interaktion mit unserer spezifischen Umwelt zur Erscheinung gebracht werden. Wer kann daran erkennen, wer wir wirklich sind? Vielleicht können nicht einmal wir selbst das wissen« (Willi, 2007, S. 115).

In diesem Kapitel sollen die *sozialen Netze* beleuchtet werden, welche für unsere Identitätsentwicklung relevant sind: die Herkunftsfamilie, die späteren (Liebes-)Beziehungen bis hin zur Hinkunftsfamilie, die Bedeutung des weiteren Umfeldes wie etwa der Nation oder der »Heimat«, die virtuellen Beziehungen, die immer zahlreicher werden, und die Beziehungen zur »inneren Familie« oder dem »inneren Team«.

Eingangs möchte ich ein paar soziologische Faktoren beschreiben, welche vor allem für die Säulen der sozialen Beziehungen und der Arbeit einen großen Einfluss haben. Das ideale Marktsubjekt (Beck, 1986) ist in letzter Konsequenz das alleinstehende, nicht partnerschafts-, ehe- oder familienbehinderte Individuum. Entsprechend befinden wir uns in der postindustriellen Welt auf dem Weg zu einer *Single-Gesellschaft* oder zumindest einer Gesellschaft mit seriellen

Partnerschaften. Der Soziologe Ferdinand Tönnies (1887) hat diese Entwicklung von einer »Gemeinschaft« hin zu einer »Gesellschaft« bereits vor über 120 Jahren treffend beschrieben:
- Gesellschaft ist gekennzeichnet durch eine differenzierte Struktur und eine Tendenz zu bürokratisierten Institutionen. Ihr kulturelles Pendant ist ein Universalismus im Wertebereich.
- Die offenen Strukturen einer Gesellschaft erhöhen die Chancen auf Mobilität. Soziale Positionen sind nicht zugeschrieben, sondern im Prinzip erwerbbar. Dies impliziert auf der kulturellen Seite eine Leistungs- und Konkurrenzideologie, wie sie unter 3.2 beschrieben wird.
- Gesellschaft ermöglicht multiple und partielle Mitgliedschaften in verschiedenen Strukturen. Das heißt auch viel weniger soziale Kontrolle als in Gemeinschaften und die Möglichkeit, sich als Individuum partiell in verschiedensten Rollen zu bewegen. Damit sind in allen Lebensbereichen Wahlmöglichkeiten und -zwänge aufgebrochen.
- Bezüglich Partnerschaft und Familie heißt dies spezifisch, dass es offen wird, ob und wie man Partnerschaft lebt, ob man ein Kind innerhalb oder außerhalb der Familie empfängt oder aufzieht, mit wem man wann wie zusammenlebt, kurzfristig, vorübergehend oder langfristig. Es kommt zu einer Entkopplung und Ausdifferenzierung der ehemals in Familie und Ehe zusammengefassten Lebens- und Verhaltensweisen. Zusammen mit den heutigen Möglichkeiten der Reproduktionsmedizin ergibt sich somit eine unglaubliche Vielzahl an Variationen im zwischenmenschlichen Bereich. In Anlehnung an Paul Feyerabend lässt sich treffend sagen: »Anything goes.«

3.1.1 Sage mir, woher du kommst, und ich sage dir, wer du warst: Herkunft und Identität

Die Bedeutung der *Herkunftsfamilie* für die Identität ist evident. Gunther Schmidt (2005) bemerkte, dass es uns ohne Zweierbeziehung überhaupt nicht geben würde und dass wir »triangulierte Wesen« seien. Josef Duss-von Werdt spricht in dem Zusammenhang vom genealogischen Dreieck (1980, S. 20). Das stimmt zwar noch für die meisten Individuen, aber in der hochtechnologisierten Zeit gibt

es mehr Variationen als den Ursprung von der Dyade zur Triade. Einige Kombinationen seien im Folgenden ausgeführt, sie zeigen, wie weit die Multioptionsgesellschaft auch im Bereich der *Generativität* bereits fortgeschritten ist und welches mögliche Implikationen für die Identitätsfrage sind:
- *Mutter-Vater-Kind* gilt weiterhin als Standardvariante, wobei gemäß dem bekannten Spruch »mater semper certa est, pater semper incertus« davon ausgegangen wird, dass selbst in dieser Version etwa 10 Prozent »Kuckuckskinder« sind, bei denen der genetische Vater ein anderer ist als der offizielle bzw. soziale. In Deutschland betrifft dies somit rund 800.000 Personen. Heutzutage lässt sich die Vaterschaft zwar eruieren, doch es gibt Ausnahmen, bei denen das nicht funktioniert: In einem Fall im US-Staat Missouri hatten zwei Männer am selben Tag Sex mit derselben Frau. Die Geschichte begann in einer vergnüglichen Nacht nach einem Rodeo in der Ortschaft Sikeston (Murano, 2009). Medienberichten zufolge hatte die spätere Mutter, Holly Marie Adams, nach eigenen Angaben vor Gericht zunächst Sex mit Richard Miller, einem ehemaligen »festen Freund«. Wenige Stunden später schlief sie dann mit dessen Bruder Raymon, den sie ebenfalls »von früher« kannte. Als die Frau dann feststellte, dass der doppelte Spaß Folgen hatte, benannte sie Raymon als Vater und forderte Alimente. Sie sei sich sicher, dass er das Kind gezeugt habe. Woher sie das wohl wusste? Das lateinische Wort »certa« könnte in diesem Fall etwas doppeldeutig sein. Der angebliche Vater war gar nicht stolz und beantragte einen DNA-Test, dem sich dann auch sein Bruder unterzog, als herauskam, dass er ebenfalls Sex mit Adams hatte. Aber wie es kommen musste: Bei beiden Brüdern, so ergab der Test, bestehe eine 99,9-prozentige Wahrscheinlichkeit, dass sie Vater des Mädchens sind. Raymon wollte keinen Unterhalt zahlen und ging in die Berufung mit der dreisten Aussage, dass der Staat für den Unterhalt aufkommen solle. Sein Bruder glaubt, dass sich Raymon schlicht um die Alimente drücken und ihn die Zeche zahlen lassen wolle. Doch woher will Richard denn so sicher sein? Jean Boyd, die Mutter der Brüder und damit die Großmutter des Mädchens, beklagt derweil, dass sie zwischen beiden Stühlen sitze. In dem Fall also:

»avia pariter certa est« (»Die Großmutter ist auch sicher«). Ihre Jungen zankten sich und sie wisse nicht, auf welcher Seite sie stehen solle, wurde sie in den Medien zitiert. »Ich habe das Gefühl, dass ich eine Enkelin erhalten, aber meine Söhne verloren habe.« Dabei wird die Kleine wahrscheinlich nie erfahren, wer wirklich ihr Daddy und wer ihr Onkel ist. Der Gerichtsmediziner empfahl, dass sich die Brüder doch die Unterhaltszahlungen teilen sollten. Schließlich hätten beide auch in jener Nacht ihren Spaß gehabt. Und was heißt das für die Identität der Tochter? Flexibilität ist ihr mit dieser Vorgeschichte wohl schon in die Wiege gelegt.

- *Adoption:* Die Eltern bzw. ein Elternteil entschließen sich, das Kind zur Adoption freizugeben. Genetische Eltern und soziale Eltern sind in dem Fall unterschiedlich.
- Ein heterosexuelles Paar löst das Problem der Kinderlosigkeit mit einer *Samenspende,* sodass es einen genetischen und einen sozialen Vater gibt. Bei den Samenspenden kann je nach Land zwischen anonymer oder sogenannter »Ja-Spende« gewählt werden, bei der das Kind mit 18 die Erlaubnis hat, mit dem genetischen Vater Kontakt aufzunehmen.
- Ein heterosexuelles Paar löst das Problem der Kinderlosigkeit mit *Eizellspenden* (und als zusätzliche Variation auch noch kombiniert mit einer Samenspende). In der Regel reifen nach medikamentöser Stimulation der Eierstöcke der Spenderin mehrere Eizellen heran, diese werden meist unter Narkose punktiert (entnommen). Die so erhaltenen Eizellen werden mit Sperma befruchtet (durch In-vitro-Fertilisation oder mit der ICSI-Methode) und der Empfängerin transferiert oder für einen späteren Transfer eingefroren. Es gibt in dem Fall eine Eispenderin als genetische Mutter, die soziale Mutter, welche das Kind austrägt, gebärt und aufzieht, und entweder einen genetischen/sozialen Vater oder analog zum Beispiel von vorhin die Trennung dieser beiden Rollen.
- Diese Variante kann mittels Adoption erfolgen, indem eine Leihmutter mit dem Sperma des Mannes des auftraggebenden Paares inseminiert wird. Dann sind genetische und austragende sowie gebärende Frau identisch, die soziale Mutter ist »lediglich« die Partnerin des genetischen Vaters.

– Der Embryo, der das genetische Potenzial der bestellenden Eltern hat, kann einer *Leihmutter* implantiert werden. Die genetische Mutter wird später die soziale. Sie ist aber nicht identisch mit der schwangeren und gebärenden Frau. Beide erwähnten Formen der Leihmutterschaft haben sich mittlerweile in Indien zu einer Milliardenindustrie entwickelt mit rund 350 Kliniken und Vermittlungsagenturen, die kaum reguliert sind, sodass die »NZZ am Sonntag« von »Wildem Osten« spricht (Koch, 2010). Entsprechend lautete ein Werbespruch: »Besuchen Sie den Tadsch Mahal bei Nacht, während Ihr Embryo in einer Petrischale heranwächst.« Möglicherweise wird Indien die Leihmutterschaft einschränken (Pabst, 2015), was aber zur Gefahr eines Schwarzmarktes führen kann. Leihmutterschaft ist keine Erfindung der Neuzeit, wie Althaus (2015) zu Recht bemerkt mit dem Hinweis, dass bereits in der Bibel die Sklavin Hagar Abrahams Sohn Ismael austrug. Charmyne, eine vierzigjährige Australierin, ist seit sechs Monaten mit dem 17 Jahre jüngeren Lastwagenfahrer Michael verheiratet. Jetzt wollen sie ein Baby. Das mache sie für ihn, meint Charmyne zur Reporterin und tätschelt Michaels Bodybuilder-Arm, als wäre er eines der drei Kinder, die sie vom Ex schon hat. Doch wegen eines Krebsleidens musste die Gebärmutter herausoperiert werden. Michael liebe Kinder, er sei ja selbst noch ein halbes – und Eier habe sie ja noch, bemerkt Charmyne. Erst sollte ihre Schwester den Bauch leihen, diese wurde dann aber plötzlich schwanger. So entschloss sich das Paar nach einer Internetrecherche, nach Anand im indischen Gliedstaat Gujarat zu reisen, um dort nach einer In-vitro-Behandlung eine Leihmutter in Anspruch zu nehmen. Etwa 22.000 Dollar kostet das Prozedere. »Billig, oder?«, bemerkt Charmyne, denn in Australien müssten sie viermal mehr auf den Tisch legen.

Allerdings kann es auch bezüglich Leihmutterschaft zu Konflikten kommen: Nach Schweizer Gesetzeslage hat jene Frau die Mutterrechte über das Kind, die es geboren hat, in dem Fall also die Inderin. Einem in Indien geborenen Kind von Schweizer (bzw. deutschen) Eltern wird somit nicht automatisch ein Pass ausgestellt, sondern es kann zu kostspieligen Untersuchungen kommen (Papst, 2015). Aber es stellen sich bei der Leihmutter-

schaft auch weitere Fragen, wie etwa: Soll das Austragen eines Kindes als Arbeit mit allen entsprechenden Rechten und Pflichten betrachtet werden? Wer hat die Hoheit über den Leihmutterkörper, wann tritt die Leihmutter das Recht auf das Kind ab: bei der Befruchtung, bei der Geburt? (Althaus, 2014). Und was passiert, wie im Fall des australischen Paars, das bei einer thailändischen Leihmutter ein Kind »bestellt« hat? Eine pränatale Untersuchung zeigte, dass die Frau mit Zwillingen schwanger war und dass eines der Kinder schwer behindert sein würde. Den Abtreibungswunsch der Eltern wies die Leihmutter ab und gebar die Zwillinge. Die Wuncheltern nahmen aber nur das gesunde Kind mit und ließen das behinderte bei der Mutter zurück. Daraus entwickelte sich ein aufsehenerregender Fall, der weltweit Beachtung fand und unter anderem in der rechtlichen Kontroverse mündete, ob ein Kind als Produkt angesehen werden kann mit all den dazugehörenden Widersprüchen (Engel, 2014). Es manifestiert sich auch ein Widerspruch, dass wir in einer Welt leben, in der es als moralisch vertretbar gilt, Frauen für das zu bezahlen, wofür sie die Gesellschaft sonst moralisch verdammt: das Baby nach der Geburt wegzugeben (Althaus, 2015). Vielleicht wird die ethisch schwierige Frage der Leihmutterschaft bald gelöst durch die Möglichkeit der Gebärmuttertransplantation, wie sie in Göteburg durch ein Team um den Gynäkologen Mats Brännström erstmals durchgeführt wurde. Unter anderem bietet dieses Programm auch das Universitätsspital Zürich an (Straumann, 2016).
- Ein Schweizer Paar kam vor den Friedensrichter: Sie hatten sich in einer spanischen Fertilitätsklinik behandeln lassen. Da sie sich als Paar ausgaben, war dies möglich. Sie wurde schwanger mit einer Samenspende eines Fremden. Nach der Rückkehr aus Spanien wollte er aber von der Partner-(und Vater-)schaft nichts mehr wissen. Juristisch musste nun geklärt werden, wie dieser Fall eines unverheirateten Paars behandelt werden soll. Überhaupt scheinen Reproduktionskliniken in Spanien beliebt zu sein, weil sie auch viel Erfahrung haben mit dem Einfrieren von Eiern über mehr als fünf Jahre hinaus (Bracher, 2014). Social Freezing ist eine Methode, welche von Facebook, Apple und anderen Firmen unterstützt wird, damit Frauen zuerst Karriere machen

können, bevor sie Mutter werden. Allerdings sind es weniger Karrieregründe für den Entscheid eines Social Freezings. Vielmehr sind es »intelligente Frauen in einer guten beruflichen Position, die einfach keinen Partner finden« und sich eine Eizellenreserve für später anlegen (Bracher, 2014; Djerassi, 2014). So äußert sich eine Schweizerin im Interview: »Dass ich in Spanien einen Eizellenvorrat habe, nimmt viel Druck von mir« (Djerassi, 2014). In US-Großstädten bietet die Firma »Egg Banxx« Egg-Freezing-Partys an. Die Gynäkologin Aimee Eyvvazzadeh rekrutiert für diese Firma Frauen, die bei sich zu Hause solche Partys abhalten. Für sie sind die Eizellen die Tupperware des neuen Jahrhunderts (Sadecky, 2015). Die Kosten für das Einfrieren belaufen sich auf zwischen 12.000 und 36.000 Dollar, abhängig von der Fruchtbarkeit der Frau.

- *Single Mothers by Choice* ist ein 1981 durch die Psychotherapeutin und Single-Mutter Jane Mattes gegründeter Verein, der unterdessen über 4000 Mitglieder hat. Damit sind die beiden Varianten angesprochen, bei denen Frauen sich freiwillig für die alleinerziehende Mutterschaft entschieden haben – entweder durch Adoption oder durch Samenspende. Der genetische Vater übernimmt in dem Fall keine soziale Rolle und es gibt auch keinen sozialen Vater, es sei denn, die alleinerziehende Mutter geht später eine Partnerschaft ein. Julia ist eine Single Mother by Choice (Jardine, 2007). Als sie sich ein zweites Kind wünschte, ging ihr der Samen des Ja-Spenders aus. Dabei hatte die Marketingfachfrau aus New Jersey, als sie mit dem Kinderversuch anfing, durchaus auf Vorrat eingekauft. Doch mit 39 klappte die Befruchtung für das zweite Kind nicht mehr auf Anhieb, sodass der Spermavorrat schnell fruchtlos verbraucht war. Ihre Nachforschungen ergaben, dass Samen des Vaters ihrer Tochter nicht mehr zu haben waren. Glücklicherweise entdeckte Julia auf einer Website, auf der sich Kinder von Samen- und Eispendern, ihre Eltern sowie auch die Spender registrieren können, doch tatsächlich eine weitere Mutter mit Nachwuchs desselben Vaters. Sie fragte per E-Mail höflich an, ob diese (ebenfalls Single-)Mutter noch Samen übrig habe, den sie entbehren könne. Auf diese Weise kam Julia nicht nur in den Besitz von fünf weiteren Gläschen des kostbaren Saftes, sondern fand auch auf

Anhieb drei Halbgeschwister von ihrer Tochter Amelia. Allerdings brauchte die Angefragte – Mutter eines Kindes und von Zwillingen in Jerusalem – ein Jahr, um sich von ihren Vorräten zu trennen. Denn Dvori ist orthodoxe Jüdin und wollte möglichst viele Kinder haben. Zudem war sie gehalten, einen nicht jüdischen Spender zu nehmen, denn als Nichtjude ist der Vater einfach nicht existent, was weniger Probleme bereitet als ein anonymer jüdischer Vater. Der nämlich müsste ausfindig gemacht werden, wenn eines ihrer Kinder später heiraten will. Dvori hat übrigens einen Rabbiner aufgesucht, bevor sie allein Mutter wurde. Der habe ihr zu verstehen gegeben, dass ihre Entscheidung im Einklang mit dem jüdischen Gesetz stehe: Sex außerhalb der Ehe ist ein Tabu, ein Kind ohne Sex ist es nicht. Das ist allerdings eine Position, die unter den Autoritäten der jüdischen Gemeinde umstritten ist.

- Bei einem *lesbischen Paar* lässt sich eine der Partnerinnen befruchten. Dies kann durch einen ihnen bekannten Mann geschehen, der später ganz, partiell oder gar nicht bereit bzw. erwünscht ist (vgl. Rau, 2012), die soziale Vaterrolle zu übernehmen. Die wohl häufigere Variante geschieht durch Samenspenden, bei denen der genetische Vater den Frauen nicht bekannt ist. So wird von den hunderttausenden Samenspenden pro Jahr in den USA der Anteil alleinstehender Frauen oder lesbischer Paare an der Kundschaft auf 50 bis 70 Prozent geschätzt (Jardine, 2007, S. 46). Ein nicht ermittelbarer Teil von ihnen kommt aus Europa, wo die Fortpflanzungsmedizin in vielen Ländern verheirateten Paaren vorbehalten ist.
- Bei einem *homosexuellen Paar* wird der eine Partner Vater bei einer ihnen bekannten Frau, die später wie im Beispiel oben ganz, partiell oder gar nicht bereit ist, die soziale Mutterrolle zu übernehmen. Diese Variante ist wohl selten anzutreffen. Häufiger dürfte das Beispiel von Elton John und David Furnish sein, welches durch die Medien bekannt gemacht wurde (Zivadinovic, 2011). Einer Leihmutter wurde nach der künstlichen Befruchtung ein Ei eingepflanzt. Die genetische und biologische Mutter hat am 25. Dezember 2010 einen Sohn zur Welt gebracht, sie bleibt der Öffentlichkeit unbekannt, soll aber laut den Vätern »am Leben der Familie teilhaben«. Der Vater – so wird vermutet –

sei Elton John. Dieser wollte mit 62 aus einem Waisenhaus in der Ukraine zwei Brüder adoptieren, doch die ukrainischen Gesetze erkennen keine gleichgeschlechtlichen Partnerschaften an. Als klar war, dass die Adoption nicht möglich war, entschied sich das Paar für eine Leihmutter. Laut Pressemeldungen sei Elton John als Vater und David Furnish als Mutter von Zachary eingetragen. Spekulationen über den Preis gibt es natürlich auch: Von bis zu einer Million US-Dollar ist die Rede. Im Januar 2013 erfolgte die Geburt des zweiten Sohnes, Elijah (Tages-Anzeiger, 17.1.2013).

Exotisch dürfte im letzten Beispiel vor allem der Preis sein, auch wenn klar ist, dass gerade Formen der künstlichen Befruchtung sehr schnell viel Geld kosten, und sich somit die Frage stellt, wer sich dies überhaupt leisten kann. Abschließend noch ein paar Beispiele, die weniger aus Kostengründen als exotisch betrachtet werden können:

- Ein 72-jähriger Londoner stellt seinen Samen zur Verfügung, damit die Frau seines Sohnes Mutter werden kann (Tages-Anzeiger, 6.10.2007). Nach erfolglosen Versuchen des Paares, selbst mit künstlicher Befruchtung Eltern zu werden, entschließen sie sich, ein Kind zu zeugen, das dem juristischen Vater genetisch so ähnlich wie möglich sein soll. So kam nur der 72-jährige Vater als Spender infrage. Er wird nun Vater seines Enkelkindes, dessen juristischer Vater sein biologischer Bruder sein wird.
- Eine 45-jährige Lehrerin aus Manhattan hat schon einen siebenjährigen Sohn als Single Mother by Choice (Jardine, 2001). Dann wünschte sie sich ein zweites Kind, dazu brauchte sie nicht nur eine Samenspende, sondern auch eine Eispende, die sie von ihrer Schwester bekam. Die Tante ist somit zugleich genetische Mutter und das Mädchen ihre eigene Cousine.
- Annegret Raunigk hat 2015 für Schlagzeilen gesorgt: Die 65-jährige Lehrerin und Mutter von 13 Kindern (von fünf verschiedenen Vätern) ließ sich in einer ukrainischen Reproduktionsklinik mit Eizellen einer jungen Frau und einer Samenspende befruchten. Mindestens vier Embryonen ließ sie sich mit einer Kanüle in die Gebärmutter spritzen. Vier nisteten sich ein und am 19. Mai 2015 gebar sie Vierlinge. Für ihre Geschichte hat sie einen Exklusivvertrag mit RTL und »Bild am Sonntag« ausgehandelt. So prä-

sentierte sie sich dann auch ein Jahr nach der Geburt zu Hause in Höxter vor der Kamera in einer Homestory. Ihre zehnjährige Tochter, deren Wunsch nach einem weiteren Geschwisterchen die Mutter nicht ausschlagen wollte, berichtet dabei, dass ihre Geschwister abends ins Bett gebracht werden und durchschlafen (Berndt u. Mayer, 2016).

- Eine Embryo-Verwechslung sorgte 2014 in Italien für Aufsehen und stellt das Gesetz in Frage: In einer römischen Klinik kam es im Labor zum Vertauschen zweier Reagenzgläser mit Familien mit zwei ähnlich klingenden Namen. So kam es zur Verwechslung bei der Einpflanzung der Embryonen. Der Irrtum wurde entdeckt beim Gentest im Mutterleib an den Zwillingen des Paars, bei dem die Befruchtung klappte. Die Eltern entschieden sich, die Kinder zu behalten. Hingegen versuchten die genetischen Eltern das Sorgerecht zu erhalten. Doch vor der Gerichtsverhandlung kamen die Zwillinge zur Welt und wurden als die Kinder der Gebärenden anerkannt (Kreiner, 2014).
- Maria hatte als Vater eine Tochter aus erster Ehe. Dann ließ sie sich zu einer Frau umoperieren und lebt seither in einer lesbischen Beziehung mit einer Partnerin. Die Tochter hat unterdessen selbst ein Kind. Da kann es schon mal zu einer interessanten Szene kommen, wenn die drei Generationen zusammen ins Café gehen. Die Tochter spricht Maria nach wie vor als Vater an, während die Enkelin Maria Oma nennt.
- Als Thomas Beatie, der früher Tracy LaGondino hieß und Schönheitskönigin in Hawaii war, mit seiner Frau Nancy Kinder wollte, stellte sich heraus, dass sie keine Kinder bekommen konnte (Murano, 2009). Thomas hatte noch Gebärmutter und Eierstöcke, sodass das im Staat Oregon offiziell anerkannte Paar entschied, dass Thomas nach einer künstlichen Samenspende das Kind austragen würde. Im Sommer 2008 kam Tochter Susan Juliette auf die Welt; dieses Ereignis sorgte weltweit für hitzige Diskussionen. Bei einem ähnlichen Fall in Spanien hatte der transsexuelle Ruben Noe Coronado sogar Zwillinge im Bauch, die er aber durch eine Fehlgeburt im Sommer 2009 verlor. Im gleichen Jahr brachte Thomas bereits sein zweites Kind, Sohn Austin, zur Welt und im 2010 folgte mit Jensen nochmals ein Sohn. Laut Presse-

meldungen assistierte Nancy mit »breastfeeding«. Unterdessen sind die beiden jedoch geschieden und Thomas ist wieder verheiratet mit Amber Nicholas.

- Da in den USA ein konstitutionell verankertes Recht auf Freiheit in Fragen der Fortpflanzung besteht, gibt es im Land der unbegrenzten Möglichkeiten so gut wie keine Restriktionen. Einer der wenigen Fälle, der im Jahr 2000 die Ethikkommission beschäftigte, war der von Pamela Reno (Jardine, 2007, S. 46). Ihr Sohn Jeremy war nach einem Russischen-Roulette-Unfall noch keine 24 Stunden tot, als man ihm rektal eine Elektrosonde bis zur Prostata einführte, seine Beckenmuskulatur in rhythmisches Zucken versetzte und dem 19-Jährigen auf diese Weise einen letzten und unfreiwilligen Orgasmus verpasste. Dieser sollte seine Mutter, eine 38-jährige Cocktailkellnerin, in den Besitz von genügend Sperma für drei Versuche einer künstlichen Befruchtung bringen. Im Tausch gegen den Samen ihres Sohnes hatte die Mutter den Ärzten angeboten, seine Organe zur Spende freizugeben. Dabei hatte Jeremy weder für die Organ- noch für die Samenspende seine Einwilligung erteilt. Deshalb gab es Stimmen, die von einer Vergewaltigung eines Toten durch die Mutter mithilfe der Ärzte sprachen. Dr. Russel Foulk, Spezialist im Northern Nevada Fertility Center, räumte auch ein, dass es Diskussionen in einem Spital-Ethik-Panel gegeben habe, also in einer Sachverständigengruppe. Doch für Pamela sind solche Empörungen unbegreiflich. Da Jeremy Einzelkind war, hätte sie sonst keine Chance, Großmutter zu werden. Sie zeigte sich bereit, die Enkelkinder selbst aufzuziehen. Jeremys Bild solle an der Wand hängen und sie werde dem Kind sagen: »That's Daddy.« Wie es um die Identität eines Kindes bestellt sein könnte, das unter solchen Umständen gezeugt wurde, bleibt wohl eine offene Frage.
- Das erste Kind, dessen Vater bereits bei der Zeugung unter der Erde war, wurde im März 1999 in Los Angeles geboren (Jardine, 2001). Seither gibt es weitere Fälle und die Zahl der Anfragen wird wohl ansteigen, ob Angehörige die verstorbenen Verwandten als Samenspender nutzen dürfen. »Sperminatoren« wird diese neue Sorte Väter übrigens genannt.

Mit den genannten Beispielen wird deutlich: Alle Konstellationen sind denkbar. Im Extremfall wird ein Kind geboren, das zwei Väter hat – einen genetischen und einen sozialen – und drei Mütter – eine genetische, eine biologische, die es ausgetragen und geboren hat, und eine soziale (Goldschmidt, 1995). Jaycee Buzzanca ist ein solches Kind (Jardine, 2001). Da sich aber die Auftragseltern getrennt haben, während die Leihmutter Jaycee austrug, mussten Gerichte klären, wer denn nun Jaycees rechtliche Eltern sind. Wer weiß, was es für die Identität des Kindes heißen würde, wenn es am Schluss noch zur Adoption freigegeben würde … Und die Beispiele veranschaulichen auch, dass sich die durch serielle Partnerschaften, Trennungen, Scheidungen und Patchwork-Familien ohnehin schon vielfältigen Herkunftskonstellationen durch die Möglichkeiten der modernen Fortpflanzungsindustrie bereits vor der Geburt eines Kindes noch zusätzlich fragmentieren. Es entsteht also auch im Bereich der Herkunftsfamilie immer seltener eine identitätsstiftende, durchgängige Geschichte. Dies bedeutet für viele einen Verlust des Herleitens des eigenen Lebensplanes aus der familiären Generationenfolge. Wenn man mit zwei Vätern und drei Müttern geboren wird und später in Patchwork-Familien aufwächst, wird es schwierig sein, die eigene Identität in einer familiären (geschweige denn »heimatlichen«) Tradition zu begründen. Das zeigt sich unter anderem im Verlust der Beziehung zu den Verstorbenen, denen in ursprünglichen Kulturen ein großer Einfluss zugeschrieben wurde und deren große Verehrung mit Begräbnisritualen und Totenkult gefordert war. Heute wird häufig die Asche der Verstorbenen in alle Winde zerstreut, wodurch kein Ort mehr besteht, wo man gemeinsam der Toten gedenkt. Jürg Willi (2007, S. 68) folgert daraus: »Jeder ist somit zunehmend mit seinem Lebenslauf allein. Gesellschaftlich gefordert ist nicht die Reflexion der eigenen Entwicklung, sondern das Aufgehen im Moment. Es ist oftmals keine Umwelt mehr da, die hilft, sich an die eigene Geschichte zu erinnern. Die Spuren früherer Wirksamkeit werden möglichst gelöscht. Auch wenn sie noch sichtbar wären, ist niemand mehr da, der an ihnen interessiert ist oder sie zu deuten weiß. So droht die Erfahrung des Lebenslaufes als ein sich kontinuierlich entwickelndes Geschehen immer mehr verloren zu gehen. Damit verliert der Mensch jedoch eine der wichtigsten Quellen für die Erfahrung von Identität und Lebenssinn. Der Lebenslauf besteht zunehmend hauptsächlich aus Wechseln. Doch: Sind das Lebenswenden, die auch innerlich zu einer Wende führen?«

Andererseits kann festgestellt werden, dass die Genealogie blüht, ein Zeichen, dass sich die Leute gerade in der modernen Welt für ihre Wurzeln interessieren. Und welche Kräfte auf der Suche nach der eigenen Herkunft freigesetzt werden können, veranschaulicht das Beispiel eines 15-jährigen Jungen (Jardine, 2007, S. 48). Es zeigt auch, dass Anonymität im 21. Jahrhundert ohnehin nicht mehr zu gewährleisten ist: Der Junge spürte 2005 mithilfe einer DNA-Probe und einer genetischen Datenbank im Internet seinen Vater auf. Er hatte einen Abstrich aus seiner Mundhöhle an Family Tree DNA geschickt, eine private Registratur von 45.000 DNA-Proben. Damit wollte er herausfinden, ob sein Y-Chromosom, das vom Vater zum Sohn weitergegeben wird, mit einem Registrierten identisch sei. Er fand zwei Männer, deren Y-Chromosomen seinem sehr ähnlich waren. Der Teenager ging nun auf OmniTrace.com und gab Geburtsdatum und Geburtsort seines Samenspenders ein (die seine Mutter von der Samenbank erhalten hatte), um alle Namen zu kaufen, die an dem Tag an dem Ort geboren worden waren. Und es klappte: Ein Mann trug den gleichen Nachnamen wie einer der zwei aus dem DNA-Register.

Auch das Beispiel der zwei Mädchen aus Sibirien, welche nach der Geburt im Krankenhaus vertauscht wurden, zeigt, wie viel Identitätsverwirrung diese Verwechslung auslösen kann. Nach zwölf Jahren kam die Wahrheit ans Licht. Da der Vater Aleksei Andruschak seit Jahren an seiner Vaterschaft zweifelte, zahlte er keine Unterhaltsbeiträge. Der DNA-Test ergab, dass weder er der Vater noch Julia Belajewa die Mutter von Irina war. Offenbar hatte man Irina im Krankenhaus in Kopeisk mit einem anderen Mädchen verwechselt. Die »Geschichte um Liebe, Identität« löst die Frage aus, was wichtiger ist: das Blut oder die Kultur (Helg, 2011). Auch der Fall von Kristina V., deren Herkunft aufgrund von vermutlichen Verwechslungen bei der künstlichen Befruchtung in einer bekannten Bregenzer IVF-Klinik Aufsehen erregte, zeigt die Brisanz der Thematik, zumal es in diesem Fall noch um hohe Schadensersatzforderungen geht (Gyr, 2017).

Die Bedeutung der Herkunftsfamilie wird nicht zufällig von den Familientherapeuten hervorgehoben. Neben Jürg Willis Ausführungen seien in diesem Zusammenhang vor allem die Konzepte von Helm Stierlin erwähnt. In Anlehnung an den ungarischen Kollegen Ivan Boszormenyi-Nagy (1981), der von generationenübergreifenden Loyalitäten sprach, prägte Stierlin (1994) den Begriff der *Delegation*. Damit sind Prozesse gemeint, die sich in der Eltern-Kind-Dynamik zeigen, und zwar hauptsächlich in zwei Ausprägungen: Die schon erwähnte bezogene Individuation kann sich in einer Dialektik »mit« den und »gegen« die Erwartungen der Eltern aktualisieren. Schon vor der Geburt baut sich für das Individuum ein Spannungsfeld auf, in dem eine Delegationsdynamik zur Wirkung kommt. Dieses Spannungsfeld wird früh verinnerlicht und beeinflusst Skripte, Lebenserzählungen und Handlungsprogramme. Bei der »Individuation mit« erlebt sich das Individuum mit seinen Eltern, Großeltern und möglicherweise anderen wichtigen Herkunftspersonen loyal verbunden. Dann zeigt sich eine große Bereitschaft, deren Aufträge, Delegationen anzunehmen und sich bereits sehr früh im Leben an diesem »Erbe« auszurichten. »Individuation gegen« bedeutet, dass sich das Individuum gegen überfordernde Loyalitäten und Delegationen wehrt und sich einen eigenen Weg sucht. Paradoxerweise führt nun aber gerade eine sich radikalisierende »Individuation gegen« dazu, dass sich die Bindung an die Eltern noch verstärkt. Bei der Dialektik von Individuation »mit« versus »gegen« spielen unter anderem noch Wahrnehmungen von gewährter oder vorenthaltener Gerechtigkeit, von Bevormundung oder Benachteiligung im Geschwisterkreis, von einem sich ausgleichenden oder nicht ausgleichenden Geben und Nehmen über die Generationen hinweg eine Rolle. Helm Stierlin (1994, S. 125) erläutert dies an dem Beispiel einer jungen Frau, die verschiedene Studiengänge abbricht, obwohl sie sehr intelligent ist. Sie verliebt sich auch wiederholt in jüngere, arbeitslose Intellektuelle, die sich gegen das bürgerliche Establishment stellen. Von einem dieser jüngeren Männer wird sie schwanger. Sie trägt das Kind aus, obwohl ihr Vater sich von ihr abwendet und eine Abtreibung von ihr verlangt. In der Herkunftsfamilie gab es folgende Konstellation: Ein Großvater, den sie verklärt, war ebenfalls ein intellektueller Rebell gewesen. Er war zwar im bürgerlichen Leben gescheitert, aber als Antifaschist hatte er sich öffentlich hervorgetan. Die junge Frau verachtet ihre Mutter wegen ihrer bürgerlichen Routineexistenz. Dennoch bleibt sie an die Mutter gebunden und macht sich ständig Sorgen, dass sich diese das Leben nehmen könnte, weil ihr der Lebensinhalt fehle. Die Mutter nimmt das Enkelkind mit Freude zu sich und blüht in der Erziehungsaufgabe auf.

Genogramme eignen sich sehr gut, um Mehrgenerationsthemen aufzuzeigen (Unverzagt, 2016). Sie zeigen in einer grafischen Darstellung die Familienkonstellationen über mehrere Generationen hinweg auf. Darin werden etwa die Positionen in der Geschwisterreihe deutlich, welche die Eltern in ihren eigenen Herkunftsfamilien hatten. Darüber hinaus lassen sich Todesfälle, Krankheiten, Symptome oder andere Themen jeweils übersichtlich einordnen. Genogramme sind gewissermassen der »Fingerabdruck« des Gesamtsystems. Dadurch ist eine Annäherung an die eigene Identität in einer historischen Dimension möglich mit gleichzeitigem Blick auf das gegenwärtige Familiensystem und den soziokulturellen Rahmen. Themen wie Familienstruktur, Rollenverteilung und Beziehungsmuster in der Familie, wichtige Lebensereignisse, traumatische Erfahrungen, soziale, politische und ökonomische Zusammenhänge, Konflikt- und Lösungsstrategien können beleuchtet werden. Wichtig ist dabei, dass wir die Ahnenforschung nicht primär mit dem Fokus auf Defizite und Störungen betreiben, sondern sehr gezielt auch nach Stärken und Besonderheiten im »positiven« Sinn Ausschau halten. Dazu eignet sich besonders gut die *Methode der systemischen Strukturaufstellungen* von Matthias Varga von Kibéd und Insa Sparrer (2011). Klar ist: Das Thema der Veränderbarkeit, Inkonstanz, Un(be)greifbarkeit und Flexibilität beginnt bei der Herkunftsfrage. Eine multiple Identität wird immer häufiger dem Individuum schon in die Wiege gelegt.

3.1.2 Sage mir, mit wem du wohin gehst, und ich sage dir, wer du wirst: Partnerschaft, Hinkunft und Identität

Wie bei der Herkunftsthematik können wir auch bei der Beziehungsgestaltung davon ausgehen, dass deren Mannigfaltigkeit weiter zunehmen wird. Die Individualisierungs- und Flexibilisierungstendenz wird anhalten. So wird es im Verlauf eines Lebens mehr serielle Beziehungen und damit sogenannte Lebensabschnittspartnerschaften geben. Die lebenslange Einheitsfamilie wird zum Grenzfall. Es zeigt sich vermehrt ein lebensphasenspezifisches Hin und Her zwischen verschiedenen Familien auf Zeit bzw. nichtfamilialen Formen des Zusammenlebens. Zu Letzteren zählen auf der einen Seite Phasen des Single-Daseins und auf der anderen Seite des Spektrums Phasen der Polyamorie (vgl. dazu Signer, 2011b). Polyamoristen gehen davon aus, dass die sinnliche Liebe nicht auf eine Person beschränkbar sei. Stützen können sie sich beispielsweise auf das Buch von Ryan und Jethá (2016), welche Clement in seinem Vorwort als »Bibel der Polyamoristen« bezeichnet. Sie plädieren für die Freiheit, mehrere Beziehungen zugleich zu leben. Im Unterschied zu den Seitenbeziehungen oder der Polygamie wissen alle Beteiligten davon und sind mit dieser Beziehungsform einverstanden. Doch auch hier offenbaren sich Widersprüche: Wo bleibt denn wohl auf Dauer die Erotik, wenn jede sinnliche Anwandlung mit allen ausdiskutiert werden soll? Dennoch passt vermutlich diese Form der Identitätssuche in Beziehungen zu einer Zeit der Mobilität, Beschleunigung, Globalisierung und Liberalisierung. Seit 2016 bietet »OkCupid«, eine der größten Dating-Plattformen der Welt, spezielle Kontaktaufnahmeangebote für Polyamouristen an. »OkCupid« begründet diesen Schritt mit dem Anstieg von Nutzern, die anscheinend auch für nichtmonogame Beziehungen offen sind. Entsprechend schreibt die NZZ am Sonntag: »Ausserdem fügen sich die neuen Beziehungskonstellationen nahtlos ein in den Grosstrend der *sharing economy*, deren Motto ›Tauschen statt besitzen‹ heisst« (24.01.2016, S. 3).

Ulrich Beck (1986) spricht generell von einem widerspruchsvollen, pluralistischen Gesamtlebenslauf im Umbruch. Dieser *biografische Pluralismus* wird zur Norm, sodass man von einer historisch verordneten Erprobungsphase der Formen des Zusammenlebens sprechen kann. Die Individualisierungsdynamik erhöht auf der einen Seite die Freiheit, unabhängig von traditionellen Formen der Rollenzuweisungen sein Leben zu gestalten. Auf der anderen Seite verstärkt die Vereinzelungstendenz den Wunsch, sich in eine Paarbeziehung zu begeben – so ist möglicherweise die Flucht vor der Einsamkeit das stabilste Element der Paarbeziehung.

Der Soziologe Karl Otto Hondrich formuliert in »Liebe in den Zeiten der Weltgesellschaft« (2004) eine ähnliche These: Der moderne Mensch klammere sich umso mehr ans romantische Liebesideal, je mehr es real widerlegt werde. Einen Ausweg zwischen dem Wunsch nach Partnerschaft und dennoch nicht zu starker Verpflichtung wie in einer Ehe stellt neben der Polyamorie der in Frankreich mögliche »Pacte civil de solidarité« (»Pacs«) dar: »se pacser«, ursprünglich für Homosexuelle gedacht, erweist sich bei den Heterosexuellen als Renner. 94 Prozent aller Pacs-Paare bestanden im Jahr 2009 aus Mann und Frau. Auf zwei Hochzeiten kam bereits ein Solidarpakt, mit steigender Tendenz. Nathalie, eine Ärztin, und Bruno, Informatiker, sind ein solches Paar. »Wir werden nun gemeinsam zur Einkommenssteuer veranlagt«, sagt Bruno zum Reporter (Veiel, 2009). Wenn er sterbe, müsse Nathalie weniger Erbschaftssteuer entrichten und habe das Recht, ein weiteres Jahr in der gemeinsamen Mietwohnung zu bleiben. Und die Nachteile? »Sich pacsen lassen ist total unromantisch, nichts für das Herz«, sagen beide unisono. »Eine Amtsstube, in der Beamte Formulare stempeln und Paare darüber aufklären, wie sie problemlos miteinander Schluss machen können – nüchterner geht's nicht«, bemerkt Nathalie, die zum Zeitpunkt der Reportage im sechsten Monat schwanger ist. Wieso sie nicht geheiratet haben, will der Reporter wissen. »Der Einsatz wäre mir zu hoch gewesen, so viel Verpflichtung wollte ich nicht«, räumt sie ein. Und Bruno ergänzt: »Ich als verheirateter Ehemann, das kann ich mir beim besten Willen nicht vorstellen.« Der Pacs ermöglicht also das Kunststück, sich in einer Beziehung zu engagieren, ohne sich wirklich zu engagieren. Auch in der Schweiz laufen Diskussionen zur Einführung des Pacs.

Der Rationalismus der Arbeitswelt hat direkte Auswirkungen auf Partnerschaft und Familie. Die Ehe schrumpfe zur »Tauschbeziehung«, wo die Partner wie im Geschäftsleben austauschbar werden und das familiäre Klima zu erkälten droht. Entgegen dieser These von Walster und Walster (1979) und den Aussagen im obigen Beispiel ist eine gegenteilige Tendenz auszumachen: Gerade durch die Abnahme einer ökonomischen Notwendigkeit, eine Paarbeziehung einzugehen oder gar Kinder in die Welt zu setzen, findet parallel eine *Emotionalisierung von Partnerschaft, Ehe und Familie* statt. Dies hängt mit den Entwicklungen in der Arbeitswelt direkt zusammen. Die in der betrieblichen Welt erforderliche »Rationalität« mit den damit verwehrten Bedürfnissen wird in der privaten Welt kompensiert und nicht zwingend gespiegelt. Entsprechende Wünsche nach loyalen Bindungen, Geborgenheit und Selbstverwirklichung bergen aber die

Gefahr in sich, die privaten Beziehungen emotional zu überlasten. Mitterauer und Sieder (1980, S. 79) begründen diesen Prozess der Intimisierung, Emotionalisierung und Sentimentalisierung wie folgt: Die Reduktion auf wenige Kinder und die längeren Lebenserwartungen haben die emotionalen Beziehungen vertieft. Der Rückgang der Kindersterblichkeit bedingte wohl schon dem Kleinkind gegenüber ein höheres Maß an emotionaler Zuwendung. Solange fast jedes Kind im ersten Lebensjahr verstarb, konnte man wohl nicht mit ähnlich starken Bindungen seitens der Eltern rechnen. Von der Antike bis zur Renaissance herrschte vereinfacht ausgedrückt ein »Sachverhältnis zum Kind« vor (Spillmann, 1980, S. 30). Dieser Ausdruck kann so Schlimmes beinhalten wie die Tatsachen, dass Kinder missbraucht, ausgesetzt oder getötet wurden. Mit der Abnahme der Kindersterblichkeit, der damit verbundenen Abnahme des Ammenwesens und der Zunahme der stillenden Mütter wurde das innigere Verhältnis zum Kind verstärkt. Die aufkommende bürgerliche Gesellschaft betonte die Wichtigkeit einer guten Kindererziehung umso mehr, als sie sich nicht auf eine Statusvererbung stützen konnte wie die Aristokratie. Kinder wurden somit vermehrt als noch nicht Erwachsene betrachtet, die erzogen werden müssen. Die stärkere gefühlsmäßige wie erziehungsmäßige »Investition« in das Kind kann die Emotionalisierung der Familie noch intensivieren. Wie ich an anderer Stelle ausgeführt habe, nimmt damit auch die Gefahr zu, Kinder übermäßig zu verwöhnen, zu infantilisieren oder mit Delegationen zu versehen (Lippmann, 1990, S. 14 ff.).

Besonders in bäuerlichen und handwerklichen Betrieben waren neben Mann und Frau auch die Kinder eine wichtige Arbeitskraft. Nebenbei bemerkt ist das Modell, dass nur ein Ehepartner (in der Regel der Mann) für das Einkommen sorgt, in Westeuropa und Nordamerika relativ jung. Dies wird häufig vergessen, wenn man von traditioneller Rollenverteilung spricht (Coontz, 2005). Vielfach bedeuteten die Kinder früher auch die Sicherstellung der Altersversorgung, wie zum Beispiel aus den Altenteilsverträgen ersichtlich wird. Kranken- und Rentenversicherungen haben die ökonomische Funktion der Kinder ersetzt, sodass das Aufziehen von Kindern heute aus ökonomischer Sicht unvernünftig ist. Zudem stehen Kinder dem Individualisierungsprozess und der in der Arbeitswelt beschriebenen

Anforderung nach Flexibilität im Wege. Auf der anderen Seite wird das Kind zur letzten verbliebenen, unaufkündbaren, unaustauschbaren Primärbeziehung, wie Beck (1986, S. 193) richtig anmerkt. Denn Partner kommen und gehen, das Kind bleibt. Die Motive für Kinder haben sich in den hoch entwickelten Ländern auf eine psychologisch-emotionale Ebene verlagert. Freude, Liebe, Erlebnis oder gar Kinder als Lebenssinn werden häufig als Vorteile von Kindern genannt: »Das Kind wird zur *letzten Gegeneinsamkeit,* die die Menschen gegen die ihnen entgleitenden Liebesmöglichkeiten errichten können. Es ist die *private Art der › Wiederverzauberung‹,* die mit der Entzauberung und aus ihr ihre Bedeutung gewinnt. Die Geburtenzahlen gehen zurück. Die Bedeutung des Kindes aber *steigt*« (Beck, 1986, S. 194).

Partnerschaft, Familie und Ehe stehen somit in einem *Spannungsfeld,* das die Identitätsentwicklung des einzelnen Partners stark beeinflusst (vgl. Lippmann, 1990, S. 23):
– Die Wertvorstellungen einer auf (exklusiver) Liebe, Erotik und Intensität beruhenden Partnerschaft stehen in einem Spannungsverhältnis zu den Ansprüchen auf Dauer und Aufrechterhaltung einer affektiven Intensität über lange Zeit. Denn die zunehmenden Lebenserwartungen machen es prinzipiell möglich, dass die sogenannte »Empty-Nest-Phase« oder »nachelterliche Gefährtenschaft« (Lippmann, 1990, S. 12) ohne Weiteres noch dreißig Jahre dauern könnte. Angesichts dieser Tatsache kann die Aussage »bis dass der Tod euch scheidet« eine andere Dimension haben, als wenn man davon ausgeht, dass der Partner mit vierzig oder fünfzig Jahren ohnehin wegstirbt. Dazu meint Sabine Paul: »Wir haben kein genetisches Programm für die Partnerwahl in der zweiten Lebenshälfte« (Voigt u. Moreno, 2010, S. 82). Die Erwartungen an die Ehe werden verständlicherweise höher und damit wächst auch die Gefahr möglicher Enttäuschungen. Die oben beschriebenen »Pacs« mögen hier einen Ausweg aus dem Dilemma darstellen. Eine andere Form eines unverbindlichen Familienmodells heißt Ko-Elternschaft. Dabei wird entweder unter Freunden, Bekannten oder aber auf Websites wie modamily.com, coparents.com, Co-ParentMatch.com oder Co-Eltern.net nach einem passenden Eltern-Pendant gesucht (Koch, 2013). Ein Kind wird gemeinsam aufgezogen ohne Anspruch

auf eine Paarbeziehung zu haben, ganz im Sinne der »sharing economy«.
- Sowohl in der Zweierbeziehung wie in der Familie oder in anderen Lebensgemeinschaften besteht ein »ethisches Dilemma« zwischen den Polen Individualismus, Autonomie, Emanzipation einerseits und Fusion, Bindung, Abhängigkeit andererseits. Kennzeichnend für dieses Dilemma ist etwa die plakative Aussage einer Alleinerziehenden über die Vorteile einer Single-Mutter: »Kind ja, Mann vielleicht« (Windlin, 2009). Es gibt zudem Studien, die aufzeigen, dass die Ehe glücklicher verlaufe, wenn die Ehepartner ein gewisses Maß an Autonomie bewahren. Besonders gilt dies für den Aspekt, dass die Ehefrau auch berufstätig ist, ihr eigenes Geld verdient und dadurch ein zusätzliches Netzwerk pflegen kann (Krasnow, 2011, zit. nach Weber, 2012). Das Phänomen des »Work spouse« ist ebenfalls eine gute Möglichkeit, sich dem Dilemma zwischen den beschriebenen Polen zu entziehen. Damit beschreiben McBride und Bergen (2015) Beziehungen am Arbeitsplatz, die tiefer gehen als diejenigen unter normalen Kolleginnen und Kollegen. Sie haben den großen Vorteil, dass sie die Moral der Betroffenen und ihre Leistung verbessern (Guldner, 2016).
- In engem Zusammenhang dazu stehen die Gegensätze zwischen Selbstliebe, Privatheit, Konkurrenz, Wettbewerb und Altruismus, Sozialität, Solidarität, Teilen – alles Wertvorstellungen, die spiegelbildlich auch in der Identitätssäule Arbeit und Beruf aufeinanderprallen.
- In einer Welt voller Wahlmöglichkeiten wächst die Gefahr, dass sich Partner nicht binden, weil jeweils die Hoffnung besteht, noch etwas Besseres zu finden. Mit dieser Person würde man dann eine dauerhaftere Beziehung eingehen; ein Terror der Möglichkeiten. Ein Mann aus der Werbebranche bringt sein Dilemma auf den Punkt: Seit es das Internet gibt, gehen die Chancen gegen null, dass er jemals wieder eine normale Beziehung führe. »Ich habe das Gefühl, dass das Internet als Ort für die Partnersuche immer mehr akzeptiert wird. Es ist unglaublich, wie viele interessante Frauen da immer wieder nachkommen. Dabei ist das Tempo, mit dem man Frauen kennenlernt, verblüffend« (Voigt

u. Moreno, 2010). Das Angebot sei sein Problem. Im Netz wird die Partnersuche gewissermaßen industrialisiert. Noch mehr Möglichkeiten, noch mehr Frauen, die infrage kommen, noch mehr Entscheidungen, die man treffen muss, noch mehr potenziell verpasste Chancen. So erleben diese Single-Männer einen freiheitlichen Zustand der Schwebe. Offen für Veränderungen, für spontane Entscheidungen. Ein Optionsleben, ein Leben als Möglichkeitswahrung. Der Preis könnte sein, dass man die letzten zehn Jahre seines Lebens einsam ist. Doch die Garantie, dass dies einem nach einer langjährigen Partnerschaft nicht auch passieren kann, hat niemand. So steht auch dieser Mann im Dilemma zwischen den Freiheiten und dem Warten auf die Frau, zu der er sagen würde: »Ich lösche für dich mein Postfach.« Dies also der ultimative Satz als Bekenntnis des modernen Mannes, wie der Journalist anmerkt. »Vielleicht der ultimative Satz. In einer Zeit, in der in Sachen Liebe alles durcheinandergekommen ist. In der die Menschen noch nicht so weit sind wie die Möglichkeiten.« Früher hätte er gesagt: »Ich liebe dich« (S. 85). Ähnliches gilt für Frauen: Viele verfallen in eine Unfähigkeit, sich überhaupt noch für jemanden entscheiden zu können. Der ambivalente Wunsch nach Bindung, Sicherheit einerseits und Autonomie, Offenheit andererseits droht Partnerschaften und Partnersuchende zu zerreißen. Und das Netz verstärkt durch seine Möglichkeiten diese Not zusätzlich (S. 80). Die Angst, etwas zu verpassen, wird entsprechend mit den Lettern »Fomo« abgekürzt: »Fear of Missing out«: Jedes nächste Date könnte besser sein als das aktuelle. Deshalb arrangieren junge New Yorker oft zwei Dates an einem Abend (Kurianowicz, 2013). Das Gegenteil stellen jene Personen dar, welche keinerlei Wunsch nach Beziehung oder Eheleben haben. So leben in Japan mittlerweile die Hälfte aller Frauen als Single und 90 Prozent der jungen Frauen geben an, sie würden lieber allein leben – viele von ihnen deshalb, weil sie sich nicht für ein traditionelles Familienmodell entscheiden möchten. Denn ein Sprichwort in Japan sagt: »Die Hochzeit ist das Grab des Lebens«. Einmal heiraten möchten sie aber dennoch, deshalb gibt es die Form der »Solo-Hochzeit« (Schnabl, 2016).

3.1.3 Ich werde verstanden, also bin ich: Heimatgefühl und Identität

»Heimat ist da, wo ich verstehe und verstanden werde«, meinte Karl Jaspers. Die Folgen der Multioptionsgesellschaft zeigen sich nicht nur im engeren Beziehungskreis wie Familie, Freundeskreis oder Nachbarschaft, sondern auch in Bezug auf das weitere »Heimat«-Umfeld wie die Gemeinde, Region oder Nation. Während Tausenden von Jahren waren die meisten Menschen sesshaft: Man starb in der Regel am selben Ort, wo man geboren wurde und die meiste Zeit auch lebte. Somit war Heimat der Ort, mit dem man sich identifizierte und der eine Art Zugehörigkeitsgefühl vermittelte. Am Tag, da man ihm seinen Pass nahm, entdeckte er mit 58 Jahren, dass man mit seiner Heimat mehr verliert als ein Fleckchen umgrenzter Erde, schreibt Stefan Zweig (1942) in seiner Autobiografie. Der Schriftsteller und Pazifist aus einer jüdischen Familie starb im brasilianischen Exil auch am Verlust seiner Heimat. Heimat ist neben dem Ort aber auch die Institution wie etwa ein Stand, Verein, eine Zunft oder Sippe. Der Soziologe Ray Oldenburg (1998) verbindet Heimat sogar mit drei Orten. Neben der eigenen Wohnung und dem Arbeitsplatz sind »dritte Orte« gewissermaßen »dazwischen«. Gemeinsame Merkmale, in denen sie sich von ersten und zweiten Orten unterscheiden, sind zum Beispiel:

- Man kann dort freiwillig hinkommen und gehen, wie es einem beliebt.
- Es sind Orte der Gleichheit, niemand ist Gastgeber und Status spielt keine Rolle.
- Dritte Orte sind ohne Reservierung leicht zugänglich.
- Jede Person soll sich dort wohlfühlen können und die Stimmung ist vorwiegend positiv.

Cafés, Galerien, Spielplätze aller Art, Salons oder Clubs können etwa solche Orte sein: »Dritte Orte sind Räume der Entspannung und Erholung, sie stiften aber auch Identität und zwanglose Zugehörigkeit, wir finden dort Geselligkeit, Genuss, auch Trost oder Gelegenheit zum Dampfablassen« (Stern, 2016, S. 24). Alle Arten von Heimat lösen Gefühle der Vertrautheit und Zugehörigkeit aus. Daraus kann auch eine Form von Identitätsempfinden entstehen. Heimat als »emotionaler Container« (Peter Sloterdijk, zit. nach Hecht, 2005, S. 26) ist somit identitätsstiftend. Doch Heimat kann ambivalente Gefühle auslösen: wohlige Sicherheit und Aufgehobensein, aber auch Einengung, soziale Kontrolle. Und in dem Ausmaß, in dem Heimat als Ort und Institution verschwindet, nimmt eine bestimmte Art ab, sich mit der Welt zu identifizieren. Je größer oder diffuser räumliche oder institutionelle Identifikationsgebilde werden, desto schwächer wird die Kraft des Heimatgefühls. »Heimat braucht Grenzen«, postuliert Hecht (2005). Was die heutigen Generationen verbindet, sei somit ein Erleben eines geteilten Phantomschmerzes, und dieses Phantom nennt Hecht die Heimat. Dabei ergeben sich durchaus Chancen, da die Schattenseiten der Enge aufgegeben werden, ohne dass ein Gefühl der Vereinsamung aufkommen muss, indem andere Bündnisse geschlossen werden: Wahlverwandtschaften in Form von Freundschaften anstelle der alten Institutionen. Damit gelingt möglicherweise die Kompensation von Heimat als Institution.

Verloren geht uns dann immer noch die Heimat als Ort oder Nation. Nationale Identitäten sind fragile Konstrukte, die durch Diskurse, Erzählungen, Rituale, Institutionen und Alltag immer wieder evoziert, bestätigt und erneuert werden müssen (Zirfas u. Jörissen, 2007). Nationen sind keine Orte einer einheitlichen, traditionellen Identität, sondern werden als heterogene Gebilde erfahren. Migrationsbewegungen von Menschen unterschiedlicher Herkunft und die Globalisierung führen zu nationalen »Mischidentitäten«, welche der Vielfalt der Identitäten auf individueller Ebene entsprechen. Sie sind nach Eickelpasch und Rademacher (2004) Produkte der neuen Diaspora. Die daraus resultierenden »Patchwork-Identitäten« können durchaus Vorteile haben in einer globalisierten Welt. So bemerkt etwa Amadé, der halb Schweizer, halb Senegalese ist: »Du giltst automatisch als Styler, also als cooler Typ. Ich kann mir schon besser als andere vorstellen, wie es in andern Ländern läuft, und das ist heutzutage natürlich ein Vorteil« (Signer, 2011a). Oder für einen Bauern aus Niederbayern, der kaum je aus seinem Dorf herausgekommen ist, ergibt sich über die Heirat einer thailändischen Frau eine Möglichkeit, andere Welten kennenzulernen. Dazu bemerkt Beck: »Ausgerechnet in die erdverbundensten Lebensformen der Welt halten Weltfamilien Einzug« (Beck u. Beck-Gernsheim, 2011).

Individuen und Nationen sind heute zunehmend »kulturell hybrid«. Die immer wieder zu beobachtenden Rückbesinnungen auf rassische und kulturelle Zugehörigkeiten kann man als Reaktion auf die beschriebenen zentrifugalen Kräfte westlicher Modernisierung interpretieren. Analog zur individuellen Ebene ist somit das Schlagwort der *Integration* als Lösung gegen Ethnozentrismus angesagt. In der Mathematik wird unter »integrieren«, grob gesagt, die »Umkehrung des Differenzierens« verstanden. Auf die Nation übertragen heißt das: Wir rechnen zusammen statt auseinander, schauen auf die Summe, nicht auf die Differenz, wenn wir integrieren. Integration heißt aber mehr: Verständigungsmöglichkeiten über Vorurteile und sogar Hass hinweg zu finden. Das Mittel ist der Dialog, der manchmal unbequem sein mag und Kritikfähigkeit auf allen Seiten erfordert. Ein Beispiel eines misslungenen Dialogs sei hier angebracht: Juliano Mer-Khamis, der ein Jugendtheater in Palästina leitete, war gewissermaßen ein Prototyp einer »Mischidentität«. Die Mutter war Jüdin und sein Vater ein israelischer Araber, also war er ein jüdischer Palästinenser. In Nazareth wuchs er als israelischer Bürger auf. Zum Entsetzen des kommunistischen Vaters wurde er Fallschirmspringer. Als an einem Kontrollposten ein Palästinenser drangsaliert wurde, wehrte sich Juliano gegen die eigenen Leute, wurde entlassen und kam ins Gefängnis. Später machte er eine Karriere als Schauspieler und führte nach dem Tod seiner Mutter deren Theater für Jugendliche weiter. Da wurde im Flüchtlingscamp der Stadt Dschenin nicht nur Schauspielkunst unterrichtet oder Theatertherapie betrieben, sondern die Kinder lernten auch den Umgang mit verschiedenen Medien. Doch das gefiel nicht allen: ein Jude, der den Arabern beibringen wollte, was Kultur sei! Und da Juliano nicht nur Israelis kritisierte, sondern auch die Palästinenser und zudem gewagte Projekte lancierte, geschah, was zu befürchten war: Im April 2011 feuerte ein Mann auf Juliano, der aus dem Theater kommend ins Auto stieg, im Beisein seines sechsjährigen Sohnes (Wottreng, 2011). Dabei wäre doch gerade ein Theater ein idealer Ort des Dialoges und der Integration verschiedener Seiten.

Neben dieser realen Geschichte sei abschließend zu diesem Abschnitt auf eine Legende hingewiesen, welche auch in dieser Region angesiedelt und thematisch sehr verwandt ist: Es ist die

Geschichte von Ahasver, erschienen in einer anonymen deutschsprachigen Schrift von 1602 unter dem Titel »Volksbuch vom Ewigen Juden«. Diese Legende verbreitete sich in Form von diversen Volkssagen in ganz Europa in verschiedenen künstlerischen Darbietungen. Die Legende fasst Celikkaya (2009) wie folgt zusammen: Ahasver war ein im Jahre 30 in Jerusalem lebender Schuhmacher, der Jesus hasste und ihn für einen Ketzer hielt. Er tat alles, um eine Verurteilung und Kreuzigung von Jesus zu erreichen, und schreckte auch nicht davor zurück, das Volk mit »kreuzigt ihn!« aufzustacheln. Als Jesus zum Tode verurteilt worden war und sein Kreuz selbst zur Hinrichtungsstätte Golgota tragen musste, kam er an dem Haus des Ahasver vorbei. Dieser ließ Jesus nicht vor seiner Haustür rasten und wurde von Jesus daraufhin mit folgenden Worten verflucht: »Ich will stehen und ruhen, du aber sollst gehen!« Dieser Fluch verdammte Ahasver zur ewigen, unaufhörlichen Wanderschaft durch die Welt und die Zeit, ohne dabei sterben zu können. Auf seinen Reisen trifft er auf viele Menschen und redet deren Sprache. Somit kann diese Legende als Symbol für die Juden verstanden werden, welche dazu verdammt sind, heimatlos und ohne Rast zu wandern. Martin Buber interpretiert die Legende noch etwas anders: »Die wandernde, irrende, preisgegebene Gemeinschaft, anders beschaffen als jede andere und keiner vergleichbar, hatte für die Völker, in deren Mitte sie lebte, in ihrer Uneinreihbarkeit stets etwas Gespenstisches, und das konnte wohl nicht anders sein – sie war in Wahrheit ein ›Unheimliches‹, Heimloses« (1936, S. 42). Celikkaya, der das Zitat Bubers aufnimmt (2009, S. 70), führt die Parallele zu Zelig aus: Ahasver und auch Zelig symbolisieren die Archetypen eines Exilierten.

3.1.4 Ich bin online, also bin ich: Virtuelle Identitäten und Beziehungen

Zu den wichtigsten Ressourcen und Orten für die Auseinandersetzung mit der eigenen Identität und einer möglichen Selbstfindung gehören heutzutage die digitalen Medien. Medien wie Fernsehen, Film, Musik oder Bücher lieferten seit ihrem Bestehen ideale Quellen, aus denen Menschen Stoff für die Gestaltung des eigenen Ich schöpfen konnten. Die digitalen Medien ermöglichen es außerdem ihren Benutzern, selbst aktiv zu werden. Virtuelle Identitäten entstehen, wenn Menschen sich computervermittelt selbst präsentieren und miteinander kommunizieren. Formen sind etwa E-Mail, Chat, Blog, Webpage, Newsgroup oder soziale Netzwerke. Dabei können Personen nicht direkt miteinander in Kontakt treten, sondern als Repräsentationen, wobei offen bleibt, wer hinter einer solchen »Persona« steht. Dieser Begriff mit der Bedeutung einer »Charaktermaske« ist ein gängiger Ausdruck zur Bezeichnung einer virtuellen Identitätsform im Netz. Persona beschreiben Zirfas und Jörissen (2007, S. 183 ff.) als ein Produkt einer konkreten medialen Handlungspraxis mit »Als-ob-Interaktionen«. Wobei die Teilnehmenden wissen sollten, wie dieses Spiel zu spielen ist. Wissen bedeute aber in diesem Kontext nicht, das Spiel zu beherrschen, sondern vielmehr »im Spiel zu sein« im Sinne des Bourdieu'schen Begriffs der *Illusio*. Eine Person gibt sich als Persona in das Medium ein, als symbolisches Konstrukt, das dem Selbstverständnis der Person entspricht (selbst wenn es sich um ein »Fake« handelt). Umgekehrt begegnet die Person auch nur anderen Konstrukten im Netz, sodass man von einer Struktur der doppelten Imagination sprechen kann (Zirfas u. Jörissen, 2007, S. 184). Viele kritisieren deshalb, dass der Austausch im Netz zur puren Maskerade verkomme. Dabei beinhaltet das »Als-ob« durchaus auch viele *Chancen,* von denen einige hier genannt sein sollen:

– Virtuelle Identitäten können die *Selbstoffenbarung, Selbsterkundung* und *Selbstfindung* fördern. So mag eine Person Selbstaspekte, die ihr wichtig sind, die sie jedoch in vielen Alltagssituationen nicht ausleben kann, im Netz ausprobieren. Auf diese Weise sind schon Partnerschaften entstanden, weil zwei Personen via Netz zusammenfanden, die aufgrund ihrer äußeren Erscheinungen im »realen Leben« nie miteinander Kontakt aufgenommen hätten. »Love at First Byte« heißt sinnigerweise ein Webring, der die Homepage von Cyber-Liebespaaren verlinkt. »Die Erfahrung, sich plötzlich in einer intimen Beziehung mit einer Person wiederzufinden, die man bei einem persönlichen Erstkontakt gar nicht beachtet oder vielleicht sogar abgelehnt hätte, verändert notgedrungen die Sichtweise der eigenen Person, stellt Annahmen über die eigenen Werte, Präferenzen und Bedürfnisse in Frage« (Döring, 2000). Oder es äußert sich eine junge Person

wiederholt sehr sachkompetent über ein Fachthema in einem Onlineforum und findet da Beachtung. Ohne Studium und in ihrem Alter würde sie viel weniger Aufmerksamkeit erfahren, wenn die Diskussion face-to-face erfolgen würde.
- Die anonymisierte Situation im Netz kann eine entspannte, lockere und *offene Atmosphäre* generieren. Dies fördert bei den meisten, nicht nur bei besonders schüchternen Personen, einen freieren, kreativeren, oft auch witzigeren oder herausfordernderen Umgang mit einer Thematik. Döring nennt als Beispiel Führungskräfte, die sich in Depressions-Mailinglisten einschreiben, oder Jugendliche aus ländlichen Regionen, die sich an schwul-lesbischen Chatforen beteiligen. Daneben gehe es aber auch um die netzspezifische Auseinandersetzung mit hochindividuellen Identitätsfragen, beispielsweise den Umgang mit verschiedenen inneren Anteilen (vgl. Abschnitt 3.1.5). Besonders Jugendlichen bildet das virtuelle Universum eine Welt fernab von kontrollierenden Instanzen. Man könnte es eine Art »Zwischenwelt« nennen (Schachtner, 2010, S. 32), die in der Phase der Ablösung vom Elternhaus hilfreich sein kann. Somit kann sich in Anknüpfung an den vorhergehenden Abschnitt ein zusätzliches Spektrum von Heimat abzeichnen: »Heimat ist nicht nur dort, wo man herkommt, sondern auch dort, wo man sich bewegt, wo die Freunde sind, wo man neue gewinnt« (S. 32).
- Heimat ist auch da, wo man *man selbst sein* kann. Netzaktive berichten nicht selten, dass sie in der digitalen Welt stärker sie selbst sein oder Teile von sich zeigen können als in der realen Welt (Reinhardt, 2014). So trauen sich Frauen, durchaus auch unter männlichem Namen, Seiten der Stärke, Unabhängigkeit und Aggressivität zu erkunden. Männer nutzen ihrerseits den Gender-Switch eher mal, um Wünsche nach Nähe, Unsicherheiten und Verletzlichkeiten auszuloten. So können Selbstanteile zum Ausdruck gebracht werden, ohne Angst zu haben, dafür von anderen bestraft zu werden. Diese Möglichkeit, sich gemäß den eigenen Gefühlen und Interessen flexibel neu zu entwerfen, nennt Döring (2000) »mehr als ein unterhaltsames Gesellschaftsspiel«. Es lassen sich zudem interessante Erfahrungen und Experimente anstellen. Beispielsweise bei »howrse.de«,

einem Pferdeaufzuchtspiel, das zum Genre der »Massive Multiplayer Online Games« gehört: Zusammen mit ihrer Freundin hat meine elfjährige Tochter sich dort als Junge angemeldet. Damit bekam sie im Nu ein x-Faches an Kontaktanfragen von anderen Mädchen im Vergleich zum Onlinestatus als Mädchen. Umgekehrte Erfahrungen dürften wohl Jungen machen bei einem Spiel wie »Death Racers«, bei dem es um halsbrecherische Autorennen geht. Möglichkeiten wie ein Gender-Switch machen den Cyberspace attraktiv als Bühne der Selbstinszenierung und des Experimentierens mit sozialen Interaktionen. Während Identität Wandel zulässt, aber vor der Verwandlung haltmache (Assmann, 2006), so bedeutet Verwandlung Veränderung über Grenzen hinweg. Nicht nur in der Pubertät und Adoleszenz, in denen Experimentieren besonders angesagt ist, unterstützen Möglichkeiten der Verwandlung faszinierende Erfahrungen. Orte im Cyberspace sind entsprechend beliebt, in denen Verwandlungsräume zur Verfügung stehen. Nicht zufällig war »Second Life« als »digitaler Maskenball« zumindest in den Anfängen ein großer Erfolg – auch kommerziell (Casati, Matussek, Oehmke u. von Uslar, 2007).

- Netzkontakte können nicht nur kompensatorisch die Möglichkeit bieten, Teilidentitäten kennenzulernen, sondern durchaus auch sonst gezeigte Seiten von sich noch ausgeprägter auszugestalten. Darüber hinaus ermöglichen sie auch, in Form von *Probehandeln* Verhaltensänderungen vorzubereiten, die außerhalb des Netzes nützlich sein können. Gerade das Einüben eines selbstbewussten Auftritts mit pointierten Äußerungen mag für eine kommende Verhandlung ein sinnvolles Training sein. Somit durchdringen sich das Virtuelle und das Reale, wie Wolfgang Welsch aus der Sicht der Philosophie verdeutlicht hat (2000). Es geht also weniger um die Frage, ob die im Internet gezeigten Formen der Identität nur simuliert oder echt sind, sondern um die Möglichkeit, beide Welten für die eigene Entwicklung sinnvoll zu nutzen. Zirfas und Jörissen (2007) beschreiben vier Typen, wie sich reale und virtuelle Welten durchdringen. Der erste Typ, *»das reale Virtuelle«*, beinhaltet das in diesem Abschnitt beschriebene Phänomen: Probehandeln, neu entdeckte Selbstanteile oder

Selbstbeschreibungen sind keine reinen Simulationen, sondern »unmittelbare Bestandteile der handelnden Person und ihres Selbstverhältnisses. Die rein ›virtuelle Identität‹ erscheint demgegenüber als ein Derivat, das durch Kollusion von Person und Persona gekennzeichnet ist« (Zirfas u. Jörissen, 2007, S. 189). Die aus der Kollusion entstandenen Identitätsformen sind somit nicht virtuell, sondern können in Anlehnung an Welsch als »hybrid« bezeichnet werden. Die Tatsache, dass die in Diskussionsforen etwa des Mädchennetzes LizzyNet dominierenden Themen ziemlich genau die in diesem Buch beschriebenen fünf Säulen der Identität abdecken, zeigt doch, wie eng verwoben die Identitätsfragen sind. Es geht also um Fragen der Liebe, Freundschaft, Sexualität, Ernährung, um Schulisches bzw. Berufliches, aber auch um Materielles, Religion oder Philosophie.

– Schließlich sei die Chance erwähnt, durch das Netz erfahrene virtuelle Beziehungen auch in den realen Alltag zu übertragen: »*Das Virtuelle im Realen*« umfasst etwa die Möglichkeit vieler Online-Communities, dass sich Mitglieder auch im »Real Life« treffen. Dabei geht es oft um die Erweiterung der jeweiligen Community in den außermedialen Raum hinein. So bekommen etwa Treffen lokaler Chatrooms einen eher informellen Party-Charakter. Genutzt werden solche Optionen vermehrt auch für politische Aktionen, deren Potenzial für die Zukunft nicht unterschätzt werden darf. Für die Identitäten der Mitglieder bedeutet dies, dass sie in diesen Treffen dann ihre Online-Identität nicht aufgeben, sondern ihre hybride Online-Identität direkt in den außermedialen sozialen Kontext einbringen können (Zirfas u. Jörissen, 2007, S. 190).

Doch es gibt auch mögliche *Gefahren oder Schattenseiten* der virtuellen Identitäten:
– Auf die Gefahr einer *Überforderung*, sich aufgrund der vielen Wahlmöglichkeiten bei der Partnersuche im Netz nicht entscheiden zu können, wurde schon hingewiesen. Angesichts von gut fünf Millionen Deutschen, die sich im Internet auf Partnersuche befinden (Voigt u. Moreno, 2010, S. 80), eine ernst zu nehmende Schattenseite.

- Gerade bei den Möglichkeiten von realen Treffen können sich Online-Bekanntschaften mehr oder weniger als »Fakes« entpuppen. Dies führt dann häufig zu zwischenmenschlichen Enttäuschungen, etwa in den Fällen, bei denen sich zuvor über Wochen hinweg eine Online-Romanze oder ein idealisiertes Phantombild aufgebaut hat (Voigt u. Moreno, 2010, S. 80, vgl. auch Zimmermann u. Laszig, 1998; Sturm, 2012; Schmid, 2017). *Identitätstäuschung* im Netz kann bei den Betroffenen mit Verletzungen, Beschämung, Vertrauensverlust oder Selbstzweifel einhergehen. Noch schlimmer sind kriminelle Exzesse, etwa wenn sich Erwachsene im Chat als Kinder oder Jugendliche ausgeben, um »Gleichaltrige« zu treffen und womöglich sexuell auszubeuten. Da alle Personenangaben im Netz nicht überprüft werden können, sind Manipulationen und Täuschungen Tür und Tor geöffnet. Es gab sogar auch schon Mordfälle, in denen der Täter das Opfer im Netz angelockt hatte. Beim Typ »*das Reale im Virtuellen*« geht es zudem um die technischen Möglichkeiten, bei Delikten (wie Urheberrechtsverletzungen durch unerlaubte Downloads oder Benutzung von verbotenen Pornoseiten) die Identität ausfindig zu machen, ohne dass sich die betreffende Person von sich aus in der realen Welt zeigen wollte. Der wohl größte Betrug diesbezüglich flog 2015 auf, als das Seitensprungportal Ashley Madison gehackt worden ist. Die Dating-Seite für Verheiratete warb mit dem Motto: »Das Leben ist kurz. Gönn Dir eine Affäre.« Frauen mussten nichts bezahlen, Männer jedoch für jeden Flirt. Doch Experten fanden nach dem Hack heraus, dass auf mehr als 20 Millionen aktive Männer nur 12.000 Frauen kamen. Darüber hinaus waren die weiblichen Kontakte zu einem großen Teil Roboter, welche die männlichen Besucher in Flirts verwickeln sollten (Seibt, 2015). Und wer seine Daten löschen wollte, musste allein dafür 19 Dollar zahlen, nur gelöscht wurden sie dennoch nicht. Ironie des Schicksals: Der Chef der Firma, Noel Biderman, lange ein gern gesehener Gast in verschiedenen Talkshows, beteuerte, dass er selbst in monogamer Beziehung mit seiner Frau lebe, der Ko-Chefin der Firma. Doch die Hacker haben auch zahlreiche E-Mails von Noel Biderman öffentlich gemacht. Da zeigte sich, dass er mit mindestens drei Frauen eine außereheliche Beziehung hatte (Brand, 2015).

- Eine andere Gefahrenquelle ergibt sich aus der Tatsache, dass sich viele junge Leute in den sozialen Netzwerken teilweise sehr freimütig zeigen und durchaus gesehen werden wollen (Steffesenn, 2010, S. 79). Dabei wissen oder ahnen sie zumindest, dass sie sich in einem gewissen Sinne *ausstellen*. Es ist inzwischen üblich, dass Firmen Stellensuchende in Suchmaschinen eingeben. Dass dabei auch Informationen aufgeblättert werden können, die nicht unbedingt den Prüfkriterien des Unternehmens standhalten (und auch nicht zu diesem Zweck ins Netz gestellt wurden), gehört zu den Schattenseiten der virtuellen Welt. Ein Fall von Cybermobbing ging 2016 durch die Medien: Die Italienerin Tiziana C. hatte in einem Auto Oralsex mit einem Mann und ließ sich dabei filmen, angeblich, um sich bei ihrem Freund zu revanchieren, der sie seinerseits betrogen habe. In einem der Videos äußerte sie sich mit »Stai facendo un video? Bravo.« (»Machst du da ein Video? Richtig so.«) Das Video gelangte via Freunde ins Internet. Der Satz wurde zudem auf Kaffeetassen, T-Shirts usw. gedruckt und auf Remixes in Discos repetiert – aus dem virtuellen Raum gewissermaßen in das »echte« Leben übertragen. Über ein Jahr versuchte Tiziana C. dem Internet-Fluch zu entfliehen, zog unter anderem Namen um und wurde aber auch am neuen Wohnort rasch wiedererkannt. Als sie keine Hoffnung mehr sah, nochmals neu anzufangen, setzte die 31-jährige Frau ihrem Leben ein Ende (Zollinger, 2016).
- Beim Typ *»das virtuelle Reale«* geht es um die Formen des unmittelbaren Übergriffs der medialen in die außermediale Sphäre. Damit ist in erster Linie der Online-Identitätsdiebstahl gemeint. Dabei bringt eine Person die komplette öffentliche Identität eines Netznutzers (Adresse, Kreditkarteninformationen, Bankverbindungen usw.) in ihren Besitz, um damit unter falschem Namen illegale Geschäfte abzuwickeln (Langer, 2014). Dass Daten auf diese Weise anderen zugänglich sind, ohne dass sich die betreffende Person dieses Umstandes bewusst ist, kann in Anlehnung an Mark Poster (2004, zit. nach Zirfas u. Jörissen, 2007, S. 191) als »digitales Unbewusstes« bezeichnet werden. Dabei betonen Zirfas und Jörissen, in welchem Maße die Identität auch außerhalb medialer Kontexte ein ausgesprochen fragiles Konstrukt

darstelle: »Identitätsdiebstahl im Internet ist letzten Endes nur deshalb möglich, weil mediale Vermittlungen – Daten, Dokumente, Lebensläufe, Dossiers – in den Prozess der sozialen Herstellung des Person-Status tief eingeschrieben sind. Mit den seit dem 18. Jahrhundert einsetzenden Beobachtungs- und Individualisierungstechnologien, wie sie Michel Foucault in ›Überwachen und Strafen‹ beschrieben hat, wird das Individuum zunehmend durch ein *Möglichkeitsfeld* definiert« (2007, S. 191).

Somit kann in Anlehnung an Metzner-Szigeth (2008) die These vertreten werden, dass das Internet den soziokulturellen Megatrend der *Individualisierung* und *Hybridisierung* intensiviert und beschleunigt. *Identität als fragiles Konstrukt* wird dadurch noch verstärkt. Die Cyberwelt kann als Spiegel der realen Welt verstanden werden, wobei die beiden Erfahrungsbereiche zugleich distinkt *und* miteinander verwoben sind. Das sozialpsychologische Muster der »vernetzt-individualisierten« Vergesellschaftung dürfte laut Metzner-Szigeth noch verstärkt werden, je weiter die Verbreitung des Netmediums um sich greift. Laut jüngsten Umfragen in Deutschland benutzen Jugendliche die Hälfte ihrer Internetnutzungszeit zur »Kommunikation«. Der Rest verteilt sich nahezu gleichmäßig auf die Bereiche »Information«, »Spiele« oder auf »Unterhaltungsangebote« (Steffes-enn, 2010, S. 80). Zudem sind 72 Prozent der Internetnutzer im Alter von 12 bis 19 Jahren bereits mehrfach pro Woche in sozialen Netzwerken. Durch die zunehmende Verflechtung von Internet und Mobiltelefon entsteht eine »Entörtlichung« gesellschaftlicher Kommunikationspraxen. Dies wiederum fördert ein neues Modell sozialer Bindungen, das individuell ausgewählte Gemeinschaften und individualisierte Interaktionsbeziehungen vorsieht, auf der Basis individueller Selektion von Zeit, Ort und Partnern (Metzner-Szigeth, 2008).

Nicht nur die sozialen Bindungen sind von dieser Entwicklung betroffen, sondern auch die beteiligten Individuen. So können wir uns beispielsweise jederzeit aus unserer realen Umgebung ins Virtuelle zurückziehen und einfach »verschwinden«. Wenn wir stets online sind, sind wir auch oft anderswo. Dies führt nach Sherry Turkle zu oberflächlicheren Beziehungen mit Vernachlässigung tieferer Bindungen (2011, S. 44). Michael Nast schreibt deshalb von der »Generation Beziehungsunfähig« (2016). Wir betreiben nicht länger nur Multitasking, sondern führen auch mit unseren sozialen Netzwerken Multileben. »Ich werde früher oder später noch durcheinandergeraten, wer Online-Brad und wer der wirkliche Brad ist«, meinte ein Interviewpartner zu Sherry Turkle (2011, S. 43). Die Psychologieprofessorin erforscht seit dreißig Jahren den Umgang des Menschen mit Technologie und stellt eine vermehrte »Performancemüdigkeit« von Teenagern fest. Ein junger Mann schaltete nach einem einstündigen Interview sein Handy wieder ein und zählte über 100 Nachrichten. Resigniert fragte er: »Wie lange soll das noch so weitergehen?«

Angesichts der zunehmenden sozialen Netzwerke, in denen wir uns bewegen, stellt sich noch eine ganz andere Identitätsfrage: Wie kann man denn bei solch intensiver Nutzung noch den Überblick behalten, als wer man sich wo in einem Netzwerk ausgegeben hat? Eine Studie in Österreich vom »Büro für nachhaltige Kompetenz« hat ergeben, dass viele Jugendliche mehrere verschiedene Facebook-Profile anlegen, auf denen sie ein maßgeschneidertes Ich präsentieren für eine jeweils passende Zielgruppe wie Freunde, Eltern, Schulkameraden oder Bekannte (Pfersdorf, 2017). Hier lassen sich interessante Parallelen zum nächsten Kapitel feststellen: Dort wird von einem »Oberhaupt« die Rede sein, welches die Vielfalt der inneren Teammitglieder unter einen Hut bringen soll. Analog kann hier »Profilactic« als *Identitätsmanagement* dienen. Die verschiedenen Online-Kreationen, Web-Identitäten werden in einen einzigen Trichter gepackt, um sie so für sich und andere überschaubarer zu machen. »Lifestreams« sind als »Profile-Aggregatoren« solche Trichter: Sie fangen aus den diversen Diensten (Facebook, Digg, Diigo usw.) die Vielfalt an eigenen Web-Profilen ein. So werden die unter diesen Identitäten produzierten Inhalte zentral gesammelt. Mit einem solchen »Meta-Identity-Dienst« kann auf alle Daten verwiesen und darauf zurückgegriffen werden (Buzinkay, 2007). Es braucht aber auch eine andere Form des Identitätsmanagements. Jürgen Fritz (2005) meint damit die Fähigkeit, Identitätsanteile aus der realen und virtuellen Welt füreinander so durchlässig zu machen, dass sie sich wechselseitig befruchten und erweitern und so die Identitätsentwicklung der Person voranbringen. Wenn die These von Götzke

(2002) stimmt, dass wir dazu neigen, im virtuellen Raum vorwiegend unterrepräsentierte Selbstanteile der »realen« Welt auszuleben, dann kommt dem Identitätsmanagement tatsächlich eine wichtige Rolle zu. Laut Götzke sind »biografisch belastete« Personen besonders in Gefahr, indem sie virtuell gelebte Selbstanteile im realen Leben und reale Selbstanteile in der Virtualität leugnen und damit in der Identitätsentwicklung verstärkt erstarren.

Für Personen mit einer Fähigkeit zu einer integrierenden Identität hingegen biete der virtuelle Raum ein Entwicklungspotenzial mit all den oben genannten Chancen. Fritz (2005) spricht vielen Angehörigen der westlichen Industrienationen diese Fähigkeiten ab. Er sieht die Gefahr, dass einige Identitäten in virtuellen Welten verloren gehen, dass sie den Schwerpunkt ihrer Präsenz immer mehr in die virtuelle Welt verlagern und dort mehr leben als in ihrer ärmlichen Behausung und mit ihrem unbefriedigenden sozialen Umfeld. Entscheidend dürfte auf jeden Fall sein, wie und in welchen sozialen Kontexten die Netzdienste genutzt werden. Döring bringt das Beispiel einer zwanzigjährigen Studentin, die möglicherweise unter einem Spitznamen die Gelegenheit in einem Flirt-Forum nutzt, ungewohnte und sexuell gewagte Selbstinszenierungen zu erproben. Sie mag dann über die Reaktionen erstaunt oder erfreut sein. Beteiligt sich dieselbe Studentin dagegen per Chat an einer virtuellen Seminarsitzung im Rahmen ihres Fernstudiums, so wird sie unter ihrem realen Namen die Rolle der Seminarteilnehmerin einnehmen und hoffen, dass die anderen sich noch gut an sie erinnern. So spricht auch Döring (2000) von *flexiblem Identitätsmanagement*, welches die Diversifizierung der Handlungskontexte in spätmodernen Gesellschaften verlange, ohne jedoch Beliebigkeit zu erlauben.

3.1.5 Ich spreche mit mir, also bin ich – oder: »Du bist vielleicht viele, aber ich liebe dich«: Beziehungen zur inneren Familie

Unsere Identität bildet sich zu einem wesentlichen Teil aus den Interaktionen mit unserer Umwelt. Dabei wurde klar: Die Informationen aus der Außenwelt sind in einer Multioptionsgesellschaft vielfältig und überhaupt nicht eindeutig. Als *autopoietische Systeme* verarbeiten wir die Informationen individuell und »eigensinnig«

im wörtlichen Sinn. Mit Autopoiese bzw. Selbstorganisation wird die Fähigkeit von lebenden Systemen benannt, unter veränderten Umweltbedingungen ihre Strukturen – zumeist unter Erreichung höherer Komplexität – zu verändern und dadurch zu überleben. Ein wesentlicher Aspekt unserer Selbstorganisation als Individuum zeigt sich in einem Streben nach Gleichgewicht innerhalb einer sich verändernden Umwelt. Wir entwickeln dabei laufend Minitheorien darüber, wer wir sind bzw. sein könnten. In Anlehnung an das Konstrukt des »symbolischen Interaktionismus« von G. H. Mead (1983) gibt es ein »Ich« als erkennendes Subjekt, welches Informationen aus der Außenwelt aufnimmt, und ein »Ich« als erkanntes Objekt. »I think about me« bedeutet, dass das »me« das Ergebnis der Reflexion des Ichs ist und nicht dasselbe wie das Ich (vgl. dazu Storch, 1999, S. 9). Diese permanenten Reflexionsprozesse erzeugen im Verlauf unserer Entwicklung viele virtuelle Teile in uns. Mit diesen Teilen können wir somit auch in Interaktion treten; die Tatsache, dass sie virtuell sind, macht sie veränderbar, und das ist das Spannende im Zusammenhang mit unserer Frage nach Identität.

Analog zum Konstrukt der Atome in der Physik wird hier also das Individuum (das »Unteilbare«) in verschiedene Teile zerlegt, wie Stierlin (1994) anmerkt. Mit der Entwicklung der modernen Kern- bzw. Teilchenphysik lassen sich im Atomkern mehrere Hundert Teilchen identifizieren. Je nach Versuchsanordnung und Position des Untersuchenden unterscheiden sich die Wahrnehmungen. Analog lassen sich in der Psychologie je nach Beobachtungsstandpunkt verschiedene Anteile der Persönlichkeit oder des Selbst ausfindig machen. In der Psychotherapie wurden für diese vielen Anteile verschiedene Konzepte entwickelt. Damit soll eine Hilfestellung geboten werden, mit den Teilen konstruktiv umzugehen und eine stimmige Vorstellung hinsichtlich der Frage »Wer bin ich?« zu finden. Denn es scheint ja uns allen ein Bedürfnis zu sein, eine gute Antwort auf diese Frage zu finden. Und zwar eine Antwort, die irgendeine Art von Einheit stiftet. Wir versuchen also, die Vielfalt der »me« zu organisieren.

Diese Sehnsucht nach einer stimmigen Antwort auf die Identitätsfrage war wohl schon in der Literatur ein Anlass, sich mit den »Seelen in meiner Brust« auseinanderzusetzen. Während zwei Seelen zur Zeit von Goethes »Faust« (1808) noch reichten und auch bei Stevensons »Dr. Jekyll und Mr. Hyde« (1886) von zwei inkongruenten Teilen die Rede ist, so spricht Hesse im »Steppenwolf« (1927) schon davon, dass jeder Mensch aus zehn, aus hundert, aus tausend Seelen bestehe. Von verschiedenen inneren Stimmen ist auch bei Tolstois »Krieg und Frieden« (1868/69) die Rede. Bei Woody Allen heißt es auf der Plattenhülle zu einem Leonard-Zelig-Song sinnigerweise: »Du bist vielleicht sechs Menschen – aber ich liebe dich« (Allen, 1983, S. 56). Wir können also davon ausgehen, dass sich in einer modernen Gesellschaft die Komplexität auch in der Vorstellung der inneren Anteile abbildet. Eine entsprechende Vielfalt zeigt sich in den Konzepten, die zur »Anteilspsychologie« (Stierlin, 1994) entwickelt worden sind, sei dies im Zusammenhang mit therapeutischen Modellen oder in Bezug auf Kommunikation allgemein. Einige davon sollen hier kurz ausgeführt werden:

- Bei Sigmund Freuds Strukturmodell können die drei Instanzen Es (»Triebe«), Über-Ich (durch die Kultur vermittelte Moral und Werte) und Ich (realitätsnaher, vermittelnder Part) als Selbstteile betrachtet werden.
- Bei der Jung'schen Psychotherapie kommen den Schatten die Funktion innerer Teile zu. Schatten sind Teile, die nicht richtig zum Tragen kommen, weil sie Aspekte verkörpern, die eine Person zum Beispiel aufgrund ihres kulturellen Hintergrundes als moralisch minderwertig bewertet.
- Im Psychodrama von Moreno werden innere Rollen in Szene gesetzt, um einen optimalen Umgang mit ihnen zu finden. Die Technik nannte er das »kulturelle Atom« (Roesler, 1991).
- Satir hat in der wachstumsorientierten Familientherapie Morenos Technik übernommen und weiterentwickelt. Sie spricht von vielen Gesichtern (2001) und mit der Methode der »Parts Party« werden Teile einer Person bzw. eines Paares auch in Szene gesetzt mit dem Ziel einer Integration der Anteile.
- In der von Perls begründeten Gestalttherapie wird einzelnen Teilen der Persönlichkeit ein Stuhl zugewiesen. Durch abwechselndes Sitzen auf dem jeweiligen Stuhl kann eine Person ihre Teile besser kennenlernen und die jeweilige Sichtweise einnehmen. Es lassen sich auch Dialoge in Gang setzen durch Verbalisieren der Seiten auf dem jeweiligen Stuhl. Bekannt ist zum Beispiel

die Auseinandersetzung zwischen »topdog« und »underdog« (Perls, 1979, S. 26).
- Bei der Transaktionsanalyse von Berne sind die verschiedenen Ich-Zustände von Interesse (Eltern-Ich, Erwachsenen-Ich, Kindheits-Ich). Besonders für das Verstehen von gestörter oder gelungener Kommunikation ist es wichtig zu analysieren, aus welchen Ich-Zuständen die Partner miteinander interagieren (Schlegel, 1988).
- Die Ego-State-Therapie von J. und H. Watkins (2003) geht davon aus, dass besonders Menschen mit traumatischen Erlebnissen häufig sogenannte abgespaltene Ich-Anteile entwickeln. Im Gegensatz zu den »gesunden« Ich-Anteilen erscheinen die abgespaltenen wie eigene Persönlichkeiten, zu denen die »Kern-Persönlichkeit« keinen Kontakt mehr hat. In der Therapie geht es darum, die Ich-Anteile zu integrieren oder zumindest die eigenen Persönlichkeiten konstruktiv-integrativ einzusetzen.
- Auch in der Psychosynthese von Assagioli und Ferucci geht es in der Teilearbeit in erster Linie darum, die verschiedenen »subpersonalities« zu einem Ganzen zu vereinigen (Assagioli, 1993).
- In der »Voice-Dialogue«-Methode von H. und S. Stone (1994) werden die inneren Selbstanteile (z. B. primäre und abgelehnte) zum Sprechen gebracht. Das bewusste Ich agiert zwischen diesen oft gegensätzlichen Stimmen als Mittler.
- Schwartz (1997) verbindet die systemische Familientherapie mit der systemischen Therapie der inneren Familie. Auch Stierlin hat die Familientherapie mit der »Anteilspsychologie« in Verbindung gebracht; er gebraucht den Begriff des inneren Parlamentes (1994, S. 105 ff.).
- Aus der Familientherapie weiterentwickelt wurde das Konzept der hypnosystemischen Beratung von Schmidt (2005). Er verwendet sowohl den Begriff der inneren Familie wie auch den des inneren Parlaments.
- Im deutschen Sprachraum am populärsten wurde die Arbeit mit inneren Anteilen durch Schulz von Thuns Modell des »inneren Teams« (1998): Statt der Familienmetapher verwendet er die Analogie zu einem Team mit Oberhaupt und Teammitgliedern.

Interessant bei all den Modellen ist die Frage, wer denn die inneren Anteile »haben«, steuern und integrieren soll. Der Psychotherapeut Orban (1996) etwa bezweifelt die Existenz einer zentralen Gastgeberinstanz. Er verwendet das Bild des multiplen Menschen als einer Ansammlung von Blütenblättern, die, wenn man sie abpflückt, keine leitende Instanz übrig lässt. Rosenbaum und Dyckman negieren ein »Kernselbst«, sie bezeichnen das Selbst als verkörpertes Handeln in einem Kontext (1996, S. 363). Ebenso vertritt der Soziologe Kaufmann die Auffassung, dass wir uns definitiv von der Vorstellung verabschieden müssen, dass das Individuum tief in sich ein authentisches Wesen sei. Der Ausdruck »man selbst sein« habe wissenschaftlich betrachtet keinerlei Bedeutung (Kaufmann, 2008, S. 61). Das Ich hat kein Zentrum und die Identität ist keine substanzielle Realität: »Ich ist niemals so sehr Ich, als wenn es ein anderer wird« (S. 154). Auch Wolfgang Welsch bezweifelt das Bestehen einer »Oberherrschaft« über die Teilidentitäten. Er geht von einer Verbindung von Teilen »durch Überschneidungen, Bezugnahmen und Übergänge zwischen den diversen Identitäten« aus (1995, S. 847).

Demgegenüber gehen viele von einem sogenannten »Zentral-Ich« oder einem »Kernselbst« aus. Schwartz (1997) bezeichnet dieses zum Beispiel als das »wahre Selbst«. Er nimmt die Idee der Unschärferelation auf, wonach Licht als Teilchen oder als Welle beschrieben werden kann: So sei die Oberinstanz einerseits passiver Zeuge des inneren Geschehens, mit einer meditativen Haltung des Geschehenlassens, andererseits aktive, eingreifende Führungskraft, die das Geschehen maßgeblich mitbestimmt, darin zum Teil auch verstrickt und verwickelt ist. Diesem Bild schließt sich Schulz von Thun weitgehend an. Er sieht die Rolle des Oberhauptes neben dem Außendienst vor allem im Innendienst mit den Aufgaben der Kontrolle, Moderation, Integration, Personal- und Teamentwicklung, Personalauswahl und Einsatzleistung sowie im Konfliktmanagement. In Anlehnung an den Hirnphysiologen Ornstein (1992), der dem Selbst ein eigenes Areal im Gehirn zuschreibt im obersten Stockwerk des Geistes, formuliert er folgende Metapher: »Dieses Oberhaupt hat, so scheint aus diesen Forschungen hervorzugehen, zwar sein ›Büro‹ im selben Haus wie alle Mitglieder des Teams, ist aber in ihren Zimmern nicht allgegenwärtig. Es steckt nicht drin in seinen Leuten und muss gut aufmerken, wenn es ihre Meinungen und Interessen in Erfahrung bringen will« (Schulz von Thun, 1998, S. 69). Bei der Metapher des Teamoberhauptes finde ich allerdings diskussionswürdig, dass bei der Anhörung der inneren Teamstimmen das Oberhaupt keine eigene Stimme haben soll, sondern lediglich moderiert und am Schluss eine integrierende Stellungnahme abgeben soll. Wenn die Führungskraft aber ihre eigene Stimme nicht eingeben kann in die Anhörung, dann finde ich das ein seltsames Führungsverständnis. Denn analog zu Bertrand Russells Beispiel (Watzlawick, Beavin u. Jackson, 1969, S. 178), dass ein Barbier alle Männer im Dorf rasiert, die sich nicht selbst rasieren, stellt sich die Frage, ob denn das Oberhaupt ein Teammitglied ist. Wenn ja, dann müsste es erst recht auch seine Stimme einbringen können. Wenn nein, dann wäre es ja nicht Teil des Teams, was auch wieder seltsam wäre. Ebenso beim Barbier: Wenn er zum Dorf gehört, dann müsste er auch sich selbst rasieren, wenn er diejenigen rasiert, die sich nicht selbst rasieren. Auf dieses Paradox angesprochen, konnte mir Schulz von Thun keine befriedigende »Auflösung« geben. Aber der Umgang mit Paradoxien ist eine zentrale Aufgabe für das sich stetig im Fluss befindende Individuum.

Wie entstehen die inneren Familienmitglieder?

Um die inneren Familienmitglieder zu verstehen, werfen wir einen Blick in unser Gehirn. Unser Gehirn besteht aus Zellen, den Neuronen. Diese sind für die Übertragung von Informationen zuständig. An den längeren Ausläufern der Nervenzellen, den Axonen, werden Informationen weitergeleitet an andere Neuronen. An den kurzen Ausläufern, den Dendriten, werden Impulse von anderen Zellen empfangen. Die Weiterleitung von Impulsen geschieht an den Kontaktstellen zwischen den Zellen, den sogenannten Synapsen. Deren Bildung macht die Hauptarbeit der Gehirnentwicklung aus. Von der Schwangerschaft bis etwa zum Ende des zweiten Lebensjahres dauert der hauptsächliche Entwicklungsprozess, bei dem sich bis zu 1,8 Millionen Synapsen pro Sekunde formen. Alle Erfahrungen, die ein Mensch macht, bewirken die Aktivierung bestimmter Synapsen und sichern damit deren Überlebenschancen. Die Synapsen finden sich zu Netzwerken zusammen, die nach der Hebb'schen Regel funktionieren: »Neurons that fire together wire together« – Neuronen, die

Ich liebe, also bin ich: Soziale Beziehungen

zusammen feuern, sind miteinander verbunden. Die Reize aus der Umwelt sind dabei maßgebend für die Entstehung der neuronalen Netzwerke. Synapsen, die wenig oder nicht gebraucht werden, sterben ab. Von allen Prozessen, die im Gehirn vorgehen, nehmen wir aber nur etwa 20 Prozent bewusst wahr. Nur Informationen, die als neu und wichtig eingeschätzt werden, erreichen die Großhirnrinde und kommen so zu Bewusstsein. Für das, was von unserem Unbewussten als unwichtig oder bereits bekannt eingeschätzt wird, gibt es Informationsverarbeitungsprogramme, welche diese Informationen abarbeiten und reduzieren.

Peichl (2010, S. 37 ff., 2011), von dem ich diese Schilderungen hier übernehme, zieht für den Datenauswahlprozess folgenden Vergleich heran: Der Kaiser von China ist vom persönlichen Kontakt mit den Menschen seines Volkes ausgeschlossen. Alle Berichte erhält er über seine Hofschranzen, Sekretäre und Lobbyisten, welche die Informationen jedoch mit Eigeninteressen verfärben. Aus diesen gefilterten Daten lässt sich für den Kaiser kaum ein realistisches Bild der Zustände in seinem Land erschließen. Wir erkennen also nur immer einen kleinen Teil unserer Umwelt. Deshalb spricht Schmidt (2005) nicht von Wahrnehmungs-, sondern von *Wahrgebungsprozessen*. Unser Gehirn lernt, aus dem breiten Spektrum der Signale diejenigen auszuwählen, die für das Überleben als wichtig erachtet werden. Der Auswahlprozess geschieht also mittels unbewusster Prozesse durch Verdrahtungen im Gehirn, die als »emotionales Gehirn« oder »limbisches System« bezeichnet werden. Dieses System bewertet alles, was Körper und Gehirn tun, nach »gut, lustvoll, erfolgreich« und »schlecht, schmerzhaft, erfolglos« und speichert diese Bewertungen im Erfahrungsgedächtnis in Form von Episoden ab. Neu eintreffende Erfahrungen werden aufgrund der bestehenden Erinnerungsspuren bewertet, dabei werden bestehende Episoden verstärkt oder abgeschwächt. So bilden sich ganz verschiedene Erfahrungsmuster in der Beziehung zur Umwelt und zu den wichtigsten Bezugspersonen. Das Ergebnis sind dann relativ stabile neuronale Netzwerke, die wir als »Selbstanteile« oder Ich-Zustände bezeichnen können. Die ersten solcher Ich-Anteile bilden sich durch die Interaktion mit den wichtigsten primären Bezugspersonen. Das Kind verinnerlicht diese und identifiziert sich mit diesem inneren Zustand. Psychoanalytiker prägten dafür den Begriff der Introjektion. Sie betonten dabei, wie zentral für eine »gesunde« Ich-Entwicklung stabile, entwicklungsförderliche Bindungspersonen in den ersten Lebensjahren sind. Im weiteren Leben entwickeln sich durch unterschiedliche Beziehungserfahrungen neue Selbstanteile, die im Unbewussten abgespeichert werden. Als Bündel von spezifischen Handlungen, Haltungen, Erfahrungen und Gefühlszuständen übernehmen sie je nach Situation eine bestimmte Funktion. Das heißt, je nachdem, wohin oder auf welche der vielen möglichen Erlebnisbereiche gerade fokussiert wird, erlebt und zeigt man sich in einer bestimmten Situation partiell als jemand anderes.

Das Erleben wird außerdem stark beeinflusst durch unterschiedliche Formen des Gedächtnisses: Das explizite oder narrative Gedächtnis kann aktiviert werden über kognitive, meist durch Sprache vermittelte Interventionen. Das implizite Gedächtnis hingegen, das ganz oder teilweise unbewusst funktioniert, setzt je nach Auslösereiz blitzschnell Bruchstücke von Erinnerungen, Einschätzungen, Körperreaktionen und Handlungsimpulsen frei, die dann als unwillkürlich erlebt werden. Dies spielt besonders bei Situationen eine große Rolle, bei denen sich eine Person bedroht fühlt, Angst erlebt. Denn es gibt eine Art »Rauchmelder« in unserem Mittelhirn, einen Kern des limbischen Systems, einen zentralen Bestandteil des Gefahrenabwendungssystems mit dem schönen Namen »Amygdala« bzw. Mandelkern. Hier werden Emotionen und Erinnerungen verarbeitet und je nach Einschätzung der Situation entsprechende Reaktionen ausgelöst wie Kampf, Flucht oder Totstellreflex. Bei hoch eingeschätzter Gefahr werden direkte Verbindungen vom Thalamus zur Amygdala aktiviert. Diese führen zu einer sehr direkten Art der Bewertung, welche nicht differenziert wird durch andere Prozesse. Die Bewertung läuft dann so schnell ab, dass wir keinerlei willkürliche und bewusste Vermittlung dazwischenschalten können (also zum Beispiel über die sensorische Großhirnrinde im präfrontalen Kortex, wie das in »entspannten« Situationen der Fall ist).

Der Vorteil der raschen Reaktion war sicher im Laufe der Evolution eine Überlebenshilfe, da eine adäquate Reaktion erfolgte, bevor Denkprozesse eingeschaltet wurden. Der Nachteil ist allerdings, dass wir heute selbst in nicht lebensbedrohenden Stresssituationen zu

Handlungsmustern greifen, die wir »eigentlich« gar nicht wollen, die aber dennoch »einfach« geschehen. Gerade bei einer Person, die ohnehin stark unter Ängsten leidet (z. B. aufgrund traumatisierender Erlebnisse), kann eine als aktuell gefährlich eingeschätzte Situation einen Teufelskreis auslösen: Die gesamte Aufmerksamkeit wird intensiv ausgerichtet auf Erlebnisse mit stark belastenden Erfahrungen, entsprechende Ich-Anteile treten in den Vordergrund. Die aktuelle Situation wird dann vor allem aus deren Sicht interpretiert, was die Angst- und Stresskaskade wiederum verstärkt. Die sehr eingeengten Wahrnehmungsprozesse werden so aufrechterhalten. Der langsamere Weg der Reizverarbeitung über den Kortex mit entsprechender Korrekturmöglichkeit hat dann kaum noch Bedeutung.

Problemlösung mit dem hypnosystemischen Beratungsansatz

Schmidt (2005) beschreibt diese Prozesse ausführlich im Zusammenhang mit seinem hypnosystemischen Ansatz in der Beratung. Er zieht daraus den folgerichtigen Schluss, dass die beraterische Arbeit nicht allein über die Sprache erfolgen kann, besonders nicht bei solch belastenden Problemsituationen mit Angsterleben. Die Erkenntnisse der Hirnforschung zeigen aber auch, dass wir unser Leben nicht rational, bewusst-willkürlich steuern, sondern dass immer unbewusste, unwillkürliche Prozesse ablaufen. Denk- und Erlebnisprozesse beginnen nicht im Bereich der Großhirnrinde, sondern im Bereich des limbischen Systems, und zwar bevor die bewussten Bereiche davon überhaupt etwas bemerken können. Dies soll an einer typischen Alltagssituation verdeutlicht werden: Der Mandelkern reagiert bei allen Menschen besonders stark auf ängstliche, wütende oder ärgerliche Gesichter. Dies hat der Neuroforscher Morris (1996) beschrieben. Er zeigte in seinen Experimenten Versuchspersonen ärgerliche und fröhliche Gesichter nur für wenige Millisekunden. Dabei schlug der Gefahrenmelder des Gehirns sofort an. Die Versuchspersonen fühlten sich anscheinend irgendwie bedroht, ohne dass sie das ärgerliche oder wütende Gesicht in der Kürze der Präsentation hätten bewusst wahrnehmen können. Wenn wir nun also im Alltag – sei es im Beruf oder im Privatleben – auf einen bösen Blick unmittelbar reagieren, so hat dies mit der hohen Mimiksensibilität der Amygdala zu tun. Wir alle kennen wohl Situationen, in denen das Gegenüber mit einem »bösen« Blick oder gar nur einem kurzen Heben der Augenbraue bei uns eine ganze Reaktionskaskade von Selbstentwertung, Selbstzweifeln und Scham auslösen kann. Die entsprechenden inneren Stimmen gewinnen dabei schnell die Oberhand: Wir handeln auf einmal wie ein kleines Kind, werden trotzig, unterwürfig oder reagieren sonst auf eine Art, die uns im Nachhinein wundern mag. Denn die bewusste Wahrnehmung übermittelte uns keine Gefahr, während uns die unbewusste Wahrnehmung über die Amygdala Vorsicht signalisierte. In der Sprache der hypnosystemischen Beratung löst ein solcher »Schlüsselreiz« eine Problemtrance aus; »es passiert« dann die entsprechende Reaktion, die wir eigentlich gar nicht wollten, so etwa bei Peter: Er wird jeweils in dem Moment bei Konfliktverhandlungen unterwürfig und übermäßig nachgiebig, wenn das Gegenüber ihn mit verachtendem Blick und entsprechend gerunzelter Stirn anblickt. Es melden sich vorwiegend seine inneren Anteile, die ihn als minderwertig, wenig schlagfertig, wortkarg und dem anderen unterlegen bezeichnen. Entsprechend »passiert es«, dass Peter immer mehr verstummt und er mit diesem Verhalten noch zusätzlich unter Druck gerät. Denn in dem Moment meldet sich auch noch die Stimme, die ihn einen permanenten Verlierer schimpft. Passend zu diesen Ich-Anteilen nimmt Peter eine leicht geduckte und unterwürfige Körperhaltung ein und vermeidet weitere Blickkontakte. Andere Anteile in ihm, die Kraft, Potenz oder Schlauheit vertreten, verschwinden dabei in den Hintergrund, obwohl Peter diese aus anderen Situationen sehr wohl kennt.

In der Beratung möchte Peter verständlicherweise das Problem beseitigen. Die dazugehörenden Stimmen sollen vom Berater beseitigt werden. Wie wir aber in all den Modellen der inneren Familien usw. gesehen haben, ist es das Ziel, eine optimale Integration aller inneren Stimmen zu erlangen, statt sie zu bekämpfen (»Ihr seid vielleicht viele, aber ich liebe euch«). Denn ein unbeachtetes Teammitglied könnte auf die Idee kommen, sich im dümmsten Moment zu rächen, wenn sein Wert nicht anerkannt wird. Für eine sinnvolle Integration der Teile hat Schmidt eine schöne Beratungsintervention kreiert, die *Problemlösungsgymnastik*: Die Situation, in der »es passiert« (also die Trotzreaktion, die Unterwürfigkeit), wird als Erstes analysiert, auch die Frage, welcher Reiz das Problemverhalten auslöst und welche inneren Stimmen in den Vordergrund treten. Anschließend erarbeitet die betreffende Person Lösungsmuster für eine konstruktive Art der Situationsbewältigung. Tritt der »Schlüsselreiz« das nächste Mal auf, dann kann man die Stimmen und dazugehörenden Körperbewegungen gewissermaßen als Ausholbewegung nutzen, um das Lösungsmuster einzuleiten und an den Tag zu legen. Es entstehen also neue neuronale Netzwerke, die aber gekonnt auf den bisherigen aufbauen. Damit wird das frühere Problemverhalten nicht einfach abgewertet und verteufelt, sondern es erhält eine andere Bedeutung und die dazugehörenden inneren Anteile werden gewürdigt und mit den anderen Stimmen in eine situationsadäquatere Verbindung gesetzt. Im Beispiel von Peter schlägt ihm der Berater vor, sich (Verhandlungs-)Situationen zu vergegenwärtigen, bei denen die kraftvollen, potenten Ich-Anteile die Oberhand haben, selbst wenn das Ausnahmen sein sollten. Was ist da anders, wie fühlt sich das an? Neben dem Lösungsverhalten in erfolgreichen Verhandlungssituationen werden detailliert auch die damit einhergehenden Körperkoordinationen angeschaut. Peter sitzt in diesen Fällen aufrecht, hat beide Füße am Boden und blickt mit gehobenem »Haupt« das Gegenüber an. Zudem gelingt es ihm viel besser, auch seine Hände für rhetorische Zwecke bewusst einzusetzen. Als Nächstes lädt der Berater Peter dazu ein, das Problemverhalten genau unter die Lupe zu nehmen. Der »Schlüsselreiz« und das anschließende Problemerleben werden minutiös herausgearbeitet (inklusive der dazugehörenden Körperhaltungen). Durch das zeitlupenartige Nachspielen kann Peter das sonst als unwillkürlich erlebte und scheinbar nicht beeinflussbare Muster klarer wahrnehmen. Die Chancen stehen damit gut, dass er in einer realen Situation die Muster besser erkennt und nicht unwillkürlich darauf reagieren muss. Nun folgt die Problemlösungsgymnastik: Auf Einladung des Beraters verbindet Peter die Bewegung zur Problem-Körper-Koordination mit der zur Lösungs-Körper-Koordination. Somit lernt er erstens, schneller das Problemmuster zu erkennen und zu unterbrechen; zweitens kann er ein neues Muster aufbauen, wobei er das alte Muster als Ausholbewegung und die dazugehörenden Stimmen gewissermaßen als Erinnerungshilfe nutzt, um die hilfreichen Lösungskompetenzen zu aktivieren und zu festigen.

3.1.6 Die Säule »Soziale Beziehungen« bei Zelig

Von Zeligs Herkunft wird berichtet, dass er der Sohn eins jüdischen Schauspielers ist, der Morris Zelig hieß und dessen Darbietung als Puck in der orthodoxen Version des »Sommernachtstraums« sehr kühl aufgenommen wurde. Die zweite Ehe des Vaters war durch ständige gewalttätige Streitereien gekennzeichnet. Als sein Vater starb, erklärte er seinem Sohn auf dem Totenbett, dass das Leben ein Alptraum sinnloser Qualen sei, und der einzige Rat, den er ihm gab, war, immer alle Paketschnüre aufzuheben. Zeligs Bruder Jack erleidet einen Nervenzusammenbruch und seine Halbschwester Ruth wird zur Ladendiebin und Alkoholikerin. Sie tritt später im Film in Erscheinung, als sie Zelig vermarktet. Einzig Zelig scheint sich anfangs mit dem Leben arrangiert zu haben, bis seine Symptome auftreten. Was wir über seine Herkunft erfahren, verweist darauf, dass Zelig bis zu einem gewissen Grad eine *gebundene Delegation* vom Vater übernimmt, indem er die der Schauspielerei innewohnende Kunst, sich in andere Rollen zu versetzen, perfektioniert. Bei Shakespeares Sommernachtstraum geht es um Beziehungen, Liebe, Verwechslungen und Verzauberung. Themen, die Zelig ja in seinem Leben weiterführt. Nebenbei bemerkt: Woody Allens richtiger Vater, Martin Königsberg, nahm stets verschiedene Jobs an, um seine Familie zu ernähren, vom Barkeeper bis zum Boten und schließlich als Diamantenschleifer. Die Thematik der flexiblen Jobs ist also in Woody Allens richtiger Herkunftsfamilie stark präsent. Und Woody Allen zeigt in seinem Leben diesbezüglich ja auch ein hohes Maß an Vielfalt, ist er doch selbst nicht nur Schauspieler, sondern auch Autor, Drehbuchautor, Regisseur, und er trat lange Zeit als Klarinettenspieler auf. Und Shakespeares Sommernachtstraum stand gewissermaßen »Pate« beim Vorgänger zu Zelig, »A Midsummer Night's Sex Comedy«.

Zeligs Halbschwester holt ihren Bruder, der tagelang »die Wände hochging«, aus dem Krankenhaus. Sie teilt den Ärzten mit, daheim könne er besser versorgt werden. Und sie erklärt, sie und ihr zwielichtig wirkender Liebhaber Martin Geist, ein Geschäftsmann und ehemaliger Jahrmarktsveranstalter, würden sich um ihn kümmern. Die Ärzte haben kaum Einwände, denn sie sind erleichtert, diesen lästigen Fall loszuwerden – außer Dr. Fletcher, sie besteht auf einer Spezialtherapie, aber ohne Erfolg. Eine Zeit lang vermarktet Ruth zusammen mit ihrem Freund Zelig als »Zirkusnummer«. Bis zwischen dem Paar Spannungen auftreten und sich Ruth in einen feigen Stierkämpfer verliebt. Es kommt zum Eifersuchtsdrama, bei dem Martin Geist den Liebhaber, Ruth und am Schluss sich selbst erschießt. Befreit von diesen familiären Fesseln verändert sich Zeligs Leben vollständig. Als Erstes taucht er unter, es ist die Zeit des Börsencrashs und er wird vergessen. Doch plötzlich taucht er als Störenfried im Vatikan auf, als er den Ostersonntagssegen von Papst Pius XI. durcheinanderbringt. Er wird in die USA zurückgeführt und es beginnen Dr. Fletchers Behandlungen in ihrem Landhaus. Allmählich wird deutlich, was die Heilungserfolge hauptsächlich fördert: Zelig verliebt sich in seine Therapeutin, in Trance gesteht er dies: »Sie sind so zauberhaft. Denn ... denn wissen Sie, Sie sind nämlich gar nicht so schlau, wie Sie meinen. Sie sind ganz schön durcheinander und nervös und ... Sie sind die schlechteste Köchin, die ich kenne. Oh ... ich liebe Sie. Ich will für Sie da sein. Äh ... keine ... bitte keine Pfannkuchen mehr.« Dr. Fletcher ist alles peinlich. Sie zappelt herum und schaut nervös in die Kamera. In einem eingeblendeten Rückblick in Farbe erzählt Dr. Fletcher, dass sie festgestellt habe, für ihren Patienten viel zu empfinden. Sie habe sich nie für besonders attraktiv gehalten und noch nie eine richtige Liebesaffäre gehabt. Und ihr Verlobter sei der Typ Mann gewesen, mit dem ihre Mutter sie gern verheiratet hätte. Zeligs Heilungsprozess ist zu einem großen Teil auf die starke *Beziehung* zwischen Eudora Fletcher und ihm zurückzuführen. Analog zu Zelig scheint auch Eudora sich zu entwickeln und aufzublühen. Sowohl die Aufmerksamkeit und die Komplimente von ihrem Patienten wie auch von der Öffentlichkeit zeigen ihre Wirkung. Ihr Kleidungsstil ändert sich und sie scheint viel lebendiger, geht zu Partys und man sieht sie öfter lachen (siehe Abbildung 2).

Das Thema der Beziehungen wird noch in einem anderen Zusammenhang virulent. Zwei Wochen vor der Heirat von Zelig mit Eudora meldet sich plötzlich ein ehemaliges Showgirl namens Lita Fox, die behauptet, dass sie mit Zelig verheiratet sei und ein Kind von ihm habe. Es kommt zum Skandal und Frauen demonstrieren vor dem Gerichtsgebäude, ein Plakat trägt die Aufschrift »Auch Reptilien

Abbildung 2: Aus dem Film »Zelig« von Woody Allen, US 1983/ORION/ WARNER BROTHERS/Album/akg-images

bekommen nur eine Ehefrau«. Dann tritt noch eine andere Frau an die Öffentlichkeit, Helen Gray, eine Verkäuferin in einem Geschenkladen in Wisconsin. Sie behauptet, dass Zelig der Vater ihrer Zwillinge sei. Damit öffnen sich weitere Schleusen. Eine schwarze Frau behauptet, Zelig habe sie in der Kirche von Harlem geheiratet. Er habe ihr erzählt, er sei der Bruder Duke Ellingtons. Weitere Beschuldigungen folgen und Zelig gibt unter Blitzlichtgewitter eine Erklärung ab: »Ich möchte mich gerne bei allen entschuldigen, ich … ich möchte mich bei all diesen Frauen entschuldigen, dass ich sie geheiratet habe, es … es … ich habe mich damals einfach dazu verpflichtet gefühlt. Und der Mann, dem ich den Blinddarm rausgenommen habe … ich weiß einfach nicht, äh … wie ich … ich das wiedergutmachen kann. Wenn es Sie irgendwie tröstet, kann ich ja bei mir zu Hause noch mal gucken, ob er da noch irgendwo rumliegt. Ich, ich … mein größtes Bedauern gilt der Familie Trokman in Detroit – ich, ich … hatte noch nie zuvor ein Baby auf die Welt geholt und ich … ich dachte, dass es mit einer Eisenzange am besten ginge.« Zelig erleidet unter diesem Druck einen Rückfall, der sich noch nicht als heilsam erweist, und taucht unter. Als er später von Eudora unter den Nazis entdeckt wird, scheint allein ihr Anblick in der Masse

Zelig wieder zur Ich-Stärke zu bringen, sodass die beiden zusammen aus dem Dritten Reich fliehen können. Das Thema Heimat und Nationalität wird in diesen Szenen rund um den Nationalsozialismus natürlich in der Extremform abgehandelt.

Generell ist eines der Hauptthemen bei Zelig der *Konformismus,* die Überanpassung, dabei geht es in erster Linie um Beziehungsgestaltung, also um die erste Säule der Identität. Auf die Frage nach den Gründen für seine Verwandlungen entgegnet Zelig Dr. Fletcher im Hypnose-Zustand: »Es ist sicher und ich will, dass man mich mag.« Wobei das englische »safe« mehrdeutig sein kann: »sicher« einerseits in dem Sinne, einer von vielen zu sein, ohne eigene Meinung, andererseits hat es auch einen Vorteil, keine große Verantwortung tragen zu müssen. Neben den realen Geschehnissen im Nationalsozialismus ist damit der fiktive Zelig zu einem ebenso realen Begriff für *übermäßigen Konformismus* geworden. Das Thema wurde übrigens unter dem Begriff der »autoritären Persönlichkeit« im Anschluss an die Geschehnisse im Dritten Reich ausführlich in der Sozialpsychologie erörtert. Eng damit im Zusammenhang steht auch der *Ethnozentrismus,* der oft mit einer übertrieben verklärten Haltung zur eigenen Heimat und einem Fremdenhass verbunden ist. So werden rassistische Äußerungen gegenüber Zelig gemacht: Vertreter des Christentums beklagen, dass er als Bigamist an den Grundfesten der christlichen Welt rüttle. Eine Dame fordert dazu auf, »den kleinen Juden zu lynchen« (Allen, 1983, S. 114). Oder als Mitglieder des Ku-Klux-Klans mit brennenden Kreuzen über ein Feld gehen, schildert der Erzähler im Film: »Für den Ku-Klux-Klan stellte Zelig, der Jude, der sich in einen Neger oder Indianer verwandeln konnte, gleich eine dreifache Bedrohung dar« (S. 42). Zelig steht aber auch in Anlehnung an die Legende von Ahasver als Symbol für den ewigen Wanderer. So bemerkt Celikkaya (2009, S. 71) treffend: »Es ist also nicht nur das ewige Wandern, das die beiden als Fluch verfolgt, sondern auch die Inakzeptanz ihrer Persönlichkeiten bzw. Nicht-Persönlichkeiten. Gefangene in der Ambivalenz zwischen absoluter Freiheit und ständiger Unruhe, ewigen Lebens und leidvollen Lebens, der Heldenhaftigkeit und des Anti-Helden; in Dualität von bewundert und gleichzeitig gehasst werden, real und gleichzeitig irreal zu sein, Existenz und Nicht-Existenz, Authentizität und Anpassung. Man kann daher durchaus sagen, dass Ahasver und auch Zelig die Archetypen eines Exilierten sind.«

Zum Aspekt der *virtuellen Identität* lässt sich anmerken, dass Zelig medial erfunden ist und somit eine rein virtuelle Identität besitzt. Durch die Wahl des Filmgenres »Mockumentary« ist die gesamte Filmhandlung vorgetäuscht (to mock: vortäuschen, verspotten, sich mokieren). Ein fiktionaler Dokumentarfilm mit lauter »Als-ob-Inszenierungen« kann beim Publikum ein stärkeres Medienbewusstsein schaffen und die Leute dazu anzuregen, Medien kritisch zu hinterfragen und nicht alles zu glauben. Merkmale der Darstellungen in einem Mockumentary sind unter anderem: Bezugnahme zu wahren Gegebenheiten; Interviews mit echten, bekannten Persönlichkeiten; Vermischung von authentischen Ton- und Bildaufnahmen mit erfundenen; eine als autoritativ wahrgenommene Erzählstimme führt durch den Film; bewusst unruhige Kameraführung, laienhafte Darstellung der Schauspieler mit improvisierten Dialogen. Gerade durch das Einblenden von echten Personen in Farbe und die Bearbeitung von historischem Bildmaterial ist Zelig ein Spiel mit dem Medium, eine Vermischung von realer und virtueller Welt. In einer Schlüsselszene werden die einzigen (Pseudo-)Archivfotos von Zelig gezeigt, die einen Rückschluss auf sein »wahres Ich« zulassen. Das erste Foto zeigt Zelig/Allen neben Literaturnobelpreisträger Eugene O'Neill und einem Kind (siehe Abbildung 3). Auf dem zweiten Foto sieht man Zelig/Allen in die Kamera lächelnd und in einem Clownkostüm auf einer Trommel sitzend.

Die Erzählstimme erklärt, dass es sich um den Bajazzo handeln soll. Celikkaya (2009) bemerkt, dass diese beiden Fotos alle anderen Pseudoarchivfotos im Film stark kontrastieren und verflachen. Sie »verwischen die Grenzen zwischen Autor, Regisseur, Schauspieler, Betrachter und Historie [...] diese zwei Extreme, der scheinbar witzige Clown und der gesetzte Autor, sind simultane Beschreibungen Woody Allens selbst. Er ist der Regisseur hinter den Kulissen, bei dem alle Fäden zusammenlaufen, aber er ist auch der das Ganze spielende Clown und hat auch sichtlich Spaß daran. Auf dem Foto mit O'Neill wird uns vorgetäuscht, Allen wäre ein Teil der Geschichte O'Neills, was er nicht ist, und auf dem Clownfoto zeigt uns Zelig seine Identität, die eigentlich gar nicht existiert. Sie ist nur eine Maske, um abermals das Nichts dahinter vor der Enthüllung zu verbergen«

Ich liebe, also bin ich: Soziale Beziehungen 81

Abbildung 3: Aus dem Film »Zelig« von Woody Allen, US 1983/ORION/
WARNER BROTHERS/Album/akg-images

(Celikkaya, 2009, S. 52 f.). Anzumerken ist, dass Woody Allen in der
Zeit der Filmentstehung zudem Lebenspartner von Mia Farrow war,
die im Film Dr. Fletcher darstellt. Diese Beziehung endete 1992, als
Farrow aufdeckte, dass Allen ein Verhältnis mit ihrer Adoptivtochter
Soon-Yi Previn hatte, die er später heiratete. Wenn das keine Paral-
lelen zu den oben erwähnten Klagen gegen Zeligs Liebschaften sind!
Möglicherweise vermischen sich Realität und Virtualität auch in den
zitierten Liebesbezeugungen, bei denen Zelig/Allen seiner Geliebten/

Partnerin durch die Blume mitteilt, dass sie eine miserable Köchin sei und ihre Pfannkuchen nicht schmecken (Karasek, 1983, S. 283).

Zum Thema der Aktivierung der *inneren Stimmen* und der unwillkürlichen Reaktionen gibt es viele Szenen bei Zelig. So könnte man die vielen Personen, in die er sich verwandelt, als verschiedene Ich-Anteile betrachten. »Du bist viele, aber ich liebe dich« kann als Hinweis interpretiert werden, dass er seine verschiedenen Seiten integriert hat und sie damit situationsadäquat einsetzen kann. Dies gelingt ihm aber nicht auf Anhieb. So reagiert er zuerst wie oben geschildert auf die Vorwürfe bezüglich Vaterschaft etc., indem er bei den Nazis untertaucht und somit einen übermäßigen Rückfall in die Konformität erleidet. Auf der anderen Seite spielt ein Rückfall gerade bei der Fluchtszene aus Nazideutschland eine entscheidende Rolle. Unter der großen Bedrohung erleidet Eudora Fletcher am Steuer des Flugzeuges einen Ohnmachtsanfall. Dies veranlasst Zelig zu einem »Rückfall«, indem er sich unmittelbar (es geschieht ganz unwillkürlich) in einen Piloten verwandelt und das Flugzeug somit zielsicher in die USA fliegt. Dort wird er dann als Held gefeiert (Abbildung 4). Das Beispiel veranschaulicht, wie »Rückfälle« durchaus situationsadäquat Sinn haben können, oder in den Worten Zeligs: ... was man alles schaffen kann, wenn man total geistesgestört ist.

Abbildung 4: Aus dem Film »Zelig« von Woody Allen, US 1983/ORION/ WARNER BROTHERS/Album/akg-images

3.2 Ich arbeite, also bin ich

Die Säule »Arbeit und Leistung« hätte gerade so gut als Erste genannt werden können. Im Zeitalter der Globalisierung kommt dem Berufsleben eine wesentliche Bedeutung zu. Im Gegensatz zur Feudalgesellschaft, die dem Einzelnen seinen Platz gab mit der dazugehörenden Identität und den sozialen Bindungen, bietet die moderne Arbeitsgesellschaft mehr Wahlmöglichkeiten: Die soziale Position kann durch Leistung verbessert und verändert werden. Gleichzeitig nehmen die Bindungen in der Arbeitswelt ab; Dahrendorf (1981) spricht von einem »Vakuum an Ligaturen«, also an verbindlichen Beziehungen. Die in der Arbeitswelt verwehrten Bedürfnisse werden in der privaten Welt kompensiert (vgl. Kapitel 3.1). Die Abnahme der Bindungen zeigt sich unter anderem dadurch, dass in der schnelllebigen Welt Flexibilität wichtiger wird als loyales Verbleiben am Ort. Einer von drei Beschäftigten in den USA hat mit seiner gegenwärtigen Tätigkeit weniger als ein Jahr in der Firma verbracht, in der er derzeit arbeitet. Und in Großbritannien muss ein Hochschulabsolvent heute darauf gefasst sein, im Laufe seines Lebens nicht weniger als zwölfmal den Arbeitgeber zu wechseln. Es gibt kaum mehr lineare Berufskarrieren.

Eine der wichtigsten Voraussetzungen auf kultureller Ebene für das Aufkommen des Kapitalismus und der Industrialisierung war die von Max Weber (1934) beschriebene »protestantische Ethik«. Ihre wichtigsten Merkmale sind die Betonung eines Individualismus und einer Kontrolle über die Welt mittels eines ausgeprägten Rationalismus. Diese beiden Begriffe sind eng verbunden mit einer diesseitsbezogenen Lebenshaltung, gekennzeichnet durch harte Arbeit, Sparsamkeit und Enthaltsamkeit. Max Weber prägte den Begriff der »innerweltlichen Askese«. Diese Eigenschaften, welche die Grundlage der kapitalistischen Gesellschaft bilden, tragen in sich schon den Keim ihrer Zerstörung: Der Individualismus kann sich zu einem Hyperindividualismus radikalisieren, wo die Einzelnen das werden, was die strenge ökonomische Theorie des Liberalismus konzipierte, nämlich »soziale Atome«. Solche autonomen Individuen kommen der heutigen, auf schnellen Wandel angewiesenen »spätkapitalistischen« Gesellschaft entgegen, indem sie mobiler und mehr auf den Konsum (sowohl von Gütern wie von Dienstleistungen) angewiesen bzw. daran interessiert sind. Heute gelten in der Arbeitswelt als Kernkompetenzen nicht mehr in erster Linie Ordnung oder Pünktlichkeit, sondern *Flexibilität* und *Mobilität*.

Gleichzeitig werden durch Rationalisierungsmaßnahmen und Auslagerungen von Arbeitsplätzen in Billiglohnländer Stellen abgebaut. Es bleiben in den hoch entwickelten Ländern vor allem Jobs für hoch qualifizierte Leute. Somit steigt der Druck, sich ständig weiterzubilden und zu qualifizieren. Die formalen Ausbildungen sind aber noch keine Garantie für den Zugang zur Arbeitswelt, sondern gemäß dem Soziologen Ulrich Beck (1999) nur noch »Schlüssel zu den Vorzimmern, in denen die Schlüssel zu den Türen des Beschäftigungssystems verteilt werden«. Schule und berufliche Bildung dienen kaum noch der Vorbereitung auf eine Karriere in einem bestimmten Beruf, sondern als erstes Fitmachen für den lebenslangen Wettkampf. Damit ergibt sich die widersprüchliche Situation, dass es zwar wichtig ist, dass man lernt, aber immer unwichtiger, was man lernt. Ganz nach dem Spruch: »Was Hänschen gelernt hat, kann Hans nicht gebrauchen. Und was Hans gebrauchen könnte, hat Hänschen nicht gelernt.« Es geht viel mehr darum zu zeigen, dass man den nie endenden Prozess der Anpassung ausreichend verinnerlicht hat. Damit müssen sich Personen selbst vermarkten. Ich-AG, Ich-Aktie, eigene USP (Unique Selling Proposition), Business-Guerillero, Ich-Marke trifft Markt: Employability – so lauten etwa Ausdrücke dieser Entwicklung (vgl. Ryschka, 2007; Wüst, 2008; Martens, 2010; Trachsel, 2011). Alle müssen mitmachen, nach dem Motto: Jede/r ist einzigartig – oder man könnte es auch etwas zynischer sagen: Alle machen artig mit und meinen, sie seien einzig. »Gezielt einmalig« – der Zwang, besser zu sein als andere, führt zu einem »Immer besser, immer schneller«. Dabei gewinnen diejenigen, die sich am besten ins Spiel einbringen, die ihre Persönlichkeit so weit relativieren, dass sie flexibel dem Arbeitsmarkt angepasst sind. Entsprechend lautet die Botschaft in Management-Ratgebern und sogar in ausgezeichneten Business-Büchern: Das Ideal der stabilen, ausgereiften Persönlichkeit, die ihre Identität gefunden hat, hat ausgedient. Die Epoche pluralistischer Guerilla-Konkurrenz erfordert den »*kreativen Opportunisten*«, der aber durchaus auch mal verlieren können soll: »Sie werden sicherlich einige Scharmützel verlieren, bevor Sie den Guerillakrieg gewinnen« (Förster u. Kreuz, 2007, S. 231). Die Wandlungsfähigkeit wird selbst zur Tugend, ganz unabhängig vom Inhalt, also wird derjenige zum Helden, der für alles offen ist. Das erinnert doch an den Spruch: »Wer für alles offen ist, ist nicht ganz dicht« (vgl. dazu Riboltis, 1996).

3.2.1 Der flexible Mensch – Korrosion des Charakters?

Richard Sennett beschreibt in seinem Buch »Der flexible Mensch« (1998) diese Entwicklung aus soziologischer Sicht. Er stellt eingangs die Frage, wie der Mensch heutzutage noch langfristige Ziele verfolgen will im Rahmen einer kurzfristigen Ökonomie. Loyalitäten und Verpflichtungen einzugehen seien bei den ständigen Umstrukturierungen nicht mehr angebracht. Anhand von Beispielen aus der Arbeitswelt verschiedener Generationen umschreibt Sennett einige zentrale Entwicklungen. In einer ihm bekannten italienisch-amerikanischen Familie arbeitet der Vater als Hausmeister und dessen Frau in einer chemischen Reinigung. Ihr Leben verläuft in gleichmäßigen, routinierten Bahnen. Der eine Sohn ist ein Beispiel für den flexiblen Lebens- und Arbeitsstil: Er studiert und arbeitet in der EDV- und Consultingbranche. Aufgrund permanenter Umstrukturierungen muss er häufig seinen Job und Wohnort wechseln. Privat ist sein Leben ähnlich wie das der Eltern von konservativen Wertvorstellungen geprägt. Somit sind für ihn die beruflichen und privaten Werte im Konflikt. Beruflich ist Flexibilität ein hoher Wert, privat sucht er die Kontrolle über sein Leben und möchte ein loyaler, treuer Ehemann sein. Mit ähnlichen (Familien-)Geschichten versucht Sennett, einige für ihn zentrale Begriffe zu erläutern.

Routine hat für ihn zwiespältige Bedeutung, sie kann den Menschen einerseits stabilisieren und andererseits auch träge machen. Für den Vater mag Routine eher eine Lebenshilfe sein, während sie für den Sohn in der Computerbranche zu einer Falle werden kann.

Driften bedeutet, dass der Einzelne aufgrund der hektischen Veränderungen sein inneres Gleichgewicht verliert. Sennett greift mit dieser Diagnose auf den amerikanischen Journalisten Walter Lippmann zurück, der sich 1914 in »Drift and Mastery« gefragt hat, wie die Immigranten, die von den Sicherheiten ihrer Vergangenheit getrennt waren, im amerikanischen Kapitalismus zurechtkamen.

Die Erfolgreichen unter ihnen meisterten ihr Leben dadurch, dass sie ihre Arbeit – wie auch immer sie geartet war – als »Karriere« verstanden. Diejenigen, welche scheiterten, empfanden ihr Leben als zielloses Dahintreiben.

Mit *Unlesbarkeit* umschreibt Sennett die Verwirrung der Arbeitskräfte, welche die Entpersönlichung ihrer Arbeitsabläufe nicht mehr verstehen. Dies erläutert er anhand einer Bäckerei in Boston. Vor 25 Jahren arbeiteten dort Bäcker vorwiegend griechischer Abstammung. Sie hatten einen Handwerkerstolz und benutzten noch ihre Nase und Augen, um zu testen, ob das Brot gut sei. Die Arbeit war anstrengend und führte oft zu Verbrennungen. Als Sennett später die Bäckerei wieder aufsucht, gehört sie einem großen Nahrungsmittelkonzern. Es arbeiten dort verschiedene Teilzeit- und Aushilfskräfte mit geringen Ausbildungen, Löhnen und flexiblen Arbeitszeiten. Die Räume sind nicht mehr so heiß. Die Angestellten kommen nicht mehr mit den Ingredienzen der Brote in Berührung. Sie steuern jetzt den Produktionsprozess am Computer, durch den alles geregelt wird. Die ursprüngliche Fähigkeit, Brot herzustellen, besitzen die Angestellten nicht mehr. Sie gehen sowieso davon aus, dass sie nur vorübergehend beschäftigt werden.

Anhand eines anderen Fallbeispiels zeigt Sennett, wie permanentes Eingehen von *Risiken* in der Arbeitswelt zu einer belastenden Erfahrung werden kann. Eine Barbetreiberin in Manhattan wird in der Mitte ihres Berufslebens vom Risikoappetit gepackt. Sie verlässt ihre Bar und versucht eine neue Karriere in der Werbebranche. Dort scheitert sie allerdings und kehrt wieder in ihre Bar zurück. Die Risikobereitschaft sei vor allem bei den jungen Leuten hoch. Sie wechseln entsprechend häufig die Stelle, treiben oft orientierungslos im Arbeitsleben, wichtiger als das Ziel werden die Bewegung und der Aufbruch. Denn in einer Multioptionsgesellschaft ist Stillstand der Tod. Alles ist auf Schnelligkeit und Kurzfristigkeit ausgelegt. Flexibel auf Entwicklungen zu reagieren, weiträumig vernetzt und tendenziell unverbindlich zu sein – damit stehen laut Sennett die Bedingungen für die Ausbildung eines Charakters schlecht.

Flexibilität bedeutet ursprünglich die Fähigkeit des Baumes zum Nachgeben, um sich dann wieder aufzurichten und zu erholen. In der modernen Wirtschaft wirken vor allem Kräfte, die den Menschen flexibel machen im Sinne von verbiegen. Deshalb heißt der Titel von Sennetts Buch im englischen Original auch »The Corrosion of Character«. Durch das Fehlen langfristiger Bindungen nehmen wir die *Fragmentierung* der Persönlichkeit in Kauf. Sennett äußert sich also pessimistisch im Sinne, dass die Arbeitsbedingungen unseren Charakter untergraben. Haben wir denn eine Identität, einen Charakter, der korrodieren kann? Oder gibt es eine solche Konstante wie einen Charakter gar nicht? Dieser Frage werden wir immer wieder begegnen.

Andere Stimmen sehen die Möglichkeiten einer Multioptionsgesellschaft optimistischer. So spricht etwa Ernst Gellner (1995) in Anlehnung an das bekannte schwedische Möbelhaus vom »*modularen Menschen*«. Dessen Teile können beliebig angebaut oder ausgetauscht werden. Der modulare Mensch hat keinen stabilen, fertigen Charakter und kann sich in einer Netzwerkgesellschaft optimal anpassen. Um solche Anpassungsprozesse möglichst optimal zu gestalten, braucht das Individuum jedoch einige Ressourcen wie etwa:
- die Fähigkeit, Unsicherheiten auszuhalten und in der Vielzahl der Optionen eine Entscheidung treffen zu können;
- eine minimale materielle Absicherung;
- kreative Selbstorganisations- und Gestaltungskompetenz;
- Beziehungs- und Kommunikationsfähigkeit.

In ihrem Buch »Flex« fordern der Gesundheits- und Arbeitspsychologe Fletcher und die Entwicklungspsychologin Pine (2012) explizit dazu auf, auch Seiten zu zeigen und zu leben, welche nicht zur eigenen »Persönlichkeit« passen. Denn je statischer eine Persönlichkeit eines Menschen sei, desto weniger flexibel kann sie sich an neue Umstände anpassen. Mit »do something different«, so der Untertitel des Buches, stellen sie die These auf, dass wir 9/10 unseres Potenzials nicht nutzen, wenn wir nur »authentisch« sind.

Auch der Persönlichkeitspsychologe Little (Little u. Joseph, 2007) spricht nicht wie Sennett von *corrosion of character,* sondern plädiert dafür, dass wir uns manchmal explizit *out of character* verhalten sollen. Dies kann etwa beinhalten, dass sich eine sonst eher introvertierte Führungskraft in bestimmten Situationen extravertiert verhält, wenn es zieldienlich ist. Diese Art von strategischem Handeln ist der Kern von Littles »Free Trait Theory«. Dabei werden drei Arten unterschieden, wie ein Mensch »er selbst« sein kann. Ein Faktor sind die biologischen, genetischen Wurzeln, da geht Little von etwa 50 Prozent Prägung aus. Der zweite Einflussfaktor ist die Sozialisation. Wobei wir heute aus der Epigenetik wissen, dass Genetik und Sozialisation sich wechselseitig beeinflussen können. Ergänzt werden können diese beiden Faktoren durch bewusste Verhaltensmuster, die sich ein Mensch zu eigen machen kann, um gewisse Ziele besser erreichen zu können. Little selbst, der sich als introvertierten Menschen bezeichnet, hat beispielsweise großen Erfolg bei den Studierenden durch seine sprühenden, energievollen Auftritte. Dafür hat er neben Applaus auch eine Auszeichnung für besonders guten Unterricht erhalten. Little setzt also gezielt persönlich konstruierte Aktionsmuster ein, um sein Ziel zu unterstützen, den Studierenden das Lernen zu erleichtern. Die »Dehnbarkeit« der Persönlichkeit kann aber an Grenzen stoßen, weil »so tun, als ob« anstrengend sein kann (Schäfer, 2013).

Die Veränderungen in der Arbeitswelt führen häufig zu Entgrenzungen. Damit werden die Erosion gewohnter Grenzen und ein gewisser Verlust von bisherigen Gewissheiten umschrieben. So werden etwa die organisatorischen Grenzen von Unternehmen unschärfer, Arbeitszeiten und Arbeitsorte flexibilisiert (Minssen, 2012, S. 49 ff.). Der flexible, modulare Mensch, der sich auch »out of character« verhält, kann sich mit diesen Entwicklungen besser arrangieren oder sie sogar für eine autonomere Lebensweise nutzen. Wenn in erster Linie das Ergebnis zählt und nicht die Frage, wann und wo die Leistung erbracht worden ist, so kann dies im besten Fall sogar zu einer günstigeren Balance zwischen der Arbeit und anderen Lebensfeldern führen. Es gibt darüber hinaus einen engen Zusammenhang zwischen Arbeitsengagement und beruflicher Sinnerfüllung: Wer in seiner Arbeit einen Sinn sieht, ist ganz dabei, denkt mit, übernimmt Verantwortung und liefert hohe Qualität, selbst wenn es mit Anstrengungen einhergeht. Aber genau da liegt auch eine Gefahrenseite, wenn es diesbezüglich zu Entgrenzungen kommt: Fließen Freizeit und Arbeit zu stark ineinander, ist ein Burnout auch eine potenzielle Gefahr, selbst bei Personen, die ihre Arbeit lieben. Die Gefahr erhöht sich, wenn der persönliche Entscheidungsspielraum und eigene Kontrollmöglichkeiten eingeschränkt werden. Wer den Sinn und Inhalt der Arbeit in den Vordergrund rückt, legt unter Umständen weniger Wert auf angemessene Entlohnung und läuft Gefahr, ausgenutzt zu werden (Schnell, 2016, S. 165).

3.2.2 Erwerbsbiografische Unsicherheiten

Mit der Optionsvielfalt und Flexibilisierung nehmen die Unsicherheiten in der Arbeitswelt zu. Einige damit zusammenhängende Tendenzen, die einen starken Einfluss auf die Identitätsentwicklung ausüben, sollen hier beschrieben werden.

Mit der *Prekarisierung* sind Beschäftigungskonstellationen umschrieben, welche in irgendeiner Form soziale und rechtliche Standards der »Normalarbeit« unterschreiten (Hardering, 2011, S. 54 ff.). Das können etwa informelle, geringwertige »McJobs« sein, die für die Betroffenen ein hohes Risiko in sich bergen, zu Working Poor zu werden. Häufig sind Personen dadurch gezwungen, mehrere solcher Jobs anzunehmen. Beck (1999) prophezeite, dass in Deutschland innerhalb von 15 Jahren das Verhältnis zwischen Nicht-Normbeschäftigten und Normbeschäftigten von 1:2 in Richtung 1:1 gehen werde. Der Frankfurter Soziologe Oliver Nachtwey prophezeit in seinem Buch »Die Abstiegsgesellschaft« (2016) sogar die »Institutionalisierung von Prekarität«, in der jeder den Abstieg fürchten müsse.

Mit der *Subjektivierung der Arbeit* werden verschiedene Dimensionen beschrieben, welche die Wechselwirkungen zwischen Subjekten und der Arbeit thematisieren. Zum einen geht es darum, wie in der Arbeitswelt das Potenzial des einzelnen Mitarbeitenden besser genutzt werden kann. Während es etwas plakativ ausgedrückt im Taylorismus eher darum ging, dass die Beschäftigten ihren Kopf beim Pförtner abgeben sollten, so weiß man spätestens seit den »Human-Relations-Bewegungen« um die Bedeutung, den »ganzen Menschen« im Arbeitsprozess zu berücksichtigen. Zum anderen umfasst Subjektivierung auch die wachsende Bedeutung des Wissens für den Arbeitsprozess und damit einhergehende neue Anforderungen an die Qualifikation der Beschäftigten. Heute zeigen sich neuartige Verschränkungen beider Prinzipien: Tayloristische Prinzipien sind nach wie vor dort anzutreffen, wo es um die Trennung von Ausführung und Kontrolle der Arbeitsausführung geht. An anderen

Arbeitsplätzen werden hingegen höhere Kompetenzen wie etwa die Fähigkeit zur Selbstorganisation eingefordert, und dies durchaus auch schon bei »einfacheren« Tätigkeiten. Aber auch im Feld der höher qualifizierten Arbeiten zeigen sich mehr und mehr Tendenzen einer Standardisierung und Kennzifferorientierung (Hardering, 2011, S. 65) bei gleichzeitigem Anspruch auf Einsatz möglichst vieler subjektiver Potenziale seitens der Mitarbeitenden (S. 65). Parallel dazu können höhere Ansprüche seitens der Beschäftigten an die Arbeit festgestellt werden. Diese Tendenz besteht schon länger. Aber sowohl die Breite der Streuung solcher Ansprüche wie auch die Offenheit, mit der sie kommuniziert werden, haben zugenommen. Damit einher gehen Verschiebungen der Wertepräferenzen weg von Sicherheit und Stabilität hin zu Arbeitsinhalten und Sinn (S. 67). Dem größeren Anspruch auf Selbstverwirklichung in der Arbeit stehen gesteigerte Anforderungen an die Selbstorganisation und Leistungssteuerung gegenüber. Arbeit wird zu einer relevanten Sinnressource und es kommt zu einer Aufweichung der Trennung von Arbeit und anderen Lebensfeldern.

Das Zusammenspiel von Prekarisierungs- und Subjektivierungsprozessen verschärft die Tendenz zu Unsicherheiten bezüglich der Identitätssäule Arbeit insgesamt. Wenn eine lineare und existenzsichernde Beschäftigung zu einem knappen Gut wird und zugleich die Bedeutung der Arbeit wächst, steigt der Druck, beschäftigt oder zumindest beschäftigungsfähig zu sein. Denn erwerbslos zu sein könnte nicht nur ein Defizit bezüglich der Erwerbsbiografie bedeuten, sondern auch als persönlicher Makel empfunden werden (Hardering, 2011, S. 75).

Neben der fortlaufenden Berufskarriere in einer Organisation mit Betonung auf Verbesserung der Berufsposition und des finanziellen Erfolges treten weitere Karriereverläufe in den Vordergrund. Die *grenzenlose Karriere* (Boundaryless Career) umschreibt vor allem eine horizontale Bewegung innerhalb mehrerer Unternehmen (Hardering, 2011, S. 112 ff.; Hirschi, 2012). Dabei erwirbt sich eine Person weniger organisationsspezifisches als generelles und transferierbares Wissen. Die Verantwortung für die Karriereentwicklung liegt somit viel stärker beim Individuum als bei der Organisation. Dies gilt auch für die *proteische Karriere*. Mit diesem Begriff wird vor allem der

Aspekt betont, dass sich Vorstellungen über Karriereerfolg konsequenterweise individualisieren. Der psychologische Erfolg bemisst sich nach den eigenen Wertvorstellungen, orientiert sich somit stark an einer Selbstverwirklichungsideologie und lässt sich entsprechend auf andere Säulen der Identität ausdehnen. Hardering (2011, S. 120) folgert daraus: »Wenn die Gestaltungsverantwortung mehr und mehr den Individuen zugeschrieben wird und sie sich der Planungsaufgabe nicht entziehen können, bedingt dies ein gesteigertes Maß an biografischer Reflexivität.« Dies ist umso mehr notwendig, als die Anforderungen an die Subjekte in der flexibilisierten Welt immer vieldeutiger werden.

Selbst das Konzept des *Arbeitskraftunternehmers* und des *unternehmerischen Selbst* liefert kein garantiertes Rezept für einen wie auch immer gestalteten Karriereerfolg. Mit diesem Begriff umschreiben Pongratz und Voss (2003) den Wandel der Arbeitskraft vom verberuflichten Arbeitnehmer zum Unternehmer, der die eigene Arbeitskraft vermarktet. Der Inhaber der Ich-AG verpflichtet sich zur Erbringung einer Leistung, wobei es ihm überlassen bleibt, wie er die gesetzten Ziele erreicht. Er wird am Ergebnis gemessen und zu sich selbst muss er sich verhalten wie ein Unternehmer zu seinem Mitarbeitenden. Der Arbeitskraftunternehmer zeichnet sich somit aus durch:
- Selbst-Kontrolle: Die eigene Tätigkeit wird selbstständig geplant, gesteuert und überwacht;
- Selbst-Ökonomisierung: Die eigenen Fähigkeiten und Leistungen werden im Betrieb und je nachdem auch außerhalb zweckgerichtet vermarktet;
- Selbst-Rationalisierung: Der Alltag wird mehr und mehr durchorganisiert, sodass alle Lebensfelder nach rationalen Gesichtspunkten gestaltet werden.

Eine höhere Selbstbestimmung bei der Arbeitsgestaltung ermöglicht flexiblere Arrangements mit anderen Lebensinteressen. Damit wird die Grenzverwischung zwischen der Arbeit und anderen Lebensfeldern verstärkt. Der Arbeitskraftunternehmer stellt allerdings (noch) nicht den vorherrschenden Typus dar. Er ist weniger ein Arbeiter- als ein Angestelltenphänomen, das besonders in Bereichen der modernen Dienstleistungs-, Medien- und Telekommunikationsunternehmen anzutreffen ist. Da keine eindeutige Tendenz in Richtung Arbeitskraftunternehmer auszumachen ist, wird es vielmehr auch mittelfristig eine *Pluralität von Arbeitskrafttypen* geben. Wesentlich für den Einzelnen ist die Frage, wie stark er seine Arbeitsverhältnisse selbst wählen und beeinflussen kann. Dann können die mit der höheren Instabilität verbundenen Anforderungen durchaus als willkommene Herausforderungen angesehen werden. Weitere Formen, die in Richtung Arbeitskraftunternehmer gehen, sind in letzter Zeit vermehrt diskutiert worden.

Der Trendforscher Janszky (2010) beschreibt in seinen Ausführungen »Jobnomaden«, flexible Projektmitarbeitende, welche in Zukunft 30 bis 40 Prozent der Leistungskräfte in einem Unternehmen ausmachen werden. Eine Form sind Projektmitarbeitende von Subunternehmen. Die Firma »Cognizant« ist ein Beispiel eines solchen rasch wachsenden Unternehmens. 2017 beschäftigt »Cognizant« rund 260.000 Mitarbeitende, die wiederum als Subcontractors für andere Firmen ausgeliehen werden. »Gig Economy« oder »Body Leasing« lauten die Schlagworte dieses Trends (Steck, 2017). Bei IBM spricht man von einer »*Crowdsourcing-Strategie*« bzw. von »*Liquid Ressources*« (Pössneck, 2012). Dies bedeutet, dass Festangestellte und Externe als »Crowd« (Menge) betrachtet werden. Aufgaben oder Projekte werden nicht mehr automatisch intern vergeben, sondern in einem »Call« an die Crowd übertragen. Deren Mitglieder machen dann Offerten, aus denen IBM auswählt.

In der Schweiz ist der Anteil an Crowdsourcing in den letzten Jahren auch angestiegen, liegt aber mit rund 7 Prozent noch deutlich tiefer als andere flexible Arbeitsformen (Meissner, Weichbrodt u. a., 2016). Das interdisziplinäre Team unter der Leitung von Meissner hat fünf Arbeitsformen typisiert: *Home-Office* in der Festanstellung (Typ A), *mobiles Arbeitskraftunternehmertum* (Typ B), *Portfolio-Worker* auf mehreren Standbeinen (Typ C), *Entrepreneurship* (Typ D) und eine Person mit *Mehrfachanstellungen und Mini-Jobs* (Typ E). Die Typen C und E kommen wohl den sogenannten *Slashers* sehr nahe. So nennt das US-amerikanische Magazin »Psychology Today« die Berufsgruppe von Menschen, welche mindestens zwei Karrieren gleichzeitig verfolgen. Natürlich ist auch das mit viel Aufwand und

Arbeit verbunden. Im Gegensatz zum Einweg-Karrieristen sollen Slashers aber auch viele Vorteile haben. Sie können je nach Marktsituation mehr auf das eine oder andere Bein setzen und im optimalen Fall sogar von Synergien zwischen den Berufsfeldern profitieren. Was die Studie aber nicht beschreibt, sind Arbeitnehmer, von denen es zunehmend mehr gibt, welche unfreiwillig verschiedene Jobs ausführen. Oder die selbstständigen sogenannten *Sohos* (Small Offices, Homeoffices), welche häufig nicht einmal in Netzwerken eingebunden sind. Sie werden vielmehr auf eine »Do-it-alone-Mentalität« zurückgeworfen, die leicht in Burnout oder sozialer Isolation enden kann. Ob diese auch wie die Slashers zufriedener sein sollen, sei dahingestellt. Denn der Spruch »Abwechslung macht das Leben süß« gilt in der Regel nur für einigermaßen selbst gewählte Optionen. Ironischerweise hat die größte US-Fastfood-Kette für ihre Mitarbeitenden einen Ratgeber herausgegeben, der ihnen helfen soll, mit ihrem Geld zu haushalten. In der Beispielrechnung hat es schon mal Platz für zwei Einkommen, denn mit rund 8,25 Dollar pro Stunde geht das Unternehmen wohl davon aus, dass es eine weitere Erwerbstätigkeit braucht. Diese Sorgen hat der Unternehmenschef nicht: Er verdient fast 800-mal so viel wie ein gewöhnlicher Mitarbeiter (Crocoll, 2013).

Mein Fazit: Flexibel, mobil, unternehmerisch, kreativ-opportun, konkurrenzfähig, auf jeden Fall erwerbstätig – das sind Faktoren für eine erfolgreiche Arbeitsidentität in der Multioptionsgesellschaft.

Und wenn es nicht zwei oder mehr Karrieren sind, dann gilt es wenigstens, sich immer wieder neu zu erfinden. So etwa sei der Erfolg von Madonna über mehrere Jahre in der wohl wettbewerbsintensivsten Branche, dem Showbusiness, zu erklären. Peter Kreuz nennt als weitere Beispiele Google-Macher Sergey Brin und Larry Page oder Steve Jobs von Apple (Knobel, 2008). Andere Beispiele sind etwa Hacker, welche die Seite wechseln und für Firmen oder staatliche Organisationen in der Sicherheitsabteilung arbeiten. Oder die schöne Geschichte von den zwanzig Taschendieben, welche von einem britischen Telekommunikationskonzern angeworben worden sind (Tages-Anzeiger, 22.8.2009). Deren Job ist es nun, den Londonern unbemerkt Banknoten im Wert von etwa 10 bis 30 Euro in die Tasche zu stecken – zusammen mit einem Werbezettel. Laut Aussage eines bekehrten »Pickpockets« macht die Arbeit Sinn und Spaß, zudem fühle er sich jedes Mal ein bisschen weniger schlecht für all jene Jahre, in denen er seine Fähigkeiten anders eingesetzt habe.

Und was heißt die Multioptionsgesellschaft für Leute aus dem obersten Management? Diese fordern ja die Flexibilität von ihren Mitarbeitenden. Natürlich sind auch sie von dem Phänomen der sich rasch ändernden Umwelten betroffen. Nicht immer ist es dann so extrem wie beim Beispiel des Human Resources Managers einer Telekommunikationsfirma: Er musste innerhalb kurzer Zeit im Auftrag des Verwaltungsrates vier Geschäftsleitungsmitglieder und den CEO »hinausbegleiten« (»binnen Stunden verabschieden und nachbetreuen«). Dann kam natürlich auch die Mithilfe bei der Neueinstellung mit allen Anpassungsleistungen hinzu. Am Schluss sagte er zu mir: »Alles in allem geht es mir gut in meiner heutigen Rolle, obwohl auch mir ab und zu der Gedanke durch den Kopf geht, wann *ich* an der Reihe sein könnte.« Ein knappes Jahr später war er es …

Das Management fordert heutzutage hohe Flexibilität und muss selbst auch bereit sein, sich innerhalb kürzester Zeit neuen Begebenheiten anzupassen. Interessant scheint mir in dem Zusammenhang das Phänomen des *funktionalen Analphabetismus* im Management zu sein, wie es Betty Zucker (2010) nennt: Topmanager, die auf einmal vor die Aufgabe gestellt werden, etwas ganz Alltägliches selbst zu tun: ein Auto zu mieten oder ein Straßenbahnticket zu lösen, weil der Chauffeur nicht da ist oder die Taxis streiken. Da komme sich mancher ganz plötzlich ziemlich lebensuntauglich vor – denn üblicherweise erledigen solche einfachen Aufgaben eine persönliche Assistenz oder die Partnerin. Von Managerinnen ist da weniger die Rede, nicht nur weil sie weniger zahlreich sind, sondern weil sie wohl häufiger nebenbei noch familiäre Alltagsrollen einnehmen und somit weniger abgehoben sind. Doch die Gefahr des funktionalen Analphabetismus liegt weniger in der Alltagsuntauglichkeit, sondern darin, dass sich Manager von den Realitäten ihrer Kunden (dazu gehören auch die Mitarbeitenden) so weit entfernen, dass sie deren Bedürfnisse gar nicht mehr erkennen können; die von den Angelsachsen gepriesene »Street Smartness« gehe ihnen verloren. Wie aber lassen sich ohne diese Smartness sinnvolle Strategien entwickeln? Also auch da gilt für den flexiblen Manager: weder abheben noch stehen bleiben, sondern auch mal sein Auto selbst in die Waschstraße fahren oder den Hund zum Tierarzt bringen und genau hinhören, was die Leute auf der Straße bewegt.

3.2.3 Das Chamäleon-Prinzip: Farbe bekennen und sich anpassen

Das Chamäleon ist bei »Zelig« eine der zentralen Metaphern, welche sich durch den ganzen Film hindurchziehen. Besonders im Zusammenhang mit der Identitätssäule Arbeit sollen einige Eigenheiten des Chamäleons beschrieben werden. Daraus lassen sich Überlegungen ableiten, wie wir »im Dschungel der modernen Arbeitswelt« mit dem Chamäleon-Prinzip überleben können, wie dies Brodbeck und Thorun-Brennan (2011) skizzieren.

Augen: Chamäleons haben herausstechende Augen. Dadurch vergrößert sich ihr Sichtfeld enorm, es beträgt 342 Grad. Dieser *Panoramablick* kann symbolisch so gedeutet werden, die Weite, das Gesamtbild mit den systemischen Zusammenhängen, im Blickfeld zu behalten. Dies ermöglicht uns, aus dem Gesamtbild Optionen abzuwägen und gezielt das auszuwählen, was zu uns am besten passt. Dazu kommen noch die Fähigkeiten, bis in weite Entfernungen scharf sehen und die Augen voneinander unabhängig bewegen zu können. Die Augen sind so angeordnet, dass immer zwei einzelne Bilder entstehen. Daraus lässt sich symbolisch ableiten, dass wir mit dem »Schielen« in der Lage sind, sowohl in die Ferne zu schweifen und gleichzeitig in die Nähe zu schauen: »Wenn uns also die globalisierte Welt Angst macht, dann sollten wir uns nicht etwa vor ihr zurückziehen, sondern uns bewusst mit ihr auseinandersetzen. Wir sollten das Chamäleon-Schielen trainieren: ein Auge nach außen richten und die Welt sehen und ein Auge nach innen richten und uns selbst sehen. Und dann die für uns passende Mitte zwischen beiden Sichtweisen finden. Pass dich an, setz dich auseinander und werde du selbst!« (Brodbeck u. Thorun-Brennan, 2011, S. 78).

Zangenfüße: Die Füße der Chamäleons bilden Greifzangen, indem die jeweils fünf Zehen und Finger zu zweit oder zu dritt miteinander verwachsen sind. Diese Greifzangen verleihen den Tieren Sicherheit beim Wandeln in den Baumwipfeln. Daraus lässt sich symbolisch das Dauerhafte im Flexiblen ableiten: Wir behalten trotz raschem Wandel, virtualisierten und technisierten Arbeitswelten eine gewisse Bodenhaftung, wir bleiben greifbar und verbindlich. So wie sich das Chamäleon mit seinen Zangenfüßen von Ast zu Ast bewegen kann, so lassen sich symbolisch Brücken bauen zwischen verschiedenen Menschen, Teams, innerhalb von (virtuellen) Teams sowie zwischen der Arbeit und anderen Säulen der Identität.

Wickelschwanz: Auch der Wickelschwanz sorgt für eine gewisse Verankerung, denn damit kann sich das Chamäleon um einen Ast schwingen oder sich etwas hängen lassen, um noch an Ziele oder eine Beute heranzukommen, die sonst nicht erreichbar wären. Der Wickelschwanz, so wird vermutet, ermöglichte es dem Chamäleon, die Weltmeere sozusagen per Floß zu bereisen: indem sie sich auf schwimmenden Ästen auf andere Kontinente treiben ließen und sich dabei mit dem Wickelschwanz festhalten konnten. Symbolisch kann der Wickelschwanz wie folgt gedeutet werden: In Zeiten hohen Wandels und großer Flexibilität ist es zentral, sich zu verankern. Zwischendurch innezuhalten ist wichtig, um mobil zu bleiben und seine Ziele anzuvisieren und zu erreichen. Wer seine inneren Ankerpunkte kennt, der kann sich immer wieder neu orientieren. Brodbeck und Thorun-Brennan führen dazu Edgar Scheins *Karriereanker* auf. Damit können wir überprüfen, welche Anker für unsere berufliche Reise am meisten zu uns passen. Die von Schein (1998) genannten acht Anker sind am Institut für Angewandte Psychologie IAP Zürich weiterentwickelt worden. Man kann sich bezüglich neun Karriereorientierungen testen, wie stark sie zu einem selbst passen (Schreiber, 2012):

- *Technische/funktionale Kompetenz:* Hier sind der Erwerb und die Aufrechterhaltung von Expertenwissen und -können zentral. Es wird eine Fachkarriere angestrebt mit permanenter Weiterentwicklung im entsprechenden Fachgebiet.
- *General Management:* Im Vordergrund steht die breit gefächerte Auseinandersetzung auf strategischer und organisatorischer Ebene mit breit gefächerten Aufgaben auf der Managementebene. Es wird eine Linienkarriere angestrebt mit zunehmend größerer personeller und bereichsmäßiger Verantwortungs- und Führungsbreite.
- *Selbstständigkeit/Unabhängigkeit:* Zentral sind hier eigenständige, unabhängige Gestaltungsmöglichkeiten in der Arbeit. Erstrebenswert sind ein hoher Freiheitsgrad in der Arbeitsgestaltung,

Wertschätzung als flexible, selbstunternehmerisch denkende und handelnde Person, wie dies unter dem Begriff des Arbeitskraftunternehmers beschrieben worden ist.
- *Sicherheit/Beständigkeit:* Bei starker Ausprägung dieses Ankers besteht eine hohe Bereitschaft zu dauerhafter, bindungstreuer Unternehmenszugehörigkeit. Gegenseitige Verlässlichkeit, Loyalität, Solidarität und starke Identifikation mit dem Unternehmen sind hohe Werte.
- *Unternehmertum:* Angestrebt wird, als Unternehmer/-in im Arbeitsmarkt eine Nische zu finden und zu nutzen, in der man eigene Produkte oder Dienstleistungen erfolgreich auf den Markt bringen und weiterentwickeln kann. Erstrebenswert ist die Anerkennung durch unternehmerische Arbeitserfolge.
- *Kreativität:* Neues zu gestalten mit originellen und kreativen Ideen steht im Vordergrund. Angestrebt wird eine selbstdarstellende, kreative Individualität.
- *Dienst oder Hingabe* für eine Idee oder Sache: Persönliche, ideelle Werte sollen im Arbeitsumfeld zum Tragen kommen. Sich in den Dienst einer Sache oder anderer Menschen zu stellen als Repräsentant dieser Werte ist zentral.
- *Totale Herausforderung:* In der Arbeit aufgehen mit dem Ziel, die eigene Leistungsfähigkeit fortwährend beweisen und sich mit anderen auf hohem Niveau messen zu können.
- *Lebensstilintegration:* Angestrebt wird eine gute Balance der Lebensfelder. Hier besteht eine große Offenheit für flexible Arbeitsmodelle, die eine Integration von persönlichen Bedürfnissen, aktuellen privaten und beruflichen Prioritäten ermöglichen.

Der Karriereanker beinhaltet drei zentrale Komponenten: das Selbstbild bezogen auf besondere Fähigkeiten/Fertigkeiten, auf Werthaltungen und auf Bedürfnisse bzw. Motivationen. Wenn eine Person innerhalb ihres beruflichen Umfeldes alle drei Komponenten erfolgreich umsetzen kann, dann können sich stabile Karriere-Identitäten entwickeln. Daraus resultieren erfolgreiche Laufbahnen.

Zeitlupe und Zungenschuss: Eine weitere Eigenart des Chamäleons ist die unverwechselbare Schleuderzunge. Sie ist mit einem kurzen Stück Gummiband vergleichbar. Bei einem Zungenschuss wird das Zungenbein nach vorn geschoben und die Muskulatur der Zunge angespannt, wodurch die Zunge aus dem Maul herausschnellt. Dieser Vorgang benötigt eine Zehntelsekunde. Dadurch hat das Beutetier keine Chance zu fliehen. Auf der Zunge befindet sich ein Sekret, welches hilft, dass die Beute durch eine große Oberflächenspannung haften bleibt. Die Zunge wird auch für die Wasseraufnahme benötigt. Arten, die auf langsame Beute wie Schnecken spezialisiert sind, brauchen den Zungenschuss nicht. Symbolisch stehen das langsame Herantasten an die Beute (Zeitlupe) und der Zungenschuss für den balancierten *Wechsel zwischen Entspannung und Anspannung,* zwischen Ruhe und Aktivität, Stillstand und Bewegung. Die Konzentration bei der Jagd steht darüber hinaus auch für die *Achtsamkeit,* welche bezüglich der jeweiligen Tätigkeit aufgebracht werden soll. Letztlich zeigen aber auch die Variationen innerhalb der Chamäleonarten, dass eine Anpassung an die Umwelt eine besondere Fähigkeit zum Überleben darstellt.

Schillerschuppen: Die unmittelbare Anpassung an die Umwelt geschieht beim Chamäleon durch die Fähigkeit, die Farbe zu wechseln. Dazu verwenden die Tiere kleinste Muskeln, die darunterliegende Farbpigmente freilegen bzw. überdecken können. Für den Farbwechsel sind drei spezialisierte optische Hautzellentypen verantwortlich. Der Farbwechsel dient aber nicht nur zur Tarnung, sondern vor allem zur Kommunikation mit den Artgenossen. So wird etwa die Bereitschaft zur Balz oft von auffälligen Farben und Mustern begleitet. Symbolisch lässt sich der Farbwechsel pointiert auf den Slogan bringen: *Bekenne Farbe und passe dich an!* Zeige Mut zur Farbe, um damit einen angeregten Austausch mit anderen zu haben.

Die Häutung: Da Chamäleons bis zu ihrem Lebensende wachsen, wird es zwischendurch unerlässlich, die alte Haut abzuwerfen. Deshalb häuten sich Chamäleons. Die Häutung ist somit auch ein Zeichen, wie gut es dem Tier geht. Vor der Häutung wird unter der aktuellen Haut eine neue Schicht gebildet. Dies führt zum Symbol des lebenslangen Wachsens und Lernens und dass der Wandel vor allem von innen her geschehen soll. Bezogen auf das berufliche Wachstum heißt das, sich dem eigenen Rhythmus entsprechend zu verändern und sich für die Option zu entscheiden, die am besten zur momentanen Lebens- und Arbeitssituation passt. Bezogen auf Teams und Organisationen heißt »von innen her«, dass für erfolgreiche Veränderungen möglichst viele Stakeholders (Anspruchsgruppe wie Mitarbeitende, Kunden, Aktionäre usw.) einbezogen werden sollen in Form eines »teilhabenden Führungsstils« (Brodbeck u. Thorun-Brennan, 2011, S. 276).

Mimese und Thanatose: Mimese bedeutet, dass sich das Chamäleon durch das Nachahmen von Gegenständen aus seiner Umgebung (Äste, Blätter, Laub) zu tarnen versucht. Dies kann zur eigenen Verteidigung dienen, aber auch dazu, von potenzieller Beute nicht erkannt zu werden. Auch durch seine ruckartige Fortbewegung versucht es, ein sich bewegendes Blatt nachzuahmen (Blattmimese). Je nach Art gibt es darüber hinaus Stockmimese, Laubmimese oder Grasmimese. Eine zweite Tarnmethode ist die Thanatose (Schreckstarre), bei der sich das Chamäleon tot stellt. Wird sein Körper berührt, lässt sich das Chamäleon sofort fallen. Beim Fall vom Baum kommt eine weitere Besonderheit zum Tragen: Die Fähigkeit, die Lungen aufzublähen, sodass damit der Sturz besser abgefangen werden kann. Beim Fallen dreht sich das Chamäleon immer auf den Bauch, um einem Angreifer den Rücken zu zeigen. Symbolisch stehen diese Fähigkeiten für Einfallsreichtum und die Flexibilität, sich in einer sich wandelnden Welt sicher zu bewegen, sich vor Gefahren schützen und sogar »Stürze« auffangen zu können.

Die Flexibilität gewinnt mit der Chamäleon-Metapher eine viel positivere Bedeutung, als dies bei Sennetts »flexiblem« Menschen der Fall ist.

3.2.4 Die Säule »Arbeit und Leistung« bei Zelig

Zelig legt bezüglich der Berufe eine hohe Anpassungsfähigkeit an den Tag und nimmt somit symbolisch vieles von dem auf, was in diesem Kapitel mit der Thematik des *flexiblen Menschen* oder der Slashers beschrieben wurde. Er zeigt sich in folgenden Berufen: afroamerikanischer Jazzmusiker, Baseballspieler, Psychiater, Rabbi, Boxer, Opernsänger, Chirurg, mexikanischer Gitarrist, Clown und Gangster. Das Thema »Leistung und Karriere« wird vor allem an Dr. Fletcher abgehandelt. Sie ist von Beginn an an Zelig interessiert und sieht in ihm zunächst – wie sie in einem Interview später erzählt – die Möglichkeit, Karriere zu machen. Sie lässt zudem ihre Behandlungen von Zelig im eigenen Landhaus durch ihren Cousin filmen – ihre

Begründung: »Wenn ein Mann dauernd seine äußere Erscheinung wechselt, dann will man das doch *sehen*. Und nicht nur darüber lesen. Außerdem will ich damit in die Geschichte eingehen.« So erklärt auch der Cousin in einem Interview, wie es zu den Filmaufnahmen im »weißen Zimmer« kam. Leistungs- und wettbewerbsgetrieben sind aber auch alle anderen Ärzte, welche Zelig Diagnosen stellen oder ihn behandeln. Damit macht sich Woody Allen über Karrieregelüste, Konkurrenzkampf generell und von diesem Berufsstand im Besonderen lustig. So erklärt ein Dr. Houseman, dass es sich um ein Problem mit den Drüsen handle. Ein anderer behauptet, er sei sicher, dass es vom mexikanischen Essen komme. Dr. Birsky gibt auch eine Erklärung ab: »Bei dieser Erkrankung handelt es sich um eine Neurose. Also, äh, dieser Patient leidet, äh, an einem Hirntumor. Und ich wäre nicht überrascht, wenn er innerhalb der nächsten Wochen daran sterben würde.« In einer späteren Szene tragen Männer einen blumengeschmückten Sarg aus einem Haus und der Erzähler kommentiert: »Ironischerweise stirbt Dr. Birsky selbst innerhalb von zwei Wochen an einem Hirntumor, während es Leonard Zelig bestens geht.« Die Chefärzte des Krankenhauses lehnen Dr. Fletchers Hypothese ab, wonach es sich um ein psychisches Problem handle. Sie folgern, dass Zeligs Krankheit auf eine Verkrümmung der Wirbelsäule zurückzuführen sei. Tests beweisen, dass sie sich geirrt haben, und verursachen beim Patienten vorübergehende Beschwerden (Zelig wird gezeigt, umgeben von lächelnden Krankenschwestern, die seine Beine massieren. Sie sind falsch herum am Körper). Als Dr. Fletcher Zelig als *menschliches Chamäleon* beschreibt, das als Schutzmechanismus sich an die Umgebung anpasse, reagieren die anderen Ärzte skeptisch: »Wenn er tatsächlich eine Eidechse ist, sollten wir nicht unser gutes Krankenhausgeld dafür rausschmeißen, ihn durchzufüttern, sondern ihm einfach ein paar Fliegen fangen.« Später gibt ein Dr. Fogey eine Erklärung ab, dass sie Zeligs Verfassung mit Drogen verändern. Zelig wird mit dem Versuchsmedikament Somadrill Hydrat behandelt und »geht die Wände hoch«. Ein Krankenwärter macht sich Notizen, dazu der Erzähler: »Er leidet unter starken Stimmungsschwankungen und geht tagelang die Wände hoch.«

Wenn dieses Bild kein starkes Symbol ist …

3.3 Ich bin da, also bin ich

3.3.1 Die Leib-Seele-Thematik

Die dritte Säule der Identität trägt der Tatsache Rechnung, dass wir auch leibliche Wesen sind. Der Ausdruck »Leib-Seele-Thematik« verweist auf die Vorstellung eines Dualismus, dass also die Welt nach zwei Prinzipien aufgebaut sei: Leib (»Physis«) und Seele (»Psyche«). Welcher Zusammenhang zwischen den beiden Prinzipien besteht, darüber gehen die philosophischen Positionen auseinander (vgl. Tschacher, 2006):

- *Materialismus:* In dieser Position wird die Ansicht vertreten, dass nur die stoffliche Materie und physikalische Wechselwirkungen existieren und entsprechend wissenschaftlich beschrieben werden.
- *Idealismus:* Materielle Wirklichkeit ist nur in der Form gegeben, wie sie von einem Beobachter wahrgenommen wird. Der Urgrund allen Seins ist demnach der Geist (die »Idee«), der sich in der wahrgenommenen Welt ausdrückt.
- *Identitätsannahme:* Materie und Geist sind beide existent, aber sie sind eigentlich identisch bzw. zwei Seiten desselben.
- *Dualismus:* Es gibt Materie und Geist. Darüber, wie sie zusammenwirken, gibt es verschiedene Varianten:
- *Interaktionismus:* Materie und Geist existieren gleichberechtigt, haben qualitativ unterschiedliche Eigenschaften; sie stehen in stetiger oder gelegentlicher Interaktion.
- *Epiphänomenalismus:* Nur die Materie ist kausal wirksam, der Geist ist lediglich eine Begleiterscheinung der Materie und kann selbst nicht auf diese einwirken.
- *Emergentismus:* Materie ist Grundlage des Geistes, dem dann aber eine neue, nichtmaterielle Qualität zukommt.

Die in diesem Buch wiederholten Andeutungen über Descartes' »Cogito ergo sum« verweisen auf die philosophischen Standpunkte. Die radikale Trennung von »res extensa« und »res cogitans« bei Descartes ist heute nicht mehr haltbar. Cogitans bedeutet wörtlich »denkend«, ist aber sinngemäß eher mit »bewusst« zu übersetzen: die Seele als Träger und Schauplatz des Bewusstseins. Extensa meint

»ausgedehnt« und soll andeuten, dass nur die leiblich-materielle, nicht aber die seelische Substanz für sich Raum beansprucht, aus dem sie anderes verdrängen könnte. Als Ort der Interaktion zwischen Seele und Körper stellte sich Descartes die Zirbeldrüse vor. Dort wirken die Nervenimpulse von den Sinnesorganen auf die Seele ein und dann gibt die Seele wiederum Befehle an die Muskeln. Später vollzieht Spinoza den Schritt zu einer Identitätsphilosophie eines psychophysischen Parallelismus: Für ihn sind »cogitatio« und »extensio« nur zwei Attribute ein und derselben Substanz. Ein Teilbereich der materiellen Welt, nämlich das »psychophysische Niveau« des Zentralnervensystems, hat eine Doppelnatur: Es erscheint aus subjektiver Perspektive als psychisch (Bewusstseinsinhalt), für den außenstehenden Beobachter aber als physisch (Nervenerregung). Die Unterscheidung wird heute noch weitgehend gebraucht: Psychisch bedeutet so viel wie Bewusstseinsinhalt und umfasst die gesamte phänomenale Welt des Subjekts. Physisch ist alles Körperliche, von der Haut und den Organen bis zum Gehirn. Die Hirnvorgänge auf psychophysischem Niveau sind bei dieser Betrachtung physisch, sie haben aber die Eigentümlichkeit, auch eine erlebbare, also psychische Erscheinungsform aufzuweisen.

Neben der funktionalen Unterscheidung von »physisch« und »psychisch« gibt es aber auch eine phänomenale Beschreibung der erlebten Welt im Bild von »Leib« und »Seele«. Bischof präzisiert damit sinnvollerweise die Begrifflichkeiten leiblich/seelisch und physisch/psychisch (2008, S. 44 ff.). Leib und Seele sind *phänomenologische* Kategorien und bezeichnen *Erlebnisinhalte*. Leiblich und seelisch sind somit phänomenale Qualitäten, welche durch gleitende Übergänge verbunden sind und miteinander in *Wechselwirkung* stehen.

- Leiblich (anschaulich): alles, was ich als handfest erlebe, als etwas, das Widerstand leistet und woran man sich stoßen kann. Beispielsweise das Erleben eines gespannten Armes des Bogenschützen, die eigene »Figur«, die einem zu dick oder zu dünn erscheint, der feste Boden unter den Füßen usw. Bei Phantomgliedern wird die Unterscheidung deutlich: Wenn Amputierte ihren Leib noch unversehrt erleben, weil sie das fehlende Glied noch spüren, so kann man dies als anschaulich leiblich bezeichnen.

- Seelisch (anschaulich): Gefühle, Stimmungen, Gedanken, Vorstellungen, die ich selbst erlebe, aber auch diejenigen anderer Subjekte, soweit sie mir zu Bewusstsein kommen.

Physisch (körperlich) und psychisch (mental) hingegen unterscheiden zwischen dem Bewusstsein des Subjekts und dem, was Außenstehenden objektiv zugänglich ist. Physisch und psychisch sind somit zwei komplementäre Aspekte desselben Prozesses und laufen *parallel*, ohne zu interagieren.

- Physisch (körperlich): intersubjektiv beobachtbar, also alles, was in den Naturwissenschaften gemessen werden kann, etwa Physikalisches oder Physiologisches; das erwähnte Phantomglied kann also intersubjektiv als fehlender Körperteil verstanden werden.
- Psychisch (mental): die bewusste Gesamtheit der (leiblichen und seelischen) Phänomene, die die erlebte Welt eines Subjekts ausmachen, unter funktionaler Perspektive betrachtet.

3.3.2 Embodiment: Die Wechselwirkung von Körper und Psyche

Ohne diese Unterscheidung von Bischof kommt das Konzept *Embodiment* aus. Beschrieben wird dabei, dass das psychisch-mentale System mitsamt seinem Organ, dem Gehirn, immer in Bezug zum gesamten Körper steht. Geist/Gehirn und Körper wiederum sind in die restliche Umwelt eingebettet. Kognition und Gefühl hängen eng mit dem Körper zusammen. Ausgehend von Descartes' Trennung von Körper und Geist herrschte lange Zeit die Vorstellung vor, das kognitive System funktioniere wie eine Maschine. Mit Aufkommen der Computer Mitte des letzten Jahrhunderts wurde diese Analogie weitergeführt. Demzufolge stelle das Gehirn einen Computer und der Geist die Software dar, die auf diesem biologischen Rechner laufe. Die Rückschläge in der Erforschung künstlicher Intelligenz haben zur Erkenntnis geführt, dass Intelligenz ohne einen bewegten Körper nicht auskommen kann. Unter dem Konzept *Embodied Cognition* wurde die These aufgestellt, dass geistige Vorgänge im Gehirn in jedem Moment auch davon abhängig sind, was im Körper passiert und wie der Körper in der Umgebung situiert ist. Wilhelm bringt es in Anlehnung an Glenberg von der

Arizona State University auf die »flotte Formel« (2011, S. 78): »Ich handle, also denke ich.«

Mit dem Konzept Embodiment sind aber neben den Denkprozessen auch die emotionalen Prozesse einbezogen. Dabei gilt auch hier eine Wechselwirkung: Wenn wir denken und fühlen, aktivieren wir auch Hirnareale, die eigentlich für Motorik und Sinneswahrnehmung zuständig sind. So postuliert Hüther zu Recht, dass wir versuchen müssen, die verloren gegangene Einheit von Denken, Fühlen und Handeln, von Rationalität und Emotionalität wiederzufinden. In seinen neurobiologischen Erklärungen des Embodiments führt er aus, wie körperliche Veränderungen Auswirkungen auf das Zentralnervensystem haben und deshalb auch zu psychischen Veränderungen führen können. »Alles, was im Körper passiert, führt, wenn es über längere Zeit fortbesteht, zu entsprechenden Anpassungen der davon betroffenen neuronalen Regelkreise und synaptischen Verbindungen« (Hüther, 2006, S. 78). Das Gleiche gilt für Auswirkungen psychischer Veränderungen auf den Körper. Die Auswirkungen sind besonders klar und meist bewusst, wenn es zu einer massiven Störung des seelischen Gleichgewichtes kommt. Dann werden die emotionalen Zentren im Gehirn, also das limbische System, aktiviert. Deutlich zeigt sich das bei als bedrohlich erlebten Situationen: Dann stockt der Atem, das Herz schlägt bis zum Hals oder es stellen sich die Haare auf. Bei häufig wiederkehrenden belastenden Situationen und damit ständiger Aktivierung des sympathischen Nervensystems kann es zu langfristigen Veränderung von Funktion und Struktur einzelner Organe kommen.

Abbildung 5 zeigt die Unterscheidung von Bischof in Leib/Seele bzw. psychisch/physisch und die Ebenen der funktionellen Beeinflussung zwischen Körper und Hirn:

Hüther beschreibt auch die wechselseitige Abhängigkeit von körperlicher und psychischer Entwicklung beim Menschen vom Embryonalstadium bis ins Erwachsenenalter (2006, S. 82 ff.). Dabei wird deutlich, dass Entwicklung und Lernen im Gehirn durch Nutzung und Übung der entsprechenden Körperfunktionen stattfinden. Die dazugehörenden Bewegungsabläufe müssen ebenfalls eingeübt und erlernt werden. Wenn einem Embryo eine Extremität fehlt,

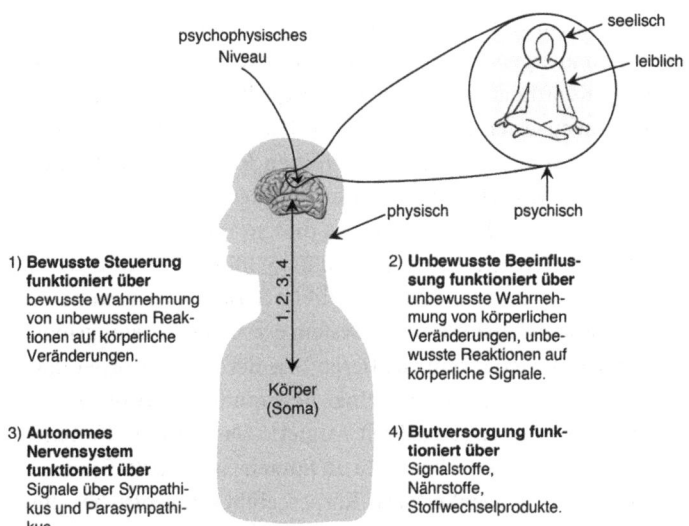

Abbildung 5: Die Unterscheidung der phänomenologischen Kategorien *Leib* und *Seele* und zwischen dem Bewusstsein des Subjekts *(psychisch)* und dem, was dem Außenbetrachter »objektiv« zugänglich ist *(physisch)* (nach Bischof, 2008), sowie die Ebenen der funktionellen Beeinflussung zwischen Körper und Hirn (nach Hüther, 2006).

so können sich auch die entsprechenden neuronalen und synaptischen Verschaltungsmuster im Gehirn nicht bilden. Solche Verschaltungsmuster entstehen nur auf der Basis von Benutzung: Es bilden sich dann im Gehirn »Repräsentationen«, »innere Bilder« der betreffenden Extremität und der Muskelkontraktionen, die deren Bewegungen steuern. Auch die Herausbildung all jener neuronalen Verschaltungsmuster, die an der Steuerung und Koordinierung aller anderen Körperfunktionen beteiligt sind, geschieht auf ähnliche Weise. Dazu zählen zum Beispiel die Regelkreise für die Regulation der Funktion innerer Organe, von Blutkreislauf und Atmung sowie der Sauerstoffversorgung im Blut. Im Gehirn formen sich neuronale Netzwerke, die gewissermaßen ein inneres Muster von der Beschaffenheit der Körperoberfläche darstellen. Diese inneren Muster nennt man *Körperrepräsentationen*. In einem zweiten Schritt werden dann die einfachen Regelkreise von weiter sich bildenden Nervenzellfortsätzen auch innerhalb des Gehirns miteinander verbunden und in ihren Aktivitäten aufeinander abgestimmt. Dadurch entstehen übergeordnete neuronale Netzwerke, die für die Integration und Koordination der einfachen Regelkreise zuständig sind. Sie werden umso fester herausgeformt, je häufiger sie aktiviert werden. Die bereits vor der Geburt ausgereiften Regelkreise liefern dem Gehirn die wichtigsten Informationen über alle im Körper ablaufenden Prozesse. Das Ergebnis aus diesem unbewussten Informationsfluss bezeichnet Damasio (2000, S. 187) als *Protoselbst*. Aus diesem Protoselbst entsteht das *gefühlte Kernselbst*. Damit bezeichnet Damasio die im limbischen System erzeugten Erregungsmuster, die ihrerseits wieder repräsentieren, wie der eigene Körper davon beeinflusst wird, dass er mit einer bestimmten Antwort auf eine Veränderung der äußeren Welt reagiert. Das gefühlte Kernselbst ist bewusstseinsfähig, aber nicht an Sprache gekoppelt. Es wird als Körpergefühl repräsentiert. Das Körpergefühl kann entstehen durch einen äußeren Reiz oder durch eine Erinnerung an eine durch einen Reiz ausgelöste Antwort.

Hüther fasst das Protoselbst und das gefühlte Kernselbst unter dem Begriff *Körper-Selbst* zusammen (2006, S. 86): »Das Körper-Selbst bildet die Grundlage für die weitere Konstruktion der eigenen Vorstellung von einem ›Ich‹ [...] Das Körper-Selbst bildet die unterste Ebene für die Verankerung selbst gemachter Erfahrungen und dient als inneres Referenzsystem für die Bewertung von eigenen Erfahrungen auf der Basis von Körpersignalen, die Damasio *somatische Marker* nennt.« Jedes Objekt und jede Situation, mit denen ein Organismus Erfahrungen gesammelt hat, hinterlassen einen somatischen Marker, der eine Bewertung dieser Begegnung speichert. Diese Bewertung erfolgt nach einem einfachen Gut-Schlecht-Schema. Wenn sich der Organismus wieder in einer entsprechenden Situation befindet (oder sich so eine Situation vorstellt), erfährt er über den somatischen Marker viel schneller als über die Vernunft, welche Erfahrungen bisher zu dieser Thematik gesammelt wurden. Später in der Entwicklung, wenn der Mensch mit seinen primären Bezugspersonen und dann mit immer anderen Menschen in Beziehung tritt, werden diese Beziehungserfahrungen in den höheren, komplexeren Bereichen des Gehirns in Form von sogenannten *Metarepräsentationen* verankert (Hüther, 2006, S. 88).

Die Auseinandersetzungs- und Anpassungsprozesse an die Umwelt können aber, so argumentiert Hüther, den Menschen dazu bringen, seine eigene Körpererfahrung und die eigene Sinneserfahrung zu unterdrücken. »Das Bedürfnis nach Zugehörigkeit ist der Schlüssel zum Verständnis dieses sonderbaren Anpassungsprozesses, der Menschen dazu bringt, ihr Gefühl von ihrem Verstand und ihren Körper von ihrem Gehirn abzutrennen« (S. 88). Die Extremform sind körperliche Veränderungen wie die Vergrößerung oder Verkleinerung einzelner körperlicher Merkmale bis hin zu Schönheitsoperationen. Anpassung erfolgt auch über »Dressurlernen«, welches mit Angst vor Strafe oder vor Verweigerung einer Belohnung operiert.

Eine andere Form ist das Modell-/Resonanz- oder Imitationslernen. Dabei spielen die sogenannten *Spiegelneuronen* eine wesentliche Rolle. Die Spiegelneuronen ermöglichen es, bei anderen Menschen wahrgenommene Signale so abzuspeichern, dass sie selbst nacherlebt und reproduziert werden können. Dass etwa ein Säugling mütterliche Signale »spiegelt«, zum Beispiel versucht, bestimmte Gesichtsausdrücke oder Laute zu imitieren, war aus der Säuglingsforschung schon lange bekannt. Giacomo Rizzolatti hat mit der Entdeckung der Spiegelneuronen dazu die neurobiologische Erklärung geliefert. Man kann die Spiegelneuronen als Schlüssel zu Empathie und sozialem Handeln, aber auch zu Intuition und Kreativität betrachten (Sander, 2010, S. 72). Für Hüther haben Dressur- und Imitationslernen aber auch ihre Schattenseiten: »Anhand der Vorbilder lernt das Kind nun zunehmend besser, die Gefühle zu beherrschen oder zum Erreichen bestimmter Ziele bestimmte emotionale Ausdrucksformen einzusetzen. Die ursprüngliche Offenheit des kindlichen emotionalen Ausdrucks wird nun immer stärker in eine private Gefühlswelt internalisiert. Vor allem in den westlichen Kulturen führt das zu einer zunehmenden Entkopplung von Gefühls*ausdruck* durch Mimik oder Gestik und den tatsächlich *empfundenen* Gefühlen. Die eigenen Gefühle werde so im Laufe des Heranwachsens immer stärker kontrolliert und vom Körperempfinden abgetrennt« (Hüther, 2006, S. 91). Dazu komme die Gefahr der Abwehr von sozial unerwünschten Gefühlen wie Wut, Trauer oder Schmerz, die mit entsprechend angespannten Körperhaltungen einhergehen. Ursprünglich mit uns selbst, mit der Weisheit des Körpers verbunden, fallen wir im Laufe der Sozialisation aus dieser Einheit heraus, wie es im biblischen Bild der Vertreibung aus dem Paradies beschrieben worden ist. Hüther sieht aber die Möglichkeit, dass das »Ich« das schief gewordene Haus wieder aufrichten kann. Dazu müssen wir uns auf die Suche machen nach dem, was unser ursprüngliches, »wahres Selbst« ist, nämlich eins zu sein in unserem Körper: »Wenn das ›Ich‹ die Verbindung mit seinem Körper wieder zurückgewinnt, spürt der betreffende Mensch nicht nur im übertragenen Sinn, sondern auf eine reale, verkörperte Weise, dass er ein Rückgrat hat, dass er sich aufrichten und sich aufrecht im Leben bewegen kann« (S. 97).

Neben den neurobiologischen Überlegungen gibt es auch linguistische Hinweise für das Embodiment-Konzept: Metaphern, die wir in allen Sprachen finden, zeigen die Wechselwirkung von Körper, Fühlen und Denken mit der Umwelt. So werden Theorien räumlich als Gebilde oder Gebäude bezeichnet. Wir können auch gedankliche Höhenflüge haben. Beziehungen haben Anfang und Ende mit verschiedenen Phasen von Höhen und Tiefen. Stimmungen und Emotionen werden auch häufig in räumliche Dimensionen gebracht: Wir schweben über Wolken oder sind umgekehrt stimmungsmäßig im Keller. Abschließend sollen psychologische Experimente angeführt werden, welche das Embodiment-Konzept untermauern. Bei psychologischen Experimenten wird ein Thema angegeben (»Cover-Story«), worum es in den Versuchen geht. Diese Themen haben aber nichts mit dem eigentlichen Untersuchungsgegenstand zu tun, sodass die Probanden nicht ahnen können, was eigentlich gemessen wird. (Bei den angegebenen Quellen handelt es sich um Sekundärliteratur, bei denen die Originalquellen und detailliertere Experimentanordnungen nachgelesen werden können.) Die ersten Beispiele untersuchen den *Einfluss des Körpers auf das Mentale:*

- Studierende sollten Glaskugeln von einem hohen auf ein niedrigeres Regal legen oder umgekehrt. Dabei wurden sie aufgefordert, über Ereignisse des vergangenen Tages zu plaudern. Die Probanden erzählten deutlich mehr von positiven Ereignissen, als sie die Glaskugeln aufs höhere Regal hoben, und weitaus öfter von unangenehmen Dingen, als sie die Kugeln nach unten legten (Wilhelm, 2011, S. 78).

- Rechtshänder hielten bestimmte Cartoonfiguren für glücklicher, intelligenter, ehrlicher und attraktiver, wenn sie sich zu ihren Rechten befanden, bei Linkshändern war es umgekehrt (S. 79).
- Probanden erhielten vom Versuchsleiter ein Klemmbrett in die Hand gedrückt; eine Gruppe ein schwereres, eine andere Gruppe ein 400 Gramm leichteres. Auf die Bretter war ein Blatt Papier geklemmt, auf dem ein Beschluss der Universität beschrieben war, der die Beschneidung bestimmter Studentenrechte vorsah. Die Studierenden sollten das Schreiben lesen und beurteilen, wie wichtig ihnen ihre Rechte waren. Wer ein schwereres Klemmbrett in den Händen hielt, hielt auch die Studentenrechte für wichtiger. Zudem waren die Begründungen bei den Probanden mit dem schwereren Brett mit gewichtigeren Argumenten versehen als bei der andern Gruppe (S. 79).
- Probanden mussten in einer Versuchsanordnung auf die eine oder andere Art mit einem Stift Linien ziehen, Punkte verbinden und Buchstaben unterstreichen. Eine Gruppe sollte den Stift mit der nicht dominanten Hand halten, eine Gruppe zwischen den Lippen und die dritte mit den Zähnen. Danach mussten sie vier Cartoons auf einer Skala von 0 (gar nicht lustig) bis 9 (sehr lustig) wieder mit dem Stift per Kreuz nach ihrem Lustigkeitsfaktor einordnen und ankreuzen. Da durch das Halten des Stiftes mit den Zähnen die Lachmuskeln aktiviert wurden, stufte diese Gruppe die Cartoons deutlich lustiger ein als die anderen beiden Gruppen (Storch, 2006, S. 40 ff.).
- Nachdem Probanden in zwei Gruppen je acht Minuten unter dem Vorwand einer Cover-Story in gekrümmter bzw. aufrechter Haltung verbracht hatten, mussten sie danach (unlösbare) geometrische Puzzles lösen. Es ging somit um das Durchhaltevermögen bei einer frustrierenden Aufgabe im Anschluss an das Einnehmen einer Körperhaltung. Die Gruppe mit gekrümmter Haltung wechselte nach 10,78 Teilchen zum nächsten Puzzle, die »Aufrechten« hielten im Schnitt 17,11 Teilchen durch, also deutlich länger (Storch, 2006, S. 44 ff.).
- Unter dem Vorwand, die Ergonomie von Arbeitsmöbeln zu testen, wurden Probanden gebeten, an einer Kombination von Sitzgelegenheit und Schreibtisch zu arbeiten. Bei der einen Gruppe

war eine aufrechte Körperhaltung möglich, bei der anderen eine gekrümmte. Beide Gruppen erhielten während der Arbeit in der entsprechenden Sitzhaltung ein fiktives Lob. Es wurde ihnen mitgeteilt, dass sie in einem früher absolvierten Intelligenztest überdurchschnittlich gut abgeschnitten hätten. Daraufhin mussten sie ihr Gefühl von Stolz über das Lob auf einer Skala einschätzen. Die Gruppe, welche das Lob in einer aufrechten Haltung empfangen hatte, war signifikant stolzer als die andere Gruppe (Storch, 2006, S. 47 f.).

- Maarten Bos und Amy Cuddy führten folgendes Experiment an der Harvard Business-School durch: 75 Versuchspersonen mussten diverse Aufgaben erledigen, die einen auf einem Smartpohne, die anderen auf einem deutlich größeren iPad, Notebook oder einem Desktopcomputer. Dann meldete sich der Versuchsleiter für fünf Minuten ab mit dem Hinweis, wenn es länger ginge, könne man ihn sonst holen. Er kam aber nicht zurück und gemessen wurde, wie lange die Probanden zögerten, bevor sie den Säumigen suchten. Dies wurde als Maß für ihr momentanes Selbstbewusstsein angesehen. Die Teilnehmenden an den großen Bildschirmen gingen ihn innerhalb von fünf Minuten nach Ablauf der Frist holen, ebenso die Laptopbenutzer. Doch die Personen, die sich über das kleine Gerät gebeugt hatten und somit in einer leicht zusammengekauerten Position arbeiteten, trauten sich nur zu 50 Prozent, den Versuchsleiter zurückzubeordern. Die Pose bei Benutzen von Smartphones kann also das Selbstbewusstsein schwächen (Paulus, 2013).

- Unter der Cover-Story »Kopfhörertest« mussten Probanden einer Sendung mit Kopfhörern folgen und dabei Kopfbewegungen in der vertikalen (Gruppe 1) oder in der horizontalen Ebene (Gruppe 2) ausführen bzw. den Kopf ruhig halten (Gruppe 3). Nach der Sendung wurde nach dem Tragekomfort gefragt. Danach ging es um das eigentliche Thema: In der Sendung gab es neben Musikbeiträgen auch Diskussionen um die Erhöhung der Studiengebühren an der Universität von Alberta, wo die Versuchspersonen eingeschrieben waren. Auf die Frage, welche Summe für eine Studiengebühr angemessen sei, gaben die »Kopfnicker« im Durchschnitt 646 Dollar an, die »Neutralen« 582 Dollar und die »Kopfschüttelnden« 467 Dollar (Storch, 2006, S. 49 ff.).

- In verschiedenen Handflächenexperimenten wurden zwei Gruppen gebildet. Die einen mussten ihre Handflächen unter die Tischplatte legen, so, als ob sie die Tischplatte anheben wollten. In dieser Haltung sollten sie die Handflächen leicht nach oben drücken (entspricht einer empfangenden Komm-her-Bewegung). Die andere Haltung war, die Handflächen auf die Tischplatte zu legen und leicht nach unten zu drücken (entspricht einer abwehrenden Geh-weg-Bewegung). In einem zweiten Teil des Experimentes zeigte sich, dass Probanden mehr Kekse zu sich nahmen, wenn sie die Handflächen zuvor nach oben gedrückt hatten, als Probanden der anderen Gruppe. In einem Folgeexperiment zeigte sich die Gruppe der Komm-her-Bewegung kreativer als diejenige mit der abwehrenden Haltung (Storch, 2006, S. 56 ff.).

Der umgekehrte Einfluss, nämlich *vom Mentalen auf die Körperhaltung*, konnte auch nachgewiesen werden:
- Die Körperhaltung von Highschool-Absolventen wurde unmittelbar nach Bekanntgabe der Examensnoten analysiert. Diejenigen mit den besten Noten veränderten ihre Körperhaltung, indem sie sich mehr aufrichteten. Diejenigen mit den schlechtesten Noten hingegen nahmen eine gebeugtere Haltung ein, während beim Mittelfeld keine Veränderung zu beobachten war (Storch, 2006, S. 37).
- Studentischen Probanden wurde eingetrichtert, dass einige Bücher besonders wichtig seien für ihre Prüfung, andere hingegen nicht. Daraufhin mussten die Versuchspersonen das Gewicht der Bücher schätzen. Die als wichtig gepriesenen Werke wurden stets schwerer bewertet, als sie waren (Wilhelm, 2011, S. 79).
- Menschen, die sich sozial zurückgestoßen fühlen, schätzen die Raumtemperatur kühler ein, als sie ist. Oder wer bei einem Spiel nicht beachtet wurde, bestellt danach öfter ein heißes Getränk als jemand, der stark einbezogen war (Wilhelm, 2011, S. 79).
- Einer Gruppe von Probanden wurden Wörter zum Thema »Alter« angeboten, aus denen sie Sätze zu bilden hatten. Andere Gruppen bekamen Wörter zu anderen Themen mit derselben Aufgabe. Untersucht wurden aber nicht Menge und Qualität der Sätze, sondern wie lange die jeweiligen Gruppenmitglieder brauchten,

um nach Verlassen des Testraums den langen Flur bis zum Ausgang des Gebäudes zu gehen. Dabei zeigte sich der Effekt des *Primings*: Die Gruppe, die sich mit Sätzen rund ums Thema »Alter« beschäftigt hatte, brauchte signifikant länger für den gleichen Weg als die Vergleichsgruppen (Storch u. Krause, 2002, S. 68 ff.; Schmidt, 2005, S. 40 f.).

Embodiment heißt, dass Körper und Psyche eng miteinander verbunden sind. Wir reden von Körperausdruck und kennen den Spruch: »Der Körper ist der Spiegel der Seele.« Aber das Umgekehrte gilt auch: Körper, Körperausdruck und -haltung beeinflussen Kognition und Emotion. Gunther Schmidt plädiert für den Begriff *somatopsychisch* und prägt dazu den Satz: »So wie man geht, so geht es einem« (mündliche Mitteilung).

3.3.3 Wo wohnt das »Ich« oder gibt es überhaupt ein »Selbst«?

Die Vorstellung, dass wir in uns eine Art zentrale Instanz haben, in der alle Informationen zusammenlaufen, wird gerne mit der Vorstellung eines »Homunkulus« in Verbindung gebracht. Ein solches »kleines Männchen« im Gehirn, das alle Fäden in der Hand hält, gibt es jedoch nicht, darüber ist man sich in der Wissenschaft einig. Ob es hingegen ein dauerhaftes »Selbst« gibt, darüber streiten sich die Geister. Den Vertretern der These, dass das Selbst eine Illusion sei, stellt Rager die kritische Frage: Wer entscheidet denn, ob es sich um eine Illusion handelt? Die Instanz, die das Selbst als Illusion identifiziere, könne ja nicht selbst auch Illusion sein. Deshalb können wir gemäß Rager (2002, S. 33) zwar falsche Vorstellungen vom Selbst haben (etwa die eines »Homunkulus«), für das Selbst hingegen gebe es gute Modelle für dessen neuronale Implementierung. Wie bereits Hüther mit dem »Körper-Selbst« im vorangehenden Abschnitt bezieht sich Rager ebenfalls zu einem wesentlichen Teil auf Damasio. In »Descartes' Irrtum« (2006) negiert Damasio auch die Existenz einer einzigen zentralen Erkenntnis- und Besitzinstanz an einer Stelle im Gehirn. Er vertritt vielmehr die Ansicht, dass die meisten menschlichen Erfahrungen eine gleichbleibende Perspektive haben, als gäbe es tatsächlich eine solche Erkenntnisinstanz:

»Ich stelle mir vor, dass diese Perspektive in einem relativ stabilen, endlos wiederholten Zustand verwurzelt ist. Der Ursprung dieser Stabilität ist die überwiegend invariante Struktur und Arbeitsweise des Organismus und die allmähliche Entwicklung autobiografischer Daten« (Damasio, 2006, S. 317). Die neuronalen Grundlagen des Selbst beruhen nach Damasio einerseits auf den Repräsentationen von Schlüsselereignissen in der Autobiografie des Menschen, wie das im Abschnitt 3.1.5 über die Entstehung der inneren Familienmitglieder beschrieben wurde. Andererseits bestehen die Repräsentationen, die dem neuronalen Selbst zugrunde liegen, aus den »Urrepräsentationen des Körpers«, welche Damasio als Kernselbst detailliert beschreibt (S. 306).

Dass diese Grundlagen des Selbst störungsanfällig sein können, zeigt sich bei Personen mit Hirnschädigungen. Patienten mit einer »Asomatognosie« beispielsweise erleben nicht, dass ihr Arm oder ihr Bein ein Teil von ihnen selbst ist. Dieses Phänomen zeigt, dass unser Selbstgewahrsein fragil sein kann. In diesem Fall sind Stellen zwischen Schläfen- und Scheitellappen der rechten Hirnhälfte in Mitleidenschaft gezogen. Personen mit einem »Neglect-Syndrom« weisen ebenfalls Schädigungen in diesem Areal auf. Diese Patienten können Objekte in der linken Hälfte ihres Wahrnehmungsfeldes nicht bewusst wahrnehmen. Sie ignorieren alles, was sich links von ihrem Blickfeld befindet. Somit lässt sich vermuten, dass der Bereich hinter der rechten Schläfe der »Wohnort des Ichs« sein könnte.

In diese Richtung weisen auch die Untersuchungen von Vogeley und seinen Kollegen (vgl. Interview mit Saum-Aldehoff, 2008, S. 70): Der Psychiater und Philosoph spielte seinen Versuchspersonen kleine Hörgeschichten vor. Die kurzen szenischen Schilderungen waren aus einer neutralen Position oder aus der subjektiven Sicht der Probanden dargestellt. Während die Versuchspersonen die Geschichten hörten, beobachteten die Forscher, was sich im Gehirn abspielte. Wurde die Szene (beispielsweise eines Raubüberfalls) aus der neutralen Sicht einer dritten Person erzählt, waren bei den Zuhörern vor allem zwei Areale der linken Hirnhälfte, hinter der Stirn und unter der Schläfe, aktiv. Bei der Version der Erzählung aus der Ich-Perspektive schalteten sich zusätzliche Hirnzentren ein. Dabei war ein Ort besonders auffällig: der Übergangsbereich zwischen dem Schläfen-

und dem Scheitellappen, wiederum in der rechten Hirnhälfte. Die neuronale Aktivität erhöht sich in dieser Region ebenfalls, wenn wir von uns in der ersten Person sprechen (»ich«, »meine« usw.). Dies lässt vermuten, dass wir auch beim Sprechen auf unseren Körper als Zentrum Bezug nehmen. Dennoch wäre es laut Saum-Aldehoff (2008, S. 71) übertrieben, die Hirnregion hinter der rechten Schläfe nun gleich zum »Wohnort des Ichs« zu küren: »Unser Ich-Erleben hat offensichtlich keinen einzelnen festen Wohnsitz. Es haust in einem weitverzweigten Netz, das sich durch viele Hirnbereiche zieht. Es könnte aber sein, dass jenes Areal hinter der rechten Schläfe, das den eigenen Körper in der Welt verankert, eine herausragende Stellung in diesem Ich-Netz einnimmt.« Wenn sich diese Verankerung im eigenen Körper löst, dann können »ich-lose« Bewusstseinszustände auftreten, wie sie bei sogenannten *Out-of-Body-Experiences* (außerkörperlichen Erfahrungen) festgestellt werden können. Auf diese werden wir im Zusammenhang mit Metzinger noch zu sprechen kommen. Vogeley geht analog zu Damasios »autobiografischem Selbst« von einer überdauernden, die Zeiten übergreifenden Instanz bei uns aus, welche er die »transtemporale Einheit des Ich« nennt (Saum-Aldehoff, 2008, S. 71).

Bei all den neurowissenschaftlichen Erkenntnissen müssen wir uns jedoch bewusst sein, dass sich lediglich neuronale Aktivitäten im Hirn beobachten und messen lassen. In die Erlebnisinhalte anderer Personen können wir aber keinen Einblick bekommen. Diese bleiben privat und können nur von der untersuchten Person mitgeteilt werden (vgl. die »Wolke« in der Abbildung 5 zu Beginn dieses Kapitels). Daraus leitet Rager die Forderung ab, dass die von der Person subjektiv erlebte Welt und die Wissenschaft ein partnerschaftliches Verhältnis eingehen müssen (2002, S. 54). Denn nur durch die Berichte über die persönliche Lebenswelt lassen sich die Daten aus den Neurowissenschaften sinnvoll interpretieren. Und umgekehrt können Erkenntnisse aus den Neurowissenschaften für die Beschäftigung mit unserer subjektiven Welt ein großer Gewinn sein. Damit wenden sich Rager und seine Koautoren in ihrem Band gegen den Naturalismus, dessen Vertreter die Realität eines menschlichen Selbst bestreiten. So stellt etwa der Philosoph Metzinger (2010) fest, dass die zwei Formen des Wissens (Erste-Person-Wissen und Dritte-Person-Wissen) niemals

miteinander in Einklang gebracht werden können. Der Begriff der
»Erste-Person-Perspektive« erweist sich für ihn als vage und unklar.

»Ego-Tunnel«: Es gibt kein reales »Selbst«

Metzinger glaubt nicht, dass die Existenz eines erlebenden Selbst
einen notwendigen Bestandteil des Bewusstseins darstellt. Als einen
Grund führt er an, dass es »selbst-lose« Formen des bewussten Erlebens zu geben scheine. Beim Cotard-Syndrom, einer schweren psychiatrischen Störung, hören die Patienten manchmal auf, das Pronomen der ersten Person zu verwenden. Sie behaupten darüber hinaus,
dass sie in Wirklichkeit gar nicht existieren (Metzinger, 2010, S. 99).
Anstelle eines Selbst-Konzeptes verwendet Metzinger die Metapher
vom »Ego-Tunnel«. Einige Gedanken aus seiner »neuen Philosophie
des Selbst«, wie er sein Buch nennt, seien hier aufgeführt:

Gummihand-Illusion

Das phänomenale Selbstmodell stützt sich stark auf das bekannte
Experiment der Gummihand-Illusion. Es wurde erstmals 1998 von
den Psychiatern Botvinick und Cohen von der Universität Pittsburgh
durchgeführt. Dabei erlebten die Versuchspersonen eine künstliche Gliedmaße als Teil ihres eigenen Körpers. Wie kommt diese
Illusion zustande? Ein Proband betrachtet eine Nachbildung einer
menschlichen Hand, die vor ihm auf dem Schreibtisch liegt, während die eigene Hand durch einen Sichtschutz verdeckt ist (siehe
Abbildung 6). Die sichtbare Gummihand (deren »fehlender« Arm
allenfalls noch mit einem Tuch abgedeckt wird) und die unsichtbare
Hand des Probanden werden nun wiederholt und genau gleichzeitig
mit einem Stäbchen gestreichelt. Nach kurzer Zeit (etwa zwei Minuten) stellt sich die Gummihand-Illusion ein: Der Proband erlebt die
künstliche Hand als seine eigene und fühlt die rhythmisch wiederholten Berührungen in dieser Gummihand. Zudem erlebt er einen
vollständigen »virtuellen Arm«, also eine durchgehende Verbindung
von der Schulter bis zur Handattrappe.

Natürlich ist die künstliche Hand nicht Teil des Körpers, aber
das Gehirn versucht offenbar, die verfügbaren Sinnesinformationen
zu einem stimmigen Bild zusammenzufügen. Dabei dominiert die
visuelle räumliche Information über das Tastempfinden: Man fühlt,

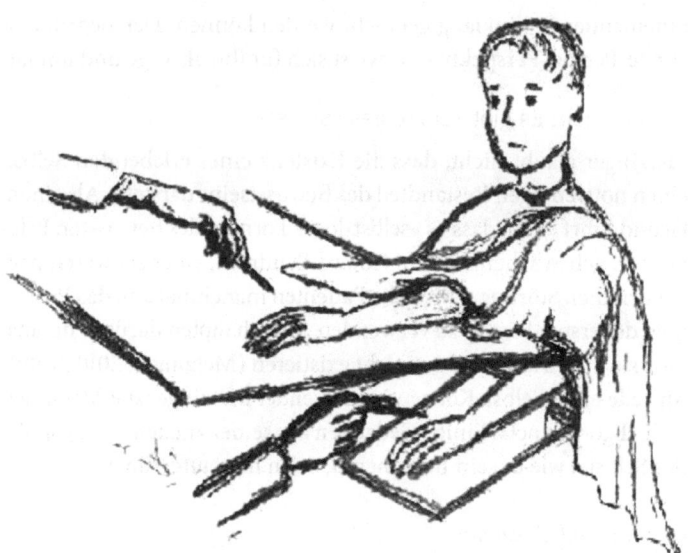

Abbildung 6: Gummihand-Illusion (http://homepage.hispeed.ch/philipp.
wehrli/Bewusstsein/Experimente_zum_Bewusstsein/BewusstseinPhantom
Arm.jpg)

was man sieht. Die abweichende Rückmeldung, wo sich der Arm tatsächlich befindet, wird von der Versuchsperson vernachlässigt – ebenso wie das Wissen, dass man eine Gummihand vor sich hat. Die Überzeugung ist so fest, dass eine Versuchsperson sogar Angst empfindet, wenn die Versuchsleitung droht, die Gummihand mit einer Nadel zu stechen. Das Erlebnis bei der Gummihand-Illusion bezeichnet für Metzinger den Inhalt des phänomenalen Selbstmodells – das bewusste Modell des Organismus als Ganzem, welches vom Gehirn aktiviert wird (Metzinger, 2010, S. 18). Unterdessen wurden viele Varianten des ursprünglichen Experiments durchgeführt (vgl. Amrhein, 2011). Forscher um Ehrsson vom Karolinska-Institut in Stockholm ließen die echte Hand im Blickfeld des Probanden, direkt neben der Gummihand, nur der Arm blieb verdeckt. Bei dieser Anordnung meinten die Probanden, eine dritte Hand zu haben. Andere Versuche wiederum zeigten, dass statt einer Gummihand auch eine virtuelle, passend ins Gesichtsfeld projizierte Hand als Körperteil akzeptiert wird.

Außerkörperliche Erfahrung

Noch einen Schritt weiter führen die Experimente, welche eine »Ganzkörper-Analogie« zur Gummihand-Illusion aufweisen. Die Gruppen von Blanke in Lausanne und Ehrsson in Stockholm konnten bei Probanden den Eindruck hervorrufen, sich außerhalb des eigenen oder gar in einem fremden Körper zu befinden. Bei einem Teil der Versuche tragen die Probanden eine 3-D-Videobrille. Darin kann sich der Proband von hinten betrachten – er sieht somit ein virtuelles Bild seiner selbst zwei Meter vor sich stehen (siehe Abbildung 7).

Abbildung 7 (http://dasgehirn.info/wahrnehmen/fuehlen-koerper/wenn-die-grenzen-des-koerpers-verschwinden)

Wenn die Versuchsleitung den Probanden dann am Rücken berührt und er gleichzeitig diese Berührung an dem virtuellen Körper vor sich sieht, so passiert eine Art außerkörperliche Erfahrung (OBE, Out-of-Body-Experience). OBE sind Zustände, bei denen man der Illusion erliegt, den eigenen Körper zu verlassen und sich außerhalb dessen zu bewegen. In einem anderen Experiment stehen sich Proband und Versuchsleiter gegenüber und reichen sich die Hand. Der Proband sieht in seinem Head-Mounted Display (am Kopf befestigtes visuelles Ausgabegerät) alles aus der Perspektive des Versuchsleiters, der eine 3-D-Kamera auf seinem Kopf befestigt hat. Wieder erscheint der fremde als der eigene Arm, der Proband steht sich somit selbst gegenüber und hat die Illusion, sich selbst die Hand gereicht zu haben. Wenn bei diesen Experimenten Berührungen stattfinden, so ist es wichtig, dass sie synchron mit den optischen Reizen erfolgen, andernfalls findet die Illusion nicht statt. Interessant ist zudem, dass sich die Grenzen der Geschlechter problemlos als überwindbar erwiesen. Die getesteten männlichen Probanden ließen sich in Frauenkörper wie auch in Schaufensterpuppen hineinversetzen. In einen Gegenstand (Tisch oder Kiste) hingegen ließen sich Probanden nicht hineintransferieren. Ebenso scheiterte die Gummihand-Illusion, wenn die Attrappe die andere Hand oder ein Fuß war.

Für die Formen unseres bewussten Erlebens verwendet Metzinger die Metapher des *Ego-Tunnels*. Mit diesem Begriff trägt er der Tatsache Rechnung, dass unser bewusstes Erleben ein inneres Konstrukt ist, welches eine höchst selektive Form der Informationsverarbeitung darstellt. Die Wahrnehmung bezeichnet er als »Tunnel durch die Wirklichkeit« (Metzinger, 2010, S. 21). Das Gehirn erzeugt eine Simulation der Welt und dann generiert es ein Bild von uns selbst als Ganzheit: »Dieses Bild umfasst nicht nur unseren Körper und unsere mentalen Zustände, sondern auch unsere Beziehung zur Vergangenheit und zur Zukunft sowie zu anderen bewussten Wesen. Dieses innere Bild der Person als Ganzer ist das phänomenale Ego, das ›Ich‹ oder ›Selbst‹, so wie es im bewussten Erleben erscheint« (S. 22). Dass es in gewöhnlichen Bewusstseinszuständen jemanden gibt, der ein Erlebnis hat, hängt laut Metzinger erstens damit zusammen, dass die von unserem Gehirn erzeugte Weltsimulation das Erleben eines eigenen Standpunktes einschließt. Und zweitens können wir unser Selbstmodell nicht als Modell erleben, weil es »transparent« sei: Wir sind uns des Mediums, durch das uns Informationen erreichen, nicht bewusst: »Wir sehen nicht das Fenster, sondern nur den Vogel, der vorbeifliegt. Wir sehen nicht die Neuronen, die in unserem Gehirn vor sich hin feuern, sondern nur das, was sie für uns repräsentieren« (S. 22). Somit gibt es für Metzinger kein reales »Selbst« an sich; es gibt nur das Erleben, ein Selbst zu sein, das dadurch verursacht wird, dass das phänomenale Selbstmodell in unserem Gehirn fast vollständig transparent ist. Den Ego-Tunnel bezeichnet er als ein Bewusstseins-Tunnel, der die zusätzliche Eigenschaft entwickelt hat, eine stabile Ich-Perspektive zu erzeugen, eine subjektive Sicht auf die Welt. Für Metzinger sind das phänomenale

Erleben aus der Erste-Person-Perspektive und das Erscheinen eines bewussten Selbst komplexe Formen von virtueller Realität, also einer *möglichen* Realität (S. 158).

Phantomgliedbewegung
Als weitere Veranschaulichung führt Metzinger die Experimente von Ramachandran und seinen Kollegen an der Universität von San Diego auf. Diese konstruierten einen Pappkarton ohne Abdeckung, in den sie vertikal einen Spiegel einsetzten. Auf der Vorderseite des Kartons ermöglichten es zwei Löcher, dass der Proband sowohl seinen echten Arm als auch seinen Phantomarm hineinschieben konnte. Ein Patient, der seit Jahren unter einem paralysierten Phantomglied litt, sollte nach dem Hineinschieben der Arme das Bild seiner normalen Hand im Spiegel betrachten. Damit sollte visuell die Illusion erzeugt werden, dass er zwei Hände sieht, obwohl er nur das im Spiegel reflektierte Bild seiner unversehrten Hand sehen konnte. Der Versuchsleiter bat den Probanden nun, sich vorzustellen, dass seine linke Hand (das Phantom) sich auf der linken Seite befinde. Dann sollte die Versuchsperson gleichzeitig ihren rechten und linken Arm bewegen. Obwohl der Proband eingangs bemerkte, dass er sein Phantom nie bewegen konnte, forderte ihn der Versuchsleiter auf, die Bewegung zu versuchen. Der Proband drehte seine Schulter in die Stellung, dass er sein lebloses Phantomglied in die Kiste »hineinschieben« konnte. Als er dann versuchte, synchrone Bewegungen zu machen, und in den Spiegel schaute, stellte sich bei ihm das Gefühl ein, dass sein linker Arm »wieder angeschlossen« sei und er ihn wieder bewegen könne. Die Freude darüber war jedoch kurz. Der Versuchsleiter bat ihn, die Augen zu schließen, und schon war das Gefühl der Angeschlossenheit weg. Es stellte sich aber erneut ein, als der Proband die Augen wieder öffnete (siehe Abbildung 8).

Metzinger bemerkt zu diesem Experiment, dass die ausgeführte Phantombewegung Inhalt des bewussten Selbstmodells sei. Auch wenn der Proband weiß, dass er keine linke Hand hat, erlebt er subjektiv, dass sich sein Phantomglied bewegt. Anders als bei der Gummihand-Illusion gibt es hier eine zusätzliche Qualität, nämlich das phänomenale Erleben einer willentlichen Handlungskontrolle (Agentivität). Metzinger führt an, dass solche Phantomgliedbewegungen

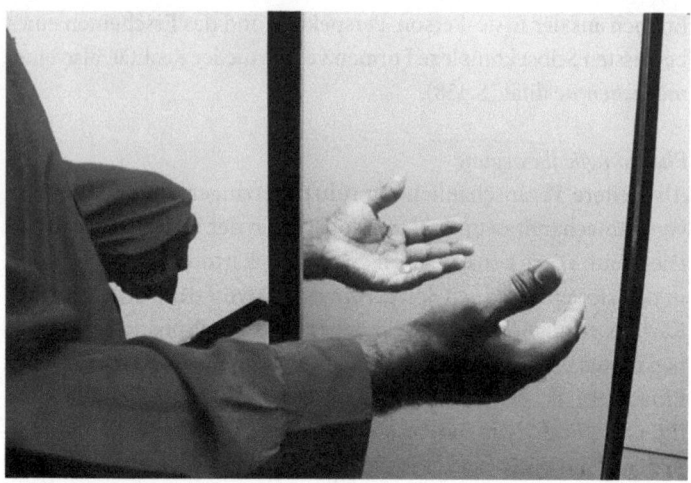

Abbildung 8 (aus: Ramachandran et al. 1995)

auch Personen möglich seien, denen bereits von Geburt an die entsprechende Gliedmaße fehlte. Der sich bewegende Arm im oben beschriebenen Experiment kann als ein »Als-ob-Arm« bezeichnet werden und er ist eindeutig nur eine Simulation. Damit ist für Metzinger klar, dass unser Selbstmodell ein virtuelles Modell sei (S. 165).

Luzides Träumen
Auch im Zustand des luziden Träumens weiß der Träumende, dass er träumt, und besitzt eine Handlungskontrolle. Deshalb stellen die sogenannten Klarträume für Metzinger auch ein interessantes Phänomen dar, um mehr über unser virtuelles Selbst zu erfahren. Der luzide Träumer weiß, dass er Willens- und Handlungsfreiheit besitzt. Er kann seine Aufmerksamkeit auf alles richten, was ihn interessiert, und tun, was er will, wie etwa fliegen, sich mit Traumfiguren unterhalten usw. Bei einem Übergang vom Traum in einen luziden Traum wandelt sich der Träumer von einem passiven Beobachter in einen Handelnden, der sich in der Traumwelt bewegt. Die Ausführungen zur Vorstellung des Selbst als virtuelles Modell bringen Metzinger dazu, von einer »Bewusstseinsrevolution« zu sprechen. In Anlehnung an Max Weber, der den Ausdruck »Entzauberung der Welt« geprägt hat, spricht er von »Entzauberung des Selbst« (Metzinger,

2010, S. 298). Bei der naturalistischen Wende, welche unser Bild von uns selbst dramatischer verändere als jede andere naturwissenschaftliche Revolution zuvor, gebe es wohl keinen Weg zurück. In der Folge plädiert Metzinger für eine neue angewandte Ethik, die er unter dem Begriff der »Bewusstseinsethik« näher ausführt (S. 306 f.). Auch die Quintessenz von LeDoux geht in eine ähnliche Richtung, wenn er am Schluss seines Buches (2006, S. 424) schreibt: »Wer sind Sie? Sie sind Ihre Synapsen. Aus ihnen besteht Ihr Selbst.« Er umschreibt das Selbst als die Gesamtheit dessen, was einen Organismus auf der physikalischen, biologischen, psychischen, sozialen und kulturellen Ebene ausmacht. Das Selbst sei eine Einheit, aber nicht einheitlich. So können Aspekte des Selbst im Widerspruch zueinander stehen, weil dessen verschiedene Komponenten die Tätigkeit unterschiedlicher Hirnsysteme widerspiegeln, die im Einklang miteinander sein können oder auch nicht (S. 49).

Gegenthese: Es gibt ein »Selbst«

Von Rager, Quitterer und Runggaldier (2002) wird zur naturalistischen Vorstellung eines virtuellen Selbst die Gegenposition vertreten. Im Naturalismus gilt die Auffassung, dass der Mensch ein Teil der Natur ist und Natur in technischen Begriffen verstanden werden kann. Damit einher geht eine tiefe Skepsis gegenüber allen immateriellen Prozessen, die empirisch nicht zu fassen sind. Neben Rager äußert sich Quitterer zum Spannungsfeld von Alltagssituation und Wissenschaft, in welchem sich unser Selbst befindet. Quitterer geht zwar mit der naturalistischen Auffassung einig, dass die *Introspektion* nicht eine verlässliche Wissensgrundlage für ein Selbst bzw. eine Selbsterkenntnis sei. Kritisch findet er aber die Implikation der naturalistischen Auffassung, wonach sich aus dieser fehlerhaften Introspektion ableiten lasse, dass es kein personales Selbst geben könne. Der Verweis auf Kants Sichtweise der Introspektion stimme zwar, dass die innere Anschauung gegenüber der äußeren Wahrnehmung keinen privilegierten Status beanspruchen könne. Mit dieser kritischen Bewertung der Introspektion verbinde aber Kant keine Ablehnung eines einheitlichen Selbst, im Gegenteil: »Die Notwendigkeit der Annahme eines einheitlichen Selbst ergibt sich für Kant aus der aktiven Bezugnahme des Subjekts zu seinen eigenen Bewusstseinszuständen in der ursprünglichen Synthesis der Apperzeption« (Quitterer, 2002, S. 134).

Quitterers Fazit stützt sich mit interessanten Quellenangaben auf Kant und lautet: »Auch wenn man davon ausgeht, dass der ›innere Sinn‹ keine wirklichen Erkenntnisse über uns selbst zutage fördert, so wird dadurch die Annahme eines personalen Selbst in keiner Weise in Frage gestellt. Die Annahme eines personalen Selbst bildet vielmehr die Voraussetzung für unsere Redeweise von Selbsttäuschung oder von Selbstmissverständnis. Sogar wenn wir uns introspektiv permanent über uns selbst täuschen sollten, so gibt es doch jemanden – ein Selbst –, das getäuscht wird oder einem Missverständnis unterliegt. Dieses Selbst kann sich dann auch entscheiden, die Erkenntnisse von Neurobiologie und Psychologie heranzuziehen, um die introspektiven Irrtümer zu korrigieren. Voraussetzung für die Fähigkeit zur Introspektion ist also eine präreflexive Selbstvertrautheit. Es muss ein Subjekt, ein Selbst geben, das seine eigenen Zustände introspiziert bzw. in dem Versuch, sich selbst zu repräsentieren, einem Irrtum oder einem Missverständnis unterliegen kann« (S. 137 f.). Einen kritischen Blick auf die Neurowissenschaft wirft auch Flasspöhler (2012); die Autorin kommt zum Schluss, dass wir mehr als unser Gehirn seien und es gefährlich sei, Verhaltensweisen nur durch Gehirnzustände erklären zu wollen.

Identität als Prozess in und zwischen den Menschen

Wer sich also schlüssige Antworten zu unserem Selbst erhofft, wird durch den hier vorgestellten, sehr gekürzten Auszug aus Expertenausführungen zu Identität und neuronalen Prozessen fast in eine Identitätskrise gestürzt. Aber kein Wunder: Diese Debatten spiegeln meiner Meinung nach deutlich die Fragilität des Identitätskonzeptes wider. Identitätssuche und -findung können somit in Anlehnung an Stierlin als eine Gratwanderung bezeichnet werden (1994, S. 94). Auf der einen Seite des Grates ist die Übertreibung der Selbstbestätigung. Sie führt im Extremfall in ein Wahnsystem, in dem wir uns in einem geschlossenen Wahrnehmungssystem bewegen und uns gegen jede Störung abschotten. Der Mann, der händeklatschend durch eine Großstadt wandelt und von einem Passanten angesprochen wird, warum er das fortwährend mache, ist ein Witzbild eines solchen fixen »Selbstbestätigers«. Seine Antwort lautet nämlich: »Ich mache das, um die wilden Elefanten zu vertreiben.« Auf die Replik des Passanten, hier gebe es ja gar keine wilden Elefanten, erwidert der Mann überzeugend: »Eben darum« (Stierlin, 1994, S. 93). Auf der anderen Seite des Grates »droht sich unser Selbstempfinden gleichsam an den Nähten aufzulösen« (S. 94). Dies kann Folgen haben wie multiple Persönlichkeit, schizophrene Fragmentierung oder gespaltenes Selbst.

Mit der Gratwanderung ist auch der Widerspruch zwischen Selbstbeständigkeit und permanenter Veränderung angesprochen. Der Psychiater Emrich erwähnt in diesem Zusammenhang das Paradox des Versprechens (2007, S. 75, 102 ff.). Er nimmt dabei Bezug auf den Soziologen Gondek (1990), der »Identität und Versprechen« der Vorstellung postmoderner Hyperflexibilität und den Ideen fiktionaler Wirklichkeiten Widerstand entgegenbringt: Um ein Versprechen geben und einhalten zu können, muss ich mich als gleichbleibend und voraussagbar definieren und darstellen. Jemand, der sich ständig verändert, oder noch pointierter, der sich nicht kennen kann, kann auch nichts versprechen. Heißt versprechen, dass jemand vorgibt, der zu bleiben, der zu sein er bereits jetzt vorgibt? Im Gegensatz zu Gondek, der von Selbigkeitsverlust oder Fiktion von Selbigkeit spricht, sieht Emrich den Ausweg aus dem Dilemma in der Vorstellung eines »Tiefen-Selbst«: Um ein Versprechen sinnvoll geben zu können, muss das Subjekt gewissermaßen seine Tiefenstruktur prozesshaft als Partner begleiten, mit ihr in Kontakt bleibend, eine Tiefen-Selbstbezüglichkeit bewahrend. Sicherung von Identität über die Zeit hinweg könnte man dann so beschreiben: »Identität habe ich, indem ich mein Tiefen-Selbst begleite und etwas zum Partner mache, das ich nicht kennen kann« (Emrich, 2007, S. 108). Für Emrich liegt die Identität des Menschen nicht allein im Gehirn, sondern im Zusammenspiel des Zentralnervensystems mit der Psychomotorik und Psychosensorik der ganzen Lebendigkeit des Körpers in seinem sozialen Kontext. Deshalb beschreibt er *Identität als Prozess* in und zwischen den Menschen. Damit nimmt er Bezug auf Bubers Interpersonaltheorie des »Zwischen«, wonach sich das geistige Sein des Interpersonalen weder auf den einen noch auf den anderen Partner spezifizieren lässt, sondern nur auf das »Dazwischen«. Und was das »wirklich« für ein System sei, dazu haben wir nach Emrich noch keine geeignete Metapher gefunden (2007, S. 208 f.). Rodney Smith, der sich intensiv mit der buddhistischen Lehre auseinandersetzt, führt für die Frage nach dem Selbst die Metapher des Lichts an, welches sowohl Teilchen als auch Wellencharakter einnehmen kann. Die Auflösung des Paradoxes sieht er darin, dass wir den Wellen- und Teilchencharakter unseres Selbst zusammenführen: »Das Universum des ›Ich‹ ist jedoch nur die Hälfte des Paradoxes; Ichlosigkeit ist die andere Hälfte« (2011, S. 259).

In eine ganz ähnliche Richtung gehen die Beschreibungen von McAdams (1997), der einen Begriff für die Identität als Prozess kreiert hat. Er nennt diesen Prozess »Selfing«. Durch den Vorgang des Selfing entsteht in uns so etwas wie ein Ich-Erleben. Ob es nun ein reales Selbst gibt, wo es »wohnt« oder unterwegs ist, ist und bleibt eine offene Frage mit Thesen und Gegenthesen (vgl. dazu auch Runggaldier, 2002). Eine gewagte Ansicht, die Ray Kurzweil (2010) vertritt, sei hier noch erwähnt: Der Erfinder, Futurologe und Cheftechnologe bei Google steht wohl eher für eine naturalistische Auffassung und prophezeit, dass wir zunehmend mit virtuellen Körpern verschmelzen werden und somit Aussicht auf ewiges Leben haben: »In etwa 50 Jahren werden wir einen großen Teil unserer Zeit in virtuellen Umgebungen verbringen, in denen wir virtuelle Körper haben und über unser eigenes Nervensystem vollständig in virtuelle 3-D-Realitäten eintauchen werden. Außerdem können wir in verschiedenen Umgebungen verschieden aussehen. Diese Geräte erweitern unseren Wissenshorizont und werden Teil unserer Identität. Und wir werden uns ändern. Es liegt in der Natur des Menschen, sich selbst zu ändern. Wenn Sie mich nun fragen: Sind wir weiterhin menschlich, wenn wir damit beginnen, Computer in unsere Körper und Gehirne einzusetzen und unsere Organe zu verändern? Dann antworte ich Ihnen: Ich denke, ja. Es ist genau das, was menschliche Wesen ausmacht: die beständige Veränderung dessen, wer wir sind« (Kurzweil, 2010, S. 82). Kurzweil ist berühmt geworden für seine Vorhersage der »Singularität« – jenes Punktes, an dem menschliche Vernunft und künstliche Intelligenz eins werden und die Weiterentwicklung des Menschen schwieriger vorhersehbar wird. Geht es allerdings um die

Analyse von komplexen Zusammenhängen und um kreative Prozesse, dann ist die künstliche Intelligenz derjenigen des Menschen noch weit unterlegen. Wenn man dies in Betracht zieht, scheint der Zeitpunkt der Singularität noch in weiter Ferne zu liegen (Scheuring, 2017). Es sind vor allem die neuen Internet-Milliardäre, welche in die Forschungen rund um die Singularity University in die Forschung zur Überwindung des Alters investieren. Google hat im Herbst 2014 eine Firma namens »Calico« – California Life Company – gegründet, in der die Vorgänge rund um das Altern und die damit verbundenen Krankheiten erforscht werden (Wilhelm, 2016). Doch die Ideen des Transhumanismus bleiben nicht unumstritten: Nicht nur in Europa gehe dieses »Gespenst« um, warnt eine Gruppe von europäischen Wissenschaftlern (Spiekermann et al., 2017). »Diese transhumanistisch inspirierte Zukunft wird zum ultimativen Luxus und markiert einen Unterschied zwischen der alten und der neuen Welt« (Delaye, 2016). »Der Tod des Todes ist der Tod des Lebens«, so lautet aus der »alten« Welt die Warnung des Pariser Essayisten Bruckner (2017) und Harari verwendet in seinem Buch »Homo Deus« (2017a) den Begriff der »Datenreligion«. Die lateinische Silbe *trans* steht für »über, hinaus, jenseits«. Beim Transhumanismus geht es darum, die körperlichen und geistigen Grenzen des Menschseins zu überwinden. Passend zu Kurzweils Vorstellung einer permanenten Veränderung und zum Bild von Identität als Prozess sei abschließend ein Begriff von Gergen angeführt, der die Identität als *multiphrenen Zustand* beschreibt, in dem man in sich ständig verlagernden, verketteten und widerstreitenden Seinsströmungen schwimmt (Gergen, 1996, S. 140). Statt von einer Kernidentität spricht Gergen von »gemischter Persönlichkeit« und »sozialem Chamäleon«. Er verwendet damit eine Metapher, die zur Thematik dieses Buches passt: »Die gemischte Persönlichkeit ist ein soziales Chamäleon, das sich fortwährend Teile von Identitäten jeglicher verfügbareren Quellen ausleiht und sie nach Nutzen oder Wunsch für die jeweilige Situation konstruiert« (S. 247).

3.3.4 Identität und Geschlecht

Kaum erstaunlich: Selbst in der Geschlechterforschung gibt es immer weniger »Eindeutigkeiten«. Die dichotome Gegenüberstellung von »männlich« und »weiblich« gilt heute nicht mehr als biologischer

Tatbestand, sondern als kulturabhängige Ansichtssache. So gibt es Gesellschaften, die mehr als zwei Geschlechter anerkennen, etwa Australien, Indien oder Pakistan. Während im englischen Sprachgebrauch die durch den Arzt Cauldwell eingeführte Unterscheidung in *sex* (biologisches Geschlecht) und *gender* (Zugehörigkeitsgefühl zum biologischen Geschlecht) für etwas Klarheit sorgt, gibt es in der deutschen Sprache bis heute keine einheitliche Begrifflichkeit. So werden Geschlechtsidentität, sexuelle Identität oder sexuelle Orientierung je nach Wissenschaftszweig mit anderen Bedeutungen versehen.

Das biologische Geschlecht

Das biologische Geschlecht entsteht durch das Zusammenspiel von Millionen menschlicher Zellen in einem sehr komplex verlaufenden Prozess. Im häufigsten Fall resultiert daraus ein Kind mit einem eindeutig zu bestimmenden biologischen Geschlecht als weiblich oder männlich. Doch dieser Prozess kann auch von der Normalität abweichen. Dann wird das Kind als eine von vielen Varianten zwischen den Geschlechtern geboren. Dieses Dazwischensein wird als *Intersexualität* bezeichnet. Dabei gibt es verschiedene Formen (Dietschi, 2015), wobei die Zuordnung zum Geschlecht bei der Geburt aufgrund der äußeren Geschlechtsmerkmale erfolgt und als »Hebammengeschlecht« bezeichnet wird. Als Jungen deklarierte Kinder haben einen Penis, weisen aber einen weiblichen Chromosomensatz (XX) und ebensolche inneren Fortpflanzungsorgane auf. Bei äußerlich als weiblich identifizierten Kindern können ein männlicher Chromosomensatz (XY) und Hoden vorhanden sein. Die Zahlen zum Auftreten von Intersexualität hängen von den Definitionen ab und reichen von 1:200 bis zu 1:5000. Foucault (2000), der einen Fall von Hermaphrodismus in Frankreich im 19. Jahrhundert untersuchte, kommt zum Schluss, dass mit dem Zugestehen eines dritten Geschlechts die gesellschaftliche Ordnung infrage gestellt werden könne. Denn der Hermaphrodit ist die Verkörperung des Sowohl-als-auch und hat damit eine Macht, die althergebrachte »Wahrheit« einer binären Logik zu untergraben. Der Zwitter wirft Fragen auf wie: »Lässt sich eine Duo-Sexualität, ja eine Plurisexualität denken und leben, die die Monosexualität ablöst und darauf abzielt, nicht auf eine der Seiten, männlich oder weiblich, zu gelangen? Wie kann man anders sein, ohne der oder die andere zu werden?« (Zirfas u. Jörissen, 2007, S. 87).

Das soziale Geschlecht

Auch für Bourdieu ist die Klassifikationspraxis in einen polaren Gegensatz von männlich und weiblich Ausdruck eines sozialen Systems. Er spricht von »symbolischer Gewalt« und meint die gesellschaftlichen Herrschaftsverhältnisse einer männlich dominierten Gesellschaft (Bourdieu, 1997). Durch das Ausschließen alles Mehrdeutigen ergibt sich eine inkorporierte, tief in den Körper eingeschriebene »zweite Natur« des Menschen. Gemeint ist das soziale Geschlecht: die Sozialisation zum Mädchen oder Jungen mit all den dazugehörenden typischen Rollenerwartungen. Das soziale Geschlecht bewirkt Formung und Gestaltung des Körpers, die Körpersprache wie Verhalten, Gestik, Haltung und wird vom Kind ab etwa im Alter von zweieinhalb Jahren erkannt (Gubler, 2011, S. 6). Das Gefühl der Geschlechtszugehörigkeit entwickelt sich ab diesem Alter und kann verschiedene Ausprägungen aufweisen. Meistens baut sich das subjektive Gefühl der Geschlechtszugehörigkeit bis zum Alter von vier bis fünf Jahren auf. In Übereinstimmung mit dem biologischen Geschlecht (Wahrnehmung der eigenen Genitalien) und dem sozialen Geschlecht (Feedbacks in der Umwelt) ergibt sich ein Gefühl der Stimmigkeit. Aber dieses Gefühl der Geschlechtszugehörigkeit kann sich im Laufe des Lebens ändern. Einige merken schon als Kind, dass es keine Übereinstimmung zwischen dem subjektiven Gefühl der Geschlechtszugehörigkeit und dem biologischen und/oder sozialen Geschlecht gibt. Dauert diese Diskrepanz über längere Zeit an, so kann das Gefühl entstehen, geschlechtsneutral, keinem der Geschlechter oder gleichzeitig beiden Geschlechtern zugehörig zu sein. Wenn das Gefühl hinzukommt, im falschen Körper zu sein, dann möchte die Person die Merkmale des andern Geschlechts annehmen und auch von der Umwelt entsprechend wahrgenommen und anerkannt werden. Wenn jemand vollständig in die andere Geschlechterrolle wechselt, so spricht man von *Transsexualität* bzw. *Transidentität*.

Sexuelle Orientierung

Unabhängig vom biologischen Geschlecht und vom Gefühl der Geschlechtszugehörigkeit gibt es darüber hinaus die sexuelle Orientierung. Sie bezeichnet die Hauptzielrichtung der sexuellen Interessen einer Person im Hinblick auf die Auswahl der Partner. Neben der Unterscheidung nach Geschlechtsvorlieben (hetero-, homo- oder bisexuell) besteht die Kategorisierung bezüglich Alter, Anzahl der Partner oder bestimmter Praktiken. Auch die sexuelle Orientierung kann stabil bleiben oder sich im Laufe des Lebens (mehrmals) ändern. Weder Transidentität noch die sexuelle Orientierung sind genetisch bedingt und gelten nicht als »Identität«, sondern als »sexueller/emotionaler Anziehungscode« (Gubler, 2011, S. 6). Identität und Geschlecht entziehen sich somit einer einfachen Kategorisierung; Pluralität ist auch in dieser Thematik festzustellen. Rauchfleisch (2011, S. 8) postuliert sogar, es gebe »so viele Geschlechtsidentitäten wie Menschen, die ihre je eigene Identität ausbilden«. In seinen Worten lässt sich das bisher Gesagte gut zusammenfassen: Die Geschlechtsidentität besteht aus der Kerngeschlechtsidentität, der Geschlechterrolle und der Geschlechtspartnerorientierung. »Diese drei Bausteine wachsen im Verlauf der Entwicklung zusammen und bilden mit den erotischen und sexuellen Fantasien, den sozialen Präferenzen und der Selbstdefinition ein ganz individuelles Muster der Geschlechtsidentität« (S. 8).

Geschlechterdifferenzen

Die individuellen Unterschiede im Sexualverhalten sind somit viel größer als die Unterschiede zwischen den Geschlechtern. Die beiden Psychologinnen Petersen und Hyde (2010) stellten in einer Meta-Analyse von zahlreichen Forschungen zu Geschlechterdifferenzen im Sexualverhalten fest, dass viele Gender-Unterschiede in der Sexualität kleiner sind, als Forscher einst dachten. Wenn in Befragungen herauskommt, dass Männer etwas häufiger Sex haben als Frauen, dann verschwinden diese Unterschiede fast ganz, je größer die Stichproben sind. Die einzigen markanten Differenzen im Sexualverhalten von Männern und Frauen zeigen sich bei Pornokonsum und Selbstbefriedigung; in beidem sind die Männer Spitzenreiter. In den letzten Jahren diente vielfach die Biologie als Erklärung für Unterschiede zwischen den Geschlechtern, nicht nur in Bezug auf das Sexualverhalten. Doch die populären Bücher wie »Männer sind vom Mars, Frauen von der Venus« oder »Weshalb Männer nicht zuhören und Frauen nicht einparken können« basierten auf schmalen Beweisen und zementierten nur bestehende Vorurteile. Nun melden sich wieder vermehrt Stimmen gegen den »Neurosexismus«. Fine (2010), selbst Neurowissenschafterin, analysiert jene Studien, auf die sich die populären Vertreter der »natürlichen« Geschlechterunterschiede stützen. Sie kommt zum Schluss, dass die Forscherinnen und Forscher häufig Resultate erzeugten, geleitet von dem, was sie sehen wollten: den Unterschied zwischen Mann und Frau. Entsprechend wurden Studienergebnisse in diese Richtung überinterpretiert und viele Versuchsanordnungen ungenau angelegt. Fine bestätigt durchaus auch, dass Männer- und Frauenhirne verschieden seien. Nur seien diese Unterschiede relativ klein und es sei noch weitgehend ungeklärt, was die Folgen der Unterschiede seien. Zum heutigen Zeitpunkt lassen sich noch kaum gesicherte Erkenntnisse ausfindig machen.

Auch Jordan-Young (2010) wendet sich gegen eine übertriebene Fixierung auf biologische Unterschiede zwischen Mann und Frau. Unser Körper und unser Gehirn werden stark durch die jeweilige Kultur geformt, in der wir aufwachsen. Die Übernahme von typischen Geschlechtsrollen passiere vielfach durch selbsterfüllende Prophezeiungen. Wenn beispielsweise in der Schule zu Beginn eines Mathematiktests angekreuzt werden muss, ob man männlich oder weiblich ist, schneiden die Mädchen deutlich schlechter ab als solche in der Kontrollgruppe, die nicht nach dem Geschlecht gefragt worden sind. Denn durch das Nachfragen werden die Mädchen möglicherweise an das Stereotyp erinnert, dass sie den Jungen in diesem Fach unterlegen seien. Die selbsterfüllenden Prophezeiungen werden aber auch seitens der Lehrpersonen genährt: Der Geschlechtsunterschied beim Textverständnis nimmt bei einer anonymen Bewertung um einen Drittel ab: Wenn die Lehrperson nicht weiß, ob ein Junge oder Mädchen den Test geschrieben hat, steigen die Noten der Jungen.

Die Unterschiede zwischen Mann und Frau sind in vielen, oft populären Büchern sehr vereinfacht oder übertrieben worden. Zu diesem Schluss kommt auch Pfaff (2011), Leiter des Instituts für

Neurobiologie an der Rockefeller University in New York. Er untersucht seit Jahren, inwiefern Hormone unser Gehirn beeinflussen, und kommt zum Ergebnis, dass bezüglich Empathie, Mathematik oder Sprachbegabung kaum Unterschiede auszumachen seien. Er schreibt dem sozialen Kontext auch den größeren Einfluss zu als den Hormonen, wenn es um Unterschiede zwischen den Geschlechtern geht. Interessanterweise nivellieren sich die genannten Differenzen, je größer die Stichproben in den Studien sind. Mit der Abnahme von Unterschieden in verschiedenen Lebensbereichen verschwindet möglicherweise auch ihr kulturell konstruierter Nimbus von »Natürlichkeit« und »Objektivität«, bemerken Eickelpasch und Rademacher (2004, S. 97). Es gehöre zu den fundamentalsten Paradoxa unseres Lebens, dass kulturelle Zuschreibungsprozesse gerade dort besonders nachhaltig wirken, wo sie sich mit dem Schleier der Natürlichkeit umgeben können.

Der androgyne Mensch und die multisexuelle Diversität

Wenn sich die Geschlechter angleichen, entsteht somit der *androgyne Mensch*, wie das die französische Philosophin Badinter (1987) bereits Mitte der 1980er Jahre festgestellt und postuliert hat. Nach viertausendjähriger Herrschaft sei das Patriarchat nun am Ende. Die Männer sind »weiblicher« und die Frauen »männlicher« geworden, beschreibt sie in »Ich bin Du«. Sie plädiert für die Anerkennung unserer androgynen Natur, welche durch ein Leitbild der Ähnlichkeit erleichtert wird. Das Individuum könne sich erst entfalten, wenn es seine Bisexualität anerkenne: »Die bisexuelle Menschheit betreibt die Angleichung der Geschlechter bis hin zur größtmöglichen Ähnlichkeit und lässt dabei alle persönlichen Differenzen hervortreten. Sie ist nicht mehr in zwei heterogene Gruppen aufgespalten, sondern setzt sich aus einer Vielzahl von Individuen zusammen, die einander ähneln und sich zugleich in allen erdenklichen Nuancen unterscheiden« (Badinter, 1987, S. 234). Doch zwanzig Jahre nach Badinters Plädoyer scheint unsere Gesellschaft vielleicht doch noch nicht so weit zu sein, die Polaritäten aufzugeben. So stellen Zirfas und Jörissen fest: »Der bisexuelle Hermaphrodit und der Transsexuelle bilden in der Moderne die Chiffren der Uneindeutigkeit und Ambivalenz, die die Moderne [...] nicht auszuhalten imstande scheint« (2007, S. 92).

Deshalb werde bei der Transidentität die »Korrektur« der Genitalien und die »Medikalisierung des Geschlechtswechsels« angestrebt, um die Eindeutigkeit wiederherzustellen. Eickelpasch und Rademacher sprechen dabei vom Doppelgesicht, das die Dezentrierung und Durchmischung ehemals eindeutig definierter Identitätsformationen mit sich bringe: »Einerseits tragen die neuen, ›unreinen‹ Mischidentitäten Spuren von kolonialer und patriarchalischer Gewalt, die sich in ihnen durchkreuzen; andererseits können die vielfältigen Uneindeutigkeiten, Verstörungen und Verschiebungen auch neue Erfahrungen und Blicke freisetzen und einen Möglichkeitsraum für kreative, selbstbestimmte Neuverortungen eröffnen« (2004, S. 103).

Ein Ausdruck einer solchen Neuverortung findet sich in der Musikwelt. Unter dem Titel »In der Seifenblasenwelt« schildert Grigoriadis (2010), wie aus einer adretten Schülerin der Popstar Lady Gaga gemacht wurde. Es gebe da zwar Anlehnungen an die bereits in Kapitel 3.2 genannte Madonna, doch die beiden seien letztlich grundverschieden. Madonna habe kaum mehr Selbstironie, während Gaga nur »Spaß und Spiel« sei (S. 26). In diesen Spielereien wirbt sie für alle möglichen sexuellen Konstellationen dieser Welt: »Gaga sagt, sie sei ein Mädchen, das Jungen mag, die wie Mädchen aussehen, aber sie ist auch ein Mädchen, das selber gern wie ein Junge aussieht – oder vielmehr eine Dragqueen. Kaum etwas macht ihr mehr Freude als das hartnäckige Gerücht, sie sei ein Hermaphrodit, ein Gerücht, das aufgrund eines grobkörnigen Videos entstand. Das ist nicht Madonna. Madonna würde nie so tun, als hätte sie einen Penis. Aber genau dies ist das Genie der Gaga: Sie ist gern ein Mutant, eine Variante« (S. 26 f.). Es ist kein Zufall, dass Lady Gaga der Siegerin des Eurovision Song Contest von 2014 gratulierte: Der damals 25-jährige Travestiekünstler Tom Neuwirth gewann als Conchita Wurst mit dem Song »Rise like a Phoenix«. Ein mögliches Vorbild dazu ist die griechische Göttin Aphrodite, die in der zyprischen Überlieferung mit männlichem Körperbau, Bart, ab und zu auch mit Brüsten und Glied, aber weiblicher Bekleidung erscheint (Ganz-Blättler, 2014).

In diesen Zusammenhang passt eine andere Symbolfigur, allerdings eine historische: 600 Jahre nach der Geburt von Jeanne d'Arc, Frankreichs nationalem Symbol, wagt ein Historiker namens Ruggieri, die Hypothese zu verkünden, dass die Jungfrau von Orléans in Wirklichkeit ein Mann war. Zudem sei es überliefert, »dass Jeanne d'Arc nicht so keusch gewesen sei, wie bei der Heiligsprechung angenommen. Sie soll mit Frauen genächtigt haben« (Balmer, 2012). Ein weiterer Effekt des kreativen Umgangs mit den Neuverortungen zeigt sich in der Mode. Da vermischen sich die Stile immer mehr. Ein eindeutig heterosexueller, schwuler oder lesbischer Stil ist nicht mehr auszumachen. Teilweise sind die Klischees sogar in ihr Gegenteil gekehrt: So sind heute viele heterosexuelle Männer »Fashion Victims« und tragen genau den Look, der für Schwule früher typisch war (Dang, 2009). Und wohl nicht zufällig ist im Jahr 2011 das begehrteste Frauenmodel ein Mann: Andrej Pejic ist als Model für Damen- wie Herrenkollektionen extrem gefragt (siehe Abbildung 9). In den USA nennt man diese Art Models »femiman«, weil sie feminin und männlich zugleich sind. Dabei ist Pejic für viele junge Menschen zum Vorbild geworden, weil er ihnen anscheinend Mut macht, sie selbst zu sein (Reyer, 2011).

Und angesprochen auf seine Präferenzen bezüglich Männer oder Frauen antwortet er entsprechend offen: »Liebe kennt keine Grenzen« (Zeit Online, 8/2011). Also doch ein Hinweis, dass wir uns in Richtung Androgynität bewegen? Oder zumindest in Richtung einer »Kulturrevolution«, wie es Butler (1990) der Lesben- und Queer-Bewegung zuschrieb, mit dem Ziel, das System der Zwangsheterosexualität und Bipolarität durch subversive Strategien der »Geschlechterverwirrung« aufzubrechen? Ob »gender trouble« oder »anything goes« bzw. »Auflösung der Geschlechtergrenzen«, wie »Zeit Online« (8/2011) zu Pejic verkündet: Wir bewegen uns offensichtlich auch im Bereich der Geschlechteridentität hin zu einer uneindeutigen Vielfalt – ganz im Sinne des Plädoyers von Dang (2009) in seinem Artikel über die Modestile für eine »multisexuelle Biodiversität«. Es wird auf jeden Fall deutlich, dass, besonders wenn es um Mode, Flirt, Erotik und Sex geht, Geschlechtlichkeit auch etwas Inszeniertes bedeutet (Siefer u. Weber, 2006, S. 121). Im Jahr 2014 unterzog sich Pejic einer Operation zur Anpassung der Genitalien an das weibliche Geschlecht und nennt sich seither Andreja. Zur uneindeutigen Vielfalt passt auch die Tatsache, dass, wer sich bei Facebook registriert, seit 2014 in den USA aus 58 Geschlechtern wählen kann (Brand, 2014). Das passt zur Generation Y, die unter anderem auch bereits als »Genderfluid-Generation« bezeichnet wird (Schmid, 2016).

Abbildung 9: Andrej Pejic auf dem Titelblatt des Magazins PF – Playing Fashion, Oktober 2011

3.3.5 Die Säule »Leiblichkeit« bei Zelig

Diese Identitätssäule wird bei Zelig insofern sehr präsent, als die Anpassungsprozesse von Zelig an seine Umwelt sichtbar auch in der körperlichen Erscheinung erfolgen. Damit stellt er in übertriebener Weise das von Hüther genannte Phänomen der »Entfremdung« vom eigenen Körper dar. Und die unter Abschnitt 3.3.2 – *Embodiment* – aufgeführte Erklärung dafür sei nochmals zitiert, weil sie voll auf die Thematik von Zelig zutrifft: »Das Bedürfnis nach Zugehörigkeit ist der Schlüssel für das Verständnis dieses sonderbaren Anpassungsprozesses« (Hüther, 2006, S. 88). Wie schon bei der Säule zum »sozialen Netz« erwähnt, begründet Zelig seine körperliche Verwandlung mit dem Satz: »Es ist sicher und ich will, dass man mich mag.« Zelig ist somit Meister des *Modell-/Resonanz-* oder *Imitationslernens*. Ihm gelingt es mittels seiner *Spiegelneuronen* optimal, bei anderen Menschen wahrgenommene Signale so abzuspeichern, dass er sie selbst reproduzieren kann – zu dem Preis einer völligen *Entfremdung von seinem Körper*. Zu dieser Konformitätsproblematik passt erneut das Zitat von Hüther: »Wenn das ›Ich‹ die Verbindung mit seinem Körper wieder zurückgewinnt, spürt der betreffende Mensch nicht nur im übertragenen Sinn, sondern auf eine reale, verkörperte Weise, dass er ein *Rückgrat* hat, dass er sich aufrichten und sich aufrecht im Leben bewegen kann« (Hüther, 2006, S. 97, Hervorhebung durch E. L.). Treffender lässt sich die Konformitätsthematik wohl kaum mit dem Embodiment-Konzept in Verbindung setzen.

Mit seiner Anpassung an die Umgebung bis hin zu den Bewegungen verweist Zelig auch auf den Effekt des *Primings*. Ob man allerdings seine völlige Anpassung an die Umgebung und damit punktuelle Aufgabe eines Selbst in Richtung eines *Cotard-Syndroms* (Wahn, tot oder nichtexistent zu sein) interpretieren möchte, sei dahingestellt. Ebenso offen bleibt die Frage, ob die Versetzungen in völlig fremde körperliche Erscheinungen von Zelig als *außerkörperliche Erfahrungen* erlebt werden. Interessant ist die Tatsache, dass sich bei den von Metzinger aufgeführten Versuchen die männlichen Probanden problemlos in Frauenkörper oder sogar Schaufensterpuppen hineintransferieren ließen. Zelig hingegen transferiert sich ausschließlich in männliche Körper. Das von Emrich erwähnte *Para-*

dox des Versprechens wird bei Zelig – wie schon unter der vorhergehenden Säule angeführt – ebenfalls virulent: Seine in den anderen Identitäten gemachten Versprechen werden ihm ja zum Verhängnis, sodass es wieder zu einem Rückfall kommt. »Zelig« nimmt aber auch Emrichs Verständnis einer »Identität als Prozess« bzw. die damit zusammenhängende Interpersonaltheorie des »Zwischen« auf. Seine vielen Identitäten zeigen sich ja gerade im Interpersonalen. Vielleicht stellt er somit die Metapher dar, die wir laut Emrich noch nicht gefunden haben (Emrich, 2007, S. 208 f.).

Zum Thema *Identität und Geschlecht* seien zwei Aspekte hervorgehoben: Die von Petersen und Hyde (2010) aufgrund ihrer Meta-Analyse gefundene Differenz zwischen Männern und Frauen scheint Zelig zu bestätigen: das Interesse an Selbstbefriedigung. Er behauptet in der Identität als Arzt, dass er am Institut für Psychiatrie ein Masturbationsseminar leite. Dr. Fletcher gibt sich verständnisvoll: »Ich verstehe. Schuldgefühle in Verbindung mit Masturbation.« Darauf Zelig: »N-n-n-nein, nicht mit Schuldgefühlen, ich, ich, ich unterrichte den Fortgeschrittenen-Kursus. Wissen Sie, ich bin dort als Arzt ziemlich angesehen.« Dr. Fletcher will ihn hypnotisieren, aber er wehrt sich: »Nein! Ich, äh, ich bin … ich kann nicht, ich … ich muss zurück in die Stadt … ich … ich … ich … ich … ich hab da dieses Masturbationsseminar, und wenn, und wenn ich nicht rechtzeitig zurück bin, fangen die ohne mich an« (Allen, 1983, S. 77). Darauf legt Dr. Fletcher entmutigt den Füller wieder aus der Hand.

Der zweite Aspekt wurde schon erwähnt: Zelig verwandelt sich nie in weibliche Personen. So erfährt man von einem Rundfunksprecher über Zelig: »Wie die Ärzte heute mitteilten, wurden heute Morgen verschiedene Experimente durchgeführt, bei denen unterschiedliche Frauen in die unmittelbare Nähe des Subjekts platziert wurden. Aber nichts passierte. Was die Ärzte zu dem Schluss führte, dass das Phänomen im Zusammenhang mit Frauen nicht auftritt. Im Verlauf des heutigen Tages wollen die Ärzte noch weitere Versuche mit einem Zwerg und einem Huhn durchführen« (S. 30 f.). Angesichts dieses Phänomens fragt sich Celikkaya (2009, S. 43), ob die angebliche Minderwertigkeit der Grund sei, dass Zelig keine Frau sein könne. Oder ob es daran liege, dass Zelig dazu keine Notwendigkeit sehe. Eine weitere Interpretation wäre, dass Allen nur kritisierend auf die damalige soziale Stellung der Frau hinweisen möchte. Der Grund könnte auch in der Kindheit Zeligs liegen, da er von seinen Eltern verprügelt wurde und seine Stiefmutter hasste. Ein Hinweis könnte aber auch in Allens/Zeligs jüdischen Wurzeln liegen. Vielleicht macht Allen/Zelig eine ironische Anspielung auf das Morgengebet der Juden. Darin danken nämlich die Männer »Gott, [dem] König der Welt, der mich nicht als Heiden […] Sklaven […] Weib erschaffen«, während die Frauen anstelle des letzten Punktes sagen: »der mich nach seinem Willen erschaffen«. Auf der anderen Seite führen Leonard Zelig und Eudora Fletcher eine glückliche Ehe »bis an den Rest ihres Lebens« (Allen, 1983, S. 131), und dies in einer Rollenverteilung, die der Ehefrau sogar eher eine überlegene Rolle zuschreibt.

3.4 Ich habe, also bin ich

Diese Säule der Identität findet in der Fachliteratur wenig Beachtung. Zu dieser Feststellung kommt Habermas (1996) in der einzigen mir bekannten Monografie zu dieser Thematik im deutschen Sprachraum. Habermas setzt sich in seiner Habilitation eingehend mit dem Begründer der amerikanischen Psychologie, William James, auseinander. James hat das materielle Selbst als eine Komponente des »me« bezeichnet, welches sich aus dem Körper, den Kleidern, dem Haus und dem Besitz zusammensetzt. Es sei schwierig, zwischen dem, was man als sich selbst (me), und dem, was man als das Seinige (mine) bezeichnet, eine Trennungslinie zu ziehen, so die Begründung von James (1890/1950). Wir empfinden bezüglich des uns Gehörenden ähnliche Gefühle und handeln diesem gegenüber ähnlich wie gegenüber uns selbst. Habermas zählt fünf Identitätsfunktionen von Besitz auf (1996, S. 52 f.). Besitz

- dient der Person als Instrument, das sie beherrschen und über das sie verfügen kann und das deshalb als zur eigenen Person gehörend erlebt wird;
- vergrößert damit den Handlungsspielraum der Person;
- kann in Form von Produkten auf Tätigkeiten und Fähigkeiten einer Person verweisen;
- bildet der Person ein relativ konstantes Umfeld;

– ist insofern ein essenzieller Teil der Person, als er eine gewisse Kontinuität der Person mit sich selbst verstärken kann.

Habermas hebt insgesamt zwei Aspekte besonders hervor: Besitz beeinflusst das Gefühl, Autor der eigenen Handlungen und von Veränderungen in der Welt zu sein, und helfe der Person, sich von anderen abzugrenzen. Erikson greift in seinen Schriften zur Identität die dritte der oben erwähnten Funktionen auf: Er spricht von »Schaffen« und »Versorgen« in der Phase der *Generativität* (1977, S. 215), ohne aber die Bedeutung des Besitzes näher auszuführen. Verena Kast (2003) zählt bei den Räumen, in denen Identitäten erfahren werden, in etwa die in diesem Buch genannten Säulen der Identität auf. Das Materielle wird jedoch mit keinem Wort erwähnt. Dies könnte zur These verleiten, dass Besitz, Materielles, aus der Sicht der Psychologie verpönt, tabuisiert oder stigmatisiert ist. So weist etwa die Psychoanalyse in gewisser Weise auf eine Wesensverwandtschaft zwischen Fäkalien und materiellem Besitz hin (vgl. Fromm, 1976, S. 85). Psychische Themen, die in der analen Phase zentral werden, sind etwa das Verhältnis zu Besitz, zum Behalten und Hergeben, zur Ordnung und Macht.

Irritationen in dieser Phase führen nach Freud oder Erikson zu Störungen in den genannten Bereichen: Es kann sich Geiz oder Verschwendungssucht, chaotisches Gebaren, übertriebene Ordnungssucht oder zwanghaftes Verhalten herausbilden (Erikson, 1977, S. 77). Bei einem Geizhals sagt man dann etwa, er »hocke auf seinem Geld«, im Märchen »Tischlein deck dich« »scheißt« der Goldesel auf Befehl tatsächlich Gold, und wenn man jemanden materiell betrügt, so spricht man auch von »bescheißen«. Aber zumindest bei den Römern hieß es, Geld stinke nicht.

Eine andere These lässt sich im Zusammenhang mit der im Kapitel 3.2 erwähnten, von Max Weber beschriebenen »protestantischen Ethik« formulieren: Die »innerweltliche Askese« zeichnet sich dadurch aus, dass der fleißige und enthaltsame Mensch mit seinem Erfolg zwar beweist, dass er von Gott ausgewählt ist. Reichtum stellt er aber nicht zur Schau und redet auch kaum über Besitz und Geld. Erich Fromm, Mitglied der sogenannten Frankfurter Schule mit psychoanalytischem Hintergrund, formuliert den Zusammenhang in seinem erstmals 1947 erschienenen Buch »Die Furcht vor der Freiheit« wie folgt: Calvin und Luther betonten die Sündhaftigkeit des Lebens und forderten, dass der Mensch seinen Hochmut bis zum Äußersten demütigen müsse. Der Zweck des Lebens sei alleinig Gottes und nicht des Menschen Ruhm und Ehre.»So bereiteten Luther und Calvin den Menschen psychologisch auf die Rolle vor, die er in der modernen Gesellschaft zu übernehmen hatte: sich selbst als völlig unbedeutend zu empfinden und bereit zu sein, sein Leben ausschließlich Zwecken unterzuordnen, die nicht seine eigenen waren [...] damit war er genügend darauf vorbereitet, die Rolle des Dieners einer Wirtschaftsmaschine zu akzeptieren – und schließlich auch einen ›Führer‹« (Fromm, 1980, S. 93).

3.4.1 Haben-Modus und Konformität

Das Zitat verweist einerseits auf den *autoritären Charakter,* den Fromm und andere Mitglieder des Frankfurter Instituts für Sozialforschung ausführlich erforscht haben, andererseits auf die *Marketing-Orientierung* des modernen Menschen, welche Tilmann Habermas interessanterweise mit keinem Wort erwähnt. Damit umschreibt Fromm eine Charakterorientierung, wonach der Mensch nicht so handelt, wie er von sich aus motiviert sei, sondern so, wie er am besten auf dem Markt ankomme. Der Mensch verkaufe nicht nur Waren, er verkaufe auch sich selbst und fühle sich als Ware. Dies fördere einen Prozess der Selbstentfremdung und kulminiere in der Projektion aller lebendigen Selbstanteile auf die vom Menschen selbst geschaffenen Produkte. Somit büße der »Marktcharakter« sein Selbst ein und werde zur Ware auf dem Persönlichkeitsmarkt. Riesman (1968, S. 38) bezieht sich in der Beschreibung des außengeleiteten Menschen explizit auf Fromms Marktorientierung. In »Haben oder Sein« führt Fromm diesen Charaktertyp näher aus: »Das Subjekt bin nicht ich, sondern *ich bin, was ich habe.* Mein Eigentum konstituiert mich und meine Identität [...] Aber es besteht auch die umgekehrte Beziehung: *Es hat mich,* da mein Identitätsgefühl bzw. meine psychische Gesundheit davon abhängt, es (und so viele Dinge wie möglich) zu haben« (1976, S. 80). Die ganze moderne Gesellschaft ist laut Fromm nach dem *Haben-Modus* organisiert. Der Mensch verliert sein Selbst, sein primäres, authentisches Selbst-Gefühl, dies fördert den *Konformismus*: »Der Verlust des Selbst hat die Notwendigkeit, mit den anderen konform zu gehen, noch vergrößert, führt er doch zu einem tiefen Zweifeln an der eigenen Identität. Wenn ich nichts bin als das, was die anderen von mir erwarten, wer bin ›ich‹ dann?« (Fromm, 1980, S. 202). Ich bin, was ich habe, und was ich habe, hat mich, so das Fazit in »Haben oder Sein«: »Das oberste Ziel des Marktcharakters ist die vollständige Anpassung, um unter allen Bedingungen des Persönlichkeitsmarktes begehrenswert zu sein. Der Mensch dieses Typus *hat* nicht einmal ein Ego (wie die Menschen des 19. Jahrhunderts), an dem er festhalten könnte, das ihm gehört, das sich nicht wandelt. Denn er ändert sein Ich ständig nach dem Prinzip: ›Ich bin so, wie du mich haben möchtest‹« (Fromm, 1976, S. 145; Bierhoff, 1987).

In neuester Zeit führt Illouz in der Tradition der Neuen Frankfurter Schule die Gedanken über den Marktcharakter fort: Bereits in ihrer Dissertation von 2003 wie auch in »Warum Liebe weh tut« (Illouz, 2011) postuliert sie, dass postmoderne Heiratsmärkte ganz nach den Regeln der Konsumkultur funktionieren, mit einem sexualisierten Körper als Ware. Es bieten sich heutzutage zahlreiche Optionen auf dem Partnermarkt an. Neben dem genannten Vorteil der riesigen Auswahl hat das flexibilisierte Wahlprozedere aber aus der Liebe ein berechnendes Unterfangen gemacht. Unter den potenziellen Partnern findet eine Güterabwägung zwischen Sexyness, Status und Geld statt. Da die Beziehungen jederzeit austauschbar sind, führt dies zu einer allgemeinen Verunsicherung und zu einem Schutz vor Enttäuschung. Deshalb öffnen sich Liebende weniger emotional oder geben sich zurückhaltend. Anstelle großer Gefühle tritt dann eher mal Ironie. Diese Entwicklung komme klar den Männern entgegen. Da Männer im Gegensatz zu den Frauen zudem weniger die biologische Uhr im Hinterkopf ticken hören und somit einen größeren zeitlichen Spielraum hätten, tendiere ihre Bindungsbereitschaft gegen null. Illouz sieht in der Bindungsangst eine aus männlicher Sicht durchaus rationale Strategie, auf einem Markt mit Überangebot eine künstliche Knappheit zu erzielen. Während die beschriebene Güterabwägung die Männer nach Illouz bevorteilt, setzt sie die Frauen unter Druck. Denn wenn sie eines Tages eigene Kinder haben wollen, so müssen sie gegen den Zeitgeist der Optionsvielfalt doch eine Verbindlichkeit einfordern. Demgegenüber gibt es aber auch Erkenntnisse über die Vergänglichkeit der männlichen Zeugungskraft, sodass die biologische Uhr auch für Männer tickt (Imhasly, 2017). Die von Illouz beschriebene angeblich rationale Strategie, eine Knappheit zu erzeugen, könnte sich somit als Bumerang erweisen.

3.4.2 Spielen und Haben

Der Soziologe Kaufmann (2011) beschreibt einen ähnlichen Haben-Modus im Bereich des Partnermarktes und kommt ebenfalls zum Schluss, dass eine der wichtigsten Regeln laute, emotionale Distanz zu wahren. Im Zeitalter des Online-Datings führen viele Männer und Frauen Statistiken über ihre Jagderfolge. Das Gegenteil von Verbindlichkeit ist somit ein »zynisches Gaming« mit dem Ziel, möglichst viele Partner ins Bett zu bekommen. Zeigt sich damit im Bereich der Liebe und Partnerschaft eine Entwicklung, die Rifkin schon zu Beginn des neuen Jahrtausends beschrieben hat? Er stellt in »Access. Das Verschwinden des Eigentums« (2000) die These auf, dass weniger der Besitz als das *Spielen* für den postmodernen Menschen von Bedeutung sei. In Anlehnung an Lifton (1987) nennt er den neuen menschlichen Archetypus die *»proteische Persönlichkeit«*. Proteus war der Meergott in der griechischen Mythologie, der seine Gestalt spielerisch verändern konnte. Dafür musste er allerdings einen existenziellen Preis bezahlen: Er konnte sich selbst nie finden. Der proteische Lebensstil zeichnet sich durch ein fortschreitendes spielerisches Fließen des Wesens aus. Lancaster und Stillman (2003) sprechen von »Gaming Generation«. Nicht der Besitz ist nach Rifkin der Hauptmotor der proteischen Persönlichkeit, sondern die Suche »nach Spiel und Vergnügen« (2000, S. 262): »Kennzeichen der Postmoderne ist also Verspieltheit, während die Moderne durch Fleiß geprägt war. In einem System, in dessen Zentrum Arbeit stand, ist Produktion das operationale Paradigma, und das Eigentum repräsentiert deren Früchte. In einer Welt, die sich um das Spiel herum ordnet, regiert die Aufführung, und der Zugang zu kulturellen Erfahrungen wird zum Ziel menschlichen Handelns. Im Zeitalter des Zugangs, in dem Szenarien geschrieben, Geschichten erzählt und Fantasien ausagiert werden, ist es nebensächlich, Dinge herzustellen und auszutauschen und Eigentum zu akkumulieren« (S. 263).

Im Sinne eines »Sowohl-als-auch« ergänze ich Rifkins Diagnose mit einer anderen These: Spielen ersetzt nicht Eigentum, sondern heutzutage wird vielfach versucht, *spielerisch Eigentum zu erwerben* und zu vermehren. Sinnbild dafür dürfte neben der im vorigen Kapitel genannten Lady Gaga auch »Second Life« sein, welches im Spiegel treffend als »digitaler Maskenball« bezeichnet wurde (Casati et al., 2007). In »Second Life« kann man sich als Avatar in einer virtuellen Welt bewegen und mit Linden-Dollar (L$) fast alles kaufen, vom T-Shirt über Immobilien bis zur kosmetischen Verschönerung. Selbst ein Penis gilt nicht als Grundausstattung für einen männlichen Avatar, sondern muss käuflich erworben werden (Casati et al., 2007, S. 163). Die künstliche Welt mischt sich immer stärker in die reale Welt, denn Grundstück- und Immobilienverkäufe im »Dreamland« haben aus Anshe Chung eine echte Dollarmillionärin gemacht (S. 151). Anshe Chung heißt übrigens im realen Leben Ailin Graf und hadert mit ihren Identitäten, mit denen sie durcheinanderkomme.

Auch wenn heute der Hype um »Second Life« vorbei ist, nicht zuletzt durch Konkurrenz wie »Open Sim«, so bleibt die Faszination von virtuellen Identitäten, wie dies bereits beschrieben worden ist. »Die Schwelle zwischen Sein und Schein, zwischen Wirklichkeit und Fiktion ist praktisch eingeebnet«, so das Fazit von Casati et al. (S. 152). Interessant in unserem Zusammenhang ist der Verweis auf die beiden Autoren Adorno und Horkheimer – wie Fromm ebenfalls Vertreter der Frankfurter Schule. Sie haben in ihrer »Dialektik der Aufklärung« Odysseus als Verstellungskünstler bezeichnet. Odysseus sei der erste moderne Mensch, der sich vom Naturzwang emanzipieren konnte, weil er das Talent zur Maskerade hatte. Durch Leugnen seiner Identität entkam er dem Zyklopen Polyphem. Auf die Frage von Polyphem: »Wer bist du?« antwortete Odysseus: »Oudeis« – niemand (Casati et al., 2007, S. 153).

Von der griechischen Mythologie und der virtuellen Welt zurück in die reale (Wirtschafts-)Welt: Hier haben wir die Vermischung von Sein und Schein in den Finanzkrisen der letzten Jahre direkt erleben dürfen. Bei diesen realen Finanzspielen lautete das Motto: Verluste im »Casino« werden dem Staat zugeschoben, Gewinne aber bleiben privat. Die aktuellen Turbulenzen rund um die Banken und Staatsverschuldungen veranlassten jüngst den Uno-Chefökonomen zu der

Äußerung: »Bei der UBS tun jeden Tag zehntausend Leute nichts anderes als in Casinos zu spielen« (Interview in der Tageswoche vom 11.11.2011). Spielen mit der Unterstützung mathematischer Formeln ist nicht nur um des Spielens willen interessant, sondern da geht es um Millionen. In einem Artikel in der »Zeit« über Spekulanten wird in dem Zusammenhang analysiert, dass heute vor allem Banken und Investmentfonds die Rohstoffpreise bestimmen (Buchter, Schieritz u. Storn, 2010). An einem normalen Handelstag werde so viel Weizen, Mais oder Zucker ge- und verkauft, wie in hundert Jahren nicht wachse. »Wenn weltweit 70-mal mehr an den Finanzmärkten umgesetzt wird als in der realen Wirtschaft, wenn die Gewinne der Finanzwelt wie zeitweilig in den USA die Hälfte aller Gewinne ausgemacht haben, dann ist etwas nicht mehr in der Balance«, bemerkt Klaus Schwab (2011), der Gründer und Präsident des WEF (World Economic Forum). Und Chesney, Finanzprofessor an der Universität Zürich, fordert eine Transaktionssteuer auf Finanzprodukte: »Aktien werden noch 22 Sekunden gehalten. Das macht keinen Sinn mehr« (2013). Beim Einblick in eine entsprechende Trading-Firma zeigt sich folgendes Bild: Junge Männer blättern in Informatik-Büchern, während sie vor den Bildschirmen sitzen. Es sind unter den vielen asiatischen Gesichtern keine Ökonomen, sondern meist Mathematiker oder Computerwissenschaftler. Sie sind spezialisiert auf Computerprogramme, die in Sekundenbruchteilen Börsentrends erkennen. Wenn es gut läuft, können so ein paar Millionen Dollar in kürzester Zeit verdient werden. 3000 Wertpapiere kann die Maschine innerhalb einer Sekunde kaufen oder verkaufen. High Frequency Trading, Hochgeschwindigkeitshandel, heißt das »Spiel« (vgl. Wick, 2012). Dass auch Staaten in dem »Handelsspiel« mitmachen, macht die Lage nur noch brisanter. Und wie postuliert: Es geht nicht um Spiel allein, es geht auch um Gewinn. Das Problem der kurzen Haltedauer von börsenkotierten Aktien könnte aber gelöst werden, indem zum Beispiel mit längerer Haltedauer die Stimmrechte zunehmen (Kappeler, 2013).

Der Haben-Modus hat also in der Postmoderne noch lange nicht ausgespielt, nur sind die Risiken um einiges größer geworden als früher. Zwar kann in der Theorie das schnelle Handeln dazu führen, dass die Märkte besser funktionieren, weil mehr Urteile in die Preisfindung einfließen können. Doch auf der anderen Seite wächst die Gefahr, »dass die Cyberzocker das System zum Absturz bringen« (Buchter et al., 2010, S. 4) oder dass die Händler der Spielsucht verfallen. Deshalb verordnen viele Großbanken ihren Händlern Zwangsferien ohne Computerzugang und Blackberry. Auf diese Weise soll neben der Spielsucht die kriminelle Versuchung eingedämmt werden (Niederberger, 2011). Denn speziell das Umfeld von Investmentbanken oder Händlern in Großbanken ist anfällig für Betrügereien. Dies zeigt eine Studie von Fehr und seinem Team an der Universität Zürich: In einem Experiment mussten Banker eine Aufgabe lösen, wobei sie ihren Gewinn manipulieren konnten, ohne Risiko, entdeckt oder sanktioniert zu werden. Es zeigte sich, dass, wenn die Banker vor dem Experiment auf ihre Rolle als Bankfachleute eingestimmt wurden, sie sich signifikant betrügerischer verhielten als wenn sie in ihrer privaten Rolle waren. Dasselbe Experiment mit anderen Professionsrollen ergab keinen entsprechenden Unterschied zwischen privater und beruflicher Rolle (Hug, 2014). Bei den meisten Bankgeschäften werden nicht wie früher an den Märkten reale Waren hin- und hergeschoben, sondern das geschieht nur noch virtuell. Am Schluss sollte aber dennoch reales *Vermögen* resultieren. Nach Foucault (2005) verweist dieser Begriff auf die Möglichkeit, etwas zu bewegen, zu beeinflussen. So doppeldeutig »vermögen« auch ist, es geht beim Haben-Modus nicht zuletzt auch um Macht. Und da Macht häufig etwas Anrüchiges hat, verwundert es nicht, dass diese Säule der Identität von den Psychologen verschmäht wird oder vorzugsweise mit negativen Konnotationen verbunden ist. Als ob es nicht auch die Seite geben würde, bei der Macht und Besitz durchaus etwas Lustvolles für den damit ausgestatteten Menschen bedeuten können. Deshalb sei abschließend der leicht abgewandelte Spruch erlaubt, dass Geld allein nicht unglücklich mache. Für Fromm jedoch entspricht der Haben-Modus dem Geist einer nekrophilen Gesellschaft, die tote Dinge verehrt. Demgegenüber stellt er die biophile Gesellschaft des Seins, welche den Menschen als ihren Mittelpunkt begreife.

3.4.3 Die Säule »Materielle Sicherheiten« bei Zelig

Woody Allens kritische Betrachtung des Haben-Modus wird in »Zelig« an einigen Szenen und Figuren spürbar: Schlecht wegkommen allen voran Zeligs Schwester und ihr Liebhaber, ein »Immobi-

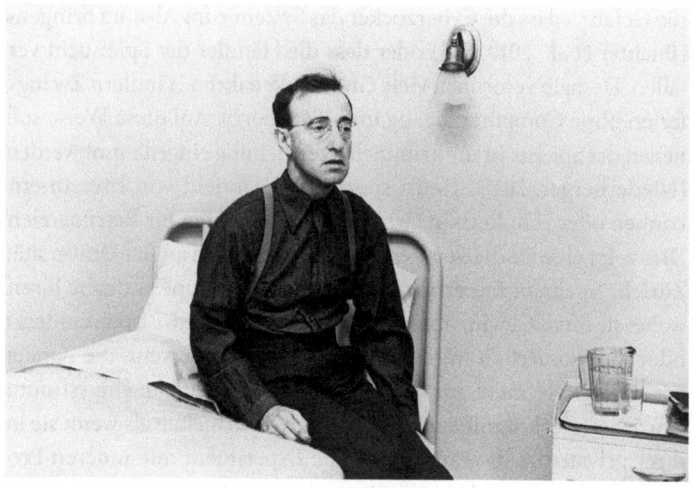

Abbildung 10: Aus dem Film »Zelig« (US 1983), WOODY ALLEN, CENTRE/ Interfoto

lienschwindler« (das gab es schon lange vor der Immobilienkrise in den USA).

Zelig verkörpert eher den von Fromm beschriebenen *asketischen Charakter*, der sich als unbedeutend empfindet und sich den Gegebenheiten anpasst. Demgegenüber profitieren seine Schwester und ihr Liebhaber auf ausbeuterische Weise von Zeligs Anpassungskünsten. So schildert der Erzähler im Film: »Obgleich die Shows und Partys Zeligs Schwester und ihren Liebhaber reich und glücklich machen, ist Zeligs eigenes Leben im Grunde gar kein Leben. Er ist bar jeglicher Persönlichkeit, denn seine menschlichen Qualitäten sind im immerwährenden Auf und Ab des Lebens längst verloren gegangen; er sitzt still und einsam da, eine Null, ein Nichts, eine Zirkusnummer. Er, der sich doch einfach nur anpassen, dazugehören und für seine Feinde unerkannt bleiben wollte, der einfach nur geliebt werden wollte, ist auf einmal ausgestoßen, gehört nicht mehr dazu, wird von Feinden überwacht und hat niemand, der sich um ihn kümmert« (Allen, 1983, S. 64). Mit dem tragischen Tod seiner Schwester und ihres Liebhabers wendet sich Zeligs Leben dann zum Besseren.

Der Haben-Modus wird aber auch bei den Ärzten angedeutet, die sich in ihren schlauen Diagnosen bezüglich Zeligs Symptomen überbieten. Zumindest wird ihnen nicht direkt die Jagd nach materiellen Vorteilen unterstellt, wie das bei den Journalisten der Fall ist. So blicken in einem in Farbe eingespielten Interview zwei frühere Mitarbeiter des »New York Daily Mirror« zurück. »*Ted Bierbauer:* Also, diesmal wussten wir, dass wir an ner guten Story dran waren, weil einfach alles stimmte. Da war n bisschen Liebe drin und n bisschen Spannung ... und außerdem war der Typ, Sie wissen schon, Zelig ... außerdem kam der aus m armen Elternhaus. Ich weiß noch, wie unser Redakteur zu mir kam und sagte: ›Ted, wir wollen diese Story jeden Tag auf der ersten Seite sehen.‹ *Mike Geibell:* Und damals hat man ja alles getan, um ne Zeitung zu verkaufen. Man hat ... um ne Geschichte gut zu bringen, hat man sie n bisschen aufgemöbelt, hat man n bisschen übertrieben, hat vielleicht sogar n bisschen die Wahrheit beschönigt ... aber ... hier war das alles nicht nötig. An der Story war alles dran. Man musste einfach nur die Wahrheit erzählen, und die Zeitung ging weg wie warme Semmeln. So was war noch nie passiert« (Allen, 1983, S. 37). In einer späteren Szene wird gezeigt, wie ein Rundfunkreporter in einem Interview mit Catherine Fletcher, der Mutter von Eudora, versucht, die Geschichte der Kindheit von Dr. Fletcher in eine gute Story zu verdrehen (S. 99). Eine ironische Kritik am Kapitalismus zeigt die Szene, in welcher Demonstranten gegen den Faschismus und für mehr Arbeit in Zelig eine »Kreatur als Sinnbild des Kapitalismus« sehen, »die vielerlei Gestalt annimmt, um zu ihrem Ziel zu kommen. Die Ausbeutung der Arbeiterschaft durch Täuschung.« Einer der Demonstranten hält ein Plakat, auf dem steht: »Zelig unfair gegen Arbeiter. Beansprucht fünf Jobs für sich allein« (S. 42). Dabei verkörpert Zelig viel mehr den von Fromm beschriebenen angepassten Menschen. Fromms Zitat sei deshalb hier nochmals wiederholt, weil es fast wie eine Filmrezension klingt: »Der Verlust des Selbst hat die Notwendigkeit, mit den anderen konform zu gehen, noch vergrößert, führt er doch zu einem tiefen Zweifeln an der eigenen Identität. Wenn ich nichts bin als das, was die anderen von mir erwarten, wer bin ›ich‹ dann?« (1980, S. 202). Zelig geht im Film konform, in dem er sich in sein Gegenüber verwandelt. Er gibt sich konsequenterweise in den Therapiesitzungen im »weißen Zimmer« gegenüber Dr. Fletcher als Arzt aus. Sie reagiert daraufhin mit einer paradoxen Intervention, einer Methode, die von Viktor Frankl und später von vielen Familientherapeuten angewandt wurde: Sie gibt vor, in Wahrheit gar nicht Ärztin zu sein: »Ich hab einfach nur behauptet, dass ich Ärztin sei, damit – damit ich besser zu meinem Freundeskreis passe. Das sind alles Ärzte, verstehen Sie? [...] Mein ganzes Leben ... äh ... ist eine einzige Lüge gewesen. Ich ... ich hab ständig versucht, irgendetwas darzustellen.« Sie bittet Zelig als »Arzt« um Hilfe, der sich dann windet und eingesteht, dass er doch kein Arzt sei. Dazu der Dialog: »*Dr. Fletcher:* Sie sind kein Arzt? *Leonard Zelig:* Nein! Oder bin ich doch einer? *Dr. Fletcher:* Wer sind Sie denn? *Leonard Zelig:* Was soll denn heißen, ›wer sind Sie‹? Wie soll ich denn das wissen? Das ist eine schwierige Frage ... *Dr. Fletcher* (unterbricht Zelig): Leonard Zelig! *Leonard Zelig:* Ja. Bestimmt. Aber wer ist das? *Dr. Fletcher:* Sie sind das. *Leonard Zelig:* Puhh ... Nein, ich bin niemand, ich bin nichts. Halten Sie mich, ich falle« (S. 84).

Neben der Verkörperung des »Oudeis«, des »Niemands« bzw. nur dessen, was die anderen von ihm erwarten, stellt Zelig auch den Inbegriff der *proteischen Persönlichkeit* dar, die wie erwähnt den Preis bezahlt, sich selbst nie finden zu können. Nicht nur die Figur Zelig, sondern der ganze Film kann als *Spiel* verstanden werden, wie es zum Genre Mockumentary gehört. Dies gipfelt im »Spiel im Spiel«, indem Ausschnitte aus dem Film gezeigt werden, der Zelig zum Inhalt hat: »Der Mann, der sich verwandelt«. Darin erklärt die Darstellerin Fletcher, wie Zelig ausgebeutet und mit ihm viel Geld gemacht werde (S. 53). Darauf folgt die Erzählstimme in »Zelig«: »Der Film hat nicht übertrieben. Es gab nicht nur Leonard-Zelig-Füller und Glücksbringer, sondern auch Spielzeug und Uhren. Es gab Leonard-Zelig-Armbanduhren, Bücher und die berühmte Leonard-Zelig-Puppe. Es gab sogar Schürzen, Ohrenschützer in Form eines Chamäleons und ein beliebtes Leonard-Zelig-Spiel« (S. 53f.). Gezeigt wird dann die Aufschrift auf dem Karton: »Wechseln Sie die Köpfe, mit einem kleinen Handgriff«. »Second Life« gab es damals noch nicht, aber das Spiel mit den verschiedenen Ebenen der »Realitäten« beherrscht Woody Allen wie wohl kaum einer sonst.

Und mit weiteren Aufzählungen von »Leonard-Zelig-Kitsch« macht sich der Regisseur über den Haben-Modus lustig. Neben den Chamäleon-Figuren gibt es auch zahlreiche Songs mit Titeln wie »Der Foxtrott des Chamäleon-Zeitalters« bis hin zum schon erwähnten »Du bist vielleicht sechs Menschen – aber ich liebe dich«. Die Vermarktung Zeligs in Form von Werbeplakaten »We smoke Camels« kann auch als offenkundige Kritik an der Marketing-Orientierung verstanden werden (S. 55). Zur ironischen Darstellung des Haben-Modus gehören zudem die zahlreichen Schadenersatzforderungen, die von verschiedenen Figuren mithilfe ihrer Anwälte erhoben werden und Zelig schließlich in einen Rückfall treiben (S. 109 ff.). Dies erinnert mich an eine Anekdote eines amerikanischen Freundes: Ein Flugbegleiter verletzte ihn mit dem Servierwagen am Knie. Damit waren seine Skiferien für mindestens eine Saison gestrichen. Aber statt Mitgefühl seiner US-Freunde zu bekommen, wurde er aufgefordert, sich über diese einmalige Chance zu freuen: Jetzt gelte es, hohe Schadenersatzforderungen einzufordern von der Airline. Eine analoge Tragik zeigt sich im Anschluss an das Unglück des Kreuzfahrtschiffes Costa Concordia: »Anwälte machen Jagd auf Opfer«, heißt es in der Schlagzeile. Mit Sammelklagen wollen die modernen Jäger ihren Anteil an einer 460-Millionen-Dollar-Beute ergattern (Zilic, 2012). Dazu passt doch treffend die Aussage des amerikanischen Literaturwissenschaftlers Irving Howe am Schluss von »Zelig«: »Wissen Sie, genau so waren die zwanziger Jahre, und wenn man darüber nachdenkt, ... hat sich Amerika denn seit damals verändert? Ich glaube nicht« (Allen, 1983, S. 130).

3.5 Ich glaube, also bin ich

3.5.1 Glaube und Religion

Ein erster Aspekt der fünften Identitätssäule, der *Glaube,* lässt sich nach Fromm auch unter dem Haben- oder Sein-Modus betrachten. Im Ersteren haben wir einen Glauben und besitzen dadurch Antworten auf Fragen, für die es keine rationalen Beweise gibt. Zusammen mit seinesgleichen zählt man zu den Besitzern des rechten Glaubens. Gott wird zu einem Symbol, zu einem von Menschen gemachten »*Ding,* auf das der Mensch seine eigenen Kräfte projiziert, und sich dadurch schwächt« (Fromm, 1976, S. 49). Es besteht im Haben-Modus die Gefahr, im Namen des rechten Gottes »grausame« Taten zu verüben, die vor allem durch eine Unterwerfung und Anpassung innerhalb der Glaubensgruppe erklärbar sind. Glaube kann zudem als

»Krücke« betrachtet werden, einen Sinn im Leben haben zu können, ohne selbst danach suchen zu müssen. Im Sein-Modus hat man keinen Glauben, sondern es ist besser zu sagen, man *sei* im Glauben. Wir können an uns selbst, an andere Menschen, an die Menschheit oder an Gott glauben. Es handelt sich dabei eher um eine »Gewissheit«, die auf eigenen Erfahrungen beruht und nicht auf einer Unterwerfung unter eine Autorität, die uns einen bestimmten Glauben vorschreibt. »Meine Gewissheit beruht auf meiner gründlichen Kenntnis des anderen und darauf, dass ich selbst Liebe und Integrität erlebt habe« (S. 51).

Religion bezeichnet Fromm als ein von einer Gruppe geteiltes System des Denkens und Handelns, das dem Einzelnen einen Rahmen der Orientierung bietet. In diesem weit gefassten Sinn gibt es keine Gesellschaft, die nicht »religiös« sei. Die entscheidende Frage lautet, wie diese Orientierungen aussehen und – ganz im Sinne von Lessings Ringparabel – zu welchem Verhalten sie die Menschen motivieren (S. 133). Entsprechend den Ausführungen in den vorhergehenden Kapiteln ist es nicht erstaunlich, dass es in der Postmoderne eine Vielzahl von Religionen gibt. Der Logotherapeut Frankl postulierte sogar, dass wir auf eine zutiefst personalisierte Religiosität zugehen, »aus der heraus jeder zu seiner persönlichen, seiner eigenen, seiner ureigensten Sprache finden wird, wenn er sich an Gott wendet« (1978, S. 96). In Anlehnung an den französischen Historiker Paul Veyne stellt Traub (2006) ebenfalls fest, dass die Religiosität nicht abnehme, sondern nur ihre Formen wechsle: Sie individualisiere und entkirchliche sich: vom Einheitsmenü zur Religion à la carte, bei der sich jeder den Gott oder die Sekte aussuchen kann, die er will. Dies gilt vor allem für westeuropäische Länder, während in den USA fundamentalistische Strömungen erstarken. Statt einer Zunahme der Säkularisierung, wie sie der Religionsexperte Peter Berger 1968 in der New York Times noch verkündet habe, sei der gleiche Experte heute zum Schluss gekommen, dass es eine Rückkehr oder Erstarkung der Religionen gebe.

Diese »Desäkularisierung der Welt« kann als Widerstand gegen die Verunsicherungen durch die Globalisierung verstanden werden. Besonders die fundamentalistischen Strömungen kritisierten als »religiöse Revitalisierungsbewegungen« (Riesebrodt, 2000) die gesellschaftliche Realität. Sie sehen einen Ausweg aus der »abgrundtiefen Gesellschaftskrise« durch eine Rückkehr zu den Grundlagen der jeweiligen religiösen Tradition. »Zu Beginn des 21. Jahrhunderts erscheint die Religion als unberechenbare, chamäleonartige Weltmacht«, lautet die pointierte Diagnose von Traub (2006, S. 8). Und laut Prognosen soll die Anzahl der Gläubigen der meisten Religionen bis Mitte des laufenden Jahrhunderts markant ansteigen. Das Christentum wird weltweit die meisten Anhänger behalten, knapp ein Drittel der Menschheit gehört heute der katholischen oder einer anderen christlichen Konfession an. Darauf folgen die Muslime, welche den größten Zuwachs verzeichnen werden. Das Judentum als dritte monotheistische Religion wird auf sehr tiefem Niveau stagnieren. Dies hängt sicher damit zusammen, dass Juden nicht missionieren, wohingegen die Christen weiterhin insbesondere in Afrika und Teilen Südamerikas erfolgreich auf Missionstour sind. Dass parallel dazu die weltweiten islamistischen Bewegungen und der christliche Fundamentalismus in den USA zunehmen, lässt sich mit der Verunsicherung durch die Globalisierung erklären. Denn die genannten Strömungen vermögen es, den Verunsicherten die Wiederherstellung vertrauter und verlässlicher Werte zu versprechen. »Globalisierung und fundamentalistische Reaktion gehören zusammen wie Ausschlag und Rückschlag des Pendels« (Traub, 2006, S. 12). Parallel dazu dürfte der Kampf um die »richtige Religion« anhalten. Lessings Vision eines Miteinanders von Juden, Christen und Muslimen hat nichts an Aktualität eingebüßt. Auch wenn sich laut Armborst-Weihs und Becker (2010, S. 3) die konfessionellen Identitäten mit der »Überwindung des Konfessionalismus und der Entdeckung des Wertes der Toleranz« verändert haben: Die Grundaussage der Ringparabel in Lessings »Nathan der Weise« bleibt weiterhin erstrebenswert. Egal, wer den »richtigen Ring« trägt, auf welcher Religion basierend eine Person handelt: »Nicht im Streit, nur im *Wettstreit um das Gute* wird man vor Gott und Menschen angenehm« (Kuschel, 2004, S. 171).

3.5.2 Ich erzähle, also bin ich: Die eigene Geschichte als Kraftquelle der Identität

Die fünfte Säule kann auch unter dem Ansatz der *narrativen Identität* betrachtet werden. Dieses Konzept umschreibt eine dialogische Form der Selbstkonstruktion, die primär im Modus des Erzählens stattfindet. Die narrative Psychologie geht davon aus, dass wir unser ganzes Leben und unsere Beziehung zu den anderen als Erzählungen gestalten. Lebensgeschichten erzählen wir etwa ab dem dritten Lebensjahr, da entsteht das, was Stern (1992) als das *narrative Selbst* bezeichnet. Die Fähigkeit, das eigene Leben in Erzählungen zu fassen, ist eine grundlegende Fähigkeit, die über die Bildung von Wörtern als Symbolen hinausgeht. Die Narrationen konstituieren die Autobiografie, wir (re)konstruieren somit permanent unsere Lebensgeschichte(n). Es gibt innerhalb der narrativen Psychologie Vertreter, welche der Auffassung sind, dass Geschichten gelebt werden, bevor sie erzählt werden (vgl. dazu Keupp et al., 1999, S. 106). Auf jeden Fall werden diejenigen Episoden erzählt und erinnert, die für das Individuum emotional bedeutsam sind bzw. waren. Damit werden sie zu neuronalen Grundlagen des Selbst, die Damasio als Repräsentationen von Schlüsselereignissen in der Autobiografie bezeichnet (2006, S. 317). Der Begriff »Episodengedächtnis« meint etwas Analoges: In einer Episode wird eine Handlung mit Emotionen und einem Kontext abgespeichert. Das *narrative Gedächtnis* bezeichnet die Art, wie wir Erlebtes möglicherweise in Form von Geschichten speichern und abrufen (Siegel, 2006, S. 76; Siegel, 2010). Beim Erzählen der Lebensgeschichte geht es dann meistens um solche Schlüsselepisoden, wobei es natürlich eine Rolle spielt, aus welcher Perspektive und Situation heraus wir etwas damals erlebt haben und heute erzählen. Ob wir etwas wirklich erinnern, hängt auch davon ab, wie viel Aufmerksamkeit wir der Erfahrung ursprünglich gegeben haben. Bei hoher emotionaler Beteiligung und Aufmerksamkeit ist die Chance höher, dass eine »Kodierung« (Schacter, 1996, S. 75 ff.) stattfindet. Um eine überdauernde Erinnerung zu erzielen, muss die Erfahrung sinnvoll mit anderen Erinnerungen und vorhandenem Wissen verbunden werden. Wir können drei verschiedene Ebenen der *biografischen Erinnerungen* unterscheiden (Kast, 2003, S. 140 mit weiteren Quellenangaben):

- Erinnerungen an längere Lebensabschnitte, etwa die Zeit eines Auslandaufenthaltes, eines Studiums oder einer Partnerschaft;
- Erinnerungen an »allgemeine Ereignisse«, das sind längere Episoden, die sich aus verschiedenen Ereignissen zusammensetzen;
- »ereignisspezifisches Wissen«: damit sind drittens kurze Einzelepisoden gemeint, die aber sehr prägend waren (z. B. ein erst-

maliger Auftritt vor Publikum, ein Unfall oder eine persönliche Begegnung mit einem Star).

Erinnerungen werden aus allen drei Ebenen des autobiografischen Gedächtnisses konstruiert und zu Lebensgeschichten verflochten. McAdams (1996) geht davon aus, dass weniger Fakten, sondern Bedeutungen die Essenzen unserer Geschichten ausmachen. Und diese Geschichten verändern sich, so wie wir uns ständig in Veränderung befinden. »Da wir im Laufe der Zeit gelebte Augenblicke ansammeln, sind wir in der Lage, uns nicht als wir selbst, also *ein* Selbst, sondern als viele Arten von ›Selbsten‹ zu erinnern, die in der Vergangenheit einmal existierten. Narratives Erinnern beinhaltet somit für diese verschiedenartigen Zustände die Chance, in der Gegenwart neu geschaffen zu werden« (Siegel, 2006, S. 80). Das narrative Gedächtnis ist demnach nicht einfach ein Faktenspeicher, sondern die Erinnerungen werden umgebaut, gekürzt, ergänzt und verändert. »Wir wiederholen durch Erinnerung unsere Vergangenheit, aber interpretieren sie vor dem Wissen der Gegenwart […] Wir sind also niemals die Person, die wir gerade eben noch waren« (Güntürkün, 2015, S. 77). Den Erinnerungsfundus nennt McAdams (1996) den »Kern der persönlichen Identität«. Und die Episoden, welche gespeichert werden, enthalten wichtige Aspekte unserer Identität. McAdams nennt sie *Kernepisoden*. Wenn für jemanden Konflikte in Beziehungen zentral sind, dann kreisen viele Episoden um Auseinandersetzungen, Enttäuschungen oder Trennung. Kreisen viele Episoden rund um recht haben, andere beeinflussen, gewinnen usw., dann wird Macht ein zentrales Lebensthema sein. Siegel nennt es mentale Modelle, die wichtig für die Auswahl der Themen von Geschichten sind (2006, S. 81). Sie verhelfen dem Selbst zu einer gewissen Kontinuität und versorgen es mit Sinn.

Wenn wir uns im Laufe des Lebens verändern, so können Geschichten und Episoden angepasst oder anders interpretiert werden. Da hilft uns zum Beispiel die aus der systemischen Beratung stammende Technik des *Reframings*. Dabei geht es um die »Verstörung« der bisherigen Sicht der Dinge. Die Inhalte, Beschreibungen und Bedeutungszuschreibungen werden dabei meist von einer defizitären Sichtweise umgeleitet mehr in Richtung Chancen und

Möglichkeiten, die sich aus den Episoden ergeben (Schweitzer u. von Schlippe, 2016). Wenn eine Person beispielsweise darunter gelitten hat, dass sie als Kind immer den Streit zwischen den Eltern schlichten musste, dann könnte durch ein Reframing betont werden, welche Fähigkeiten damit erlernt wurden und wo diese heute nützlich sein können. »Idealerweise sollten wir unsere Geschichte also als ein Voranschreiten vom Schlechten zum Guten darstellen beziehungsweise so, dass wir das Gute im Schlechten erkennen« (Glomp, 2017, S. 68). Beim *story editing* geht es darum, die eigene Geschichte zu redigieren. So kann beispielsweise jemand, der sowohl im Selbst- wie auch im Fremdbild als schüchtern eingeschätzt wurde, diese feste Zuschreibung ändern: »Ich bin gar nicht schüchtern, sondern habe gelernt, mich schüchtern zu geben«. Das ermöglicht der Person, auch die Fähigkeit, nicht schüchtern zu sein, zu entwickeln (Roming, 2016). Beim *story prompting* geht es darum, destruktive Selbstzuschreibungen, die man schon lange mit sich herumschleppt, abzulegen und die Erzählrichtung zu ändern. So wurden beispielsweise an den Universitäten von Stanford und Virginia in den USA narrative Trainingsprogramme durchgeführt mit Studierenden aus benachteiligten sozialen Kontexten. Es wurden ihnen Videos gezeigt von anderen Studierenden aus ähnlichen sozialen Hintergründen, welche auch zu Beginn des Studiums zweifelten, ob sie ihr Studium überhaupt schaffen würden. Die Videos zeigten dann Erfolgsgeschichten, ermöglicht unter anderem durch Lerntechniken und andere Unterstützungen, welche diese Studierenden annehmen konnten. Studierende, welche diese Videos gesehen hatten, konnten vor einer selbsterfüllenden Prophezeiung (»ich habe nur geringe Chancen«) bewahrt werden. Es gelang ihnen, ihre negativen Selbsterzählungen in positive Geschichten »umzuschreiben« (Roming, 2016). Geschichten eine andere Wendung zu geben hilft uns, auch in herausfordernden, sich verändernden Kontexten eine gewisse Kontinuität zu bewahren und uns »ganz« zu fühlen (Kast, 2003, S. 153). Wenn sich also jemand in der Jugend begeistert hat für Schriften von Ludwig Feuerbach oder Karl Marx, so kann er später als konservativer Bürger seine »Identität« bewahren, indem er etwa interpretiert, er habe diese Bücher früher deshalb gelesen, um sich mit den Thesen der »Gegenseite« auseinandersetzen zu können. Es kann aber auch sein, dass jemand bereut, einen Schritt im Leben nicht gemacht zu haben. Wenn etwa ein Angestellter es als Fehlentscheidung betrachtet, dass er zu einem bestimmten Zeitpunkt auf einen Karriereschritt verzichtet hat, dann kann es hilfreich sein, sich mit der damaligen Entscheidungssituation nochmals auseinanderzusetzen. Entweder kann dies dazu dienen, die Entscheidung von damals zu verstehen und sich damit einverstanden zu erklären im Sinne einer Versöhnung (»Der Karriereschritt hätte mich damals überfordert«). Es kann aber auch sein, dass man den damaligen Entschluss bereut aufgrund des weiteren Lebensverlaufs. Durch die erneute Auseinandersetzung wird dieser Konflikt emotional erlebbar und es ist einfacher, Abschied zu nehmen und zu betrauern, was nicht gelebt werden konnte. Zentral für das Einverständnis mit sich selbst ist das Akzeptieren der Differenz von dem, was war bzw. ist, und dem, was sein sollte: »Je akzeptierter diese Differenz ist, umso besser ist das Selbstwertgefühl« (Kast, 2003, S. 169).

Das *Selbstwertgefühl* wiederum ist wichtig für ein Identitätsgefühl. Nicht nur retrospektiv, sondern auch bezüglich der weiteren Identitätsentwicklung sind Erzählungen und die damit zusammenhängende Sprache zentral. Viele Erkenntnisse weisen darauf hin, dass zwischen dem episodischen Gedächtnis und dem Vorstellen zukünftiger Begebenheiten eine enge Verbindung besteht. Gemäß Saum-Aldehoff (2013, S. 38) hat der Gedächtnisforscher Endel Tulving als Erster die These aufgestellt, dass dieselbe Art von szenischem Vorstellen in beide Zeitrichtungen funktioniert: als episodisches Gedächtnis und als episodisches Zukunftsdenken. Saum-Aldehoff kommt im Zusammenhang mit den Zeitreisen zum Schluss, dass auch Zukunftsdenken Gedächtnisarbeit sei (2013). Wir sind also in der Lage, andere Bewusstseinsinhalte und Bezugssysteme in unser Gegenwartserleben einzuflechten. Michael Corballis (2011) spricht von »Rekursion« und beschreibt damit die Befähigung, selbstbezogene Gedanken in andere selbstbezogene Gedanken einzubetten. So kann ich mir zum Beispiel vorstellen, was mir in den Ferien am Strand durch den Kopf gehen wird. Oder ich denke darüber nach, über was ich beim Betrachten des letzten Films nachgedacht und was ich dabei empfunden habe. Zeitreisen ermöglichen es uns, dass wir uns in hypothetischen Situationen zurechtfinden. Damit können wir uns leichter auf neue Situationen einstellen und mit Veränderungen

klarkommen. Dabei spielt die Sprache eine entscheidende Rolle: Es liegt am Erzählenden, ob er beispielsweise den Weg vor sich als Sackgasse beschreibt oder als Strecke, die noch einige spannende Herausforderungen bieten kann. Je nachdem, entsteht ein völlig anderer »Lebensroman« mit entsprechenden Entwürfen (Eigner u. Ritter, 2007). Die Auseinandersetzung mit und Konstruktion von Lebensgeschichten können in der postmodernen Welt dazu dienen, an der eigenen Realität und damit Identität zu arbeiten. Dadurch kann ein Beitrag zur *Kohärenz* geleistet werden, welche als zentrale persönliche Ressource betrachtet wird. Das Kohärenzgefühl ist eine globale Orientierung, die das Ausmaß ausdrückt, in dem jemand ein durchdringendes, überdauerndes und dennoch dynamisches Gefühl des Vertrauens hat (Antonovsky, 1997). Das Vertrauen bezieht sich auf drei Dimensionen:
- dass die Anforderungen aus der inneren oder äußeren Erfahrenswelt im Verlauf des Lebens strukturiert, vorhersehbar und erklärbar sind (Verstehbarkeit);
- dass die Ressourcen verfügbar sind, die nötig sind, um den Anforderungen gerecht zu werden (Handhabbarkeit);
- dass diese Anforderungen Herausforderungen sind, die Investition und Engagement verdienen (Sinnhaftigkeit).

Keupp kommt aufgrund seiner Forschungen zur These, »dass Kohärenz für die alltägliche Identitätsarbeit von Menschen eine zentrale Bedeutung hat, deren Fehlen zu schwerwiegenden gesundheitlichen Konsequenzen führt« (Keupp et al., 1999, S. 59). Doch die »gesellschaftlichen Kohärenzgarantien« (S. 87) schmelzen weg; damit meint Keupp die Phänomene in der Arbeitswelt, in den Beziehungen sowie bezüglich Körper und Geschlecht, wie sie in den Ausführungen zu den Säulen hier beschrieben wurden. »Unter diesen Umständen kann es keine zusammenhängende Lebensgeschichte geben, keinen klärenden Moment, der das Ganze erleuchtet«, stellt Sennett pessimistisch fest (1998, S. 182). Gut möglich, dass wir uns von einer Vorstellung von Kohärenz verabschieden müssen, bei der es um innere Einheit, Harmonie oder geschlossene Erzählungen geht. Aber Keupp (1999, S. 59) stellt zu Recht die Frage, ob sich mit den gesellschaftlichen Dynamiken vorerst »nur« die Geschichten verändern, mit denen

Kohärenz hergestellt wird. Auf jeden Fall dürfe das Kohärenzprinzip für die Identitätsbildung nicht zur Disposition gestellt werden. Es geht also um die Suche nach neuen Formen von Kohärenz und nach neuen Strategien der Herstellung von Kohärenz (S. 62).

3.5.3 Ich gebe dem Leben Sinn, also bin ich: Auf der Suche nach Sinngebung

Geschichten haben wie erwähnt unter anderem die Funktion, »das Selbst mit Sinn zu versorgen« (Kotre, 1996, S. 110). Oder man könnte es auch umgekehrt formulieren: Das Selbst verleiht den Geschichten einen Sinn. Und der kann durchaus auch darin bestehen, dass alles absurd ist oder dass es sich lohnt, ab und zu verrückt zu sein. Über die Psychodynamik der autobiografischen Sinnkonstruktion hat ein Forschungsteam um den Sozialpsychologen Neal Roese von der Northwestern University interessante Erkenntnisse gefunden. Wir folgern anscheinend aus dem Nachdenken über Alternativen in unserem Lebensweg, dass die Entscheidungen, die wir getroffen haben, sinnvoll und vom Schicksal bestimmt gewesen sein müssen – eine Art rückwirkendes magisches Denken, wie Heiko Ernst (2010, S. 25) bemerkt. So sollten etwa Studenten einen Aufsatz darüber schreiben, warum sie in genau dieser Uni gelandet waren. Die Hälfte der Gruppe musste sich anschließend äußern, was alles hätte geschehen können, wenn die Wahl anders verlaufen wäre. Beide Gruppen bewerteten schließlich in einem Fragebogen, wie wichtig und sinnvoll die von ihnen getroffene Entscheidung für ihr Leben war. Diejenigen, die sich vorher über mögliche Alternativen Gedanken gemacht hatten, fanden deutlich mehr Sinn in der getroffenen Entscheidung als die Kontrollgruppe.

Neal Rose hat aufgrund vieler Untersuchungen herausgefunden, bezüglich welcher Lebensthemen Menschen am häufigsten etwas bereuen (Ernst, 2017): Es sind dies Bildung (Schule, Aus- und Weiterbildung), Beruf (Berufswahl), Liebe, Intimität (verpasste Chance) und Elternschaft (Rolle schlecht oder gar nicht ausgefüllt). Bei der Frage nach dem Sinn stoßen diese Menschen dann unweigerlich auf die Frage, ob es so kommen musste, wie es kam, und weshalb. Wenn die Antwort »Schicksal« lautet, dann bietet das eine Entlastung davon, selbst dafür verantwortlich zu sein. Wer hingegen kontrafaktorisch denkt, zum Beispiel »Was wäre gewesen, wenn«, hängt eher der Idee nach, selbst für sein Schicksal verantwortlich zu sein. Bei »falschen« Entscheidungen kann daraus Reue oder Bedauern resultieren, bei »richtigen« Weichenstellungen hingegen auch Stolz (Ernst, 2017).

Das sogenannte kontrafaktische Denken wurde auch in einem Experiment angewandt, bei dem es um den Liebespartner ging: Was wäre herausgekommen, wenn ich mit jemand anderem eine Liaison eingegangen wäre als mit XY? Wie wichtig war diese Entscheidung für das weitere Leben? Durch das Nachdenken über mögliche Alternativen wurde wiederum die reale Beziehung für wesentlich bedeutsamer gehalten. »Durch die kontrafaktische Rückschau auf die eigene Biografie gewinnen wir der aktuellen Gegenwart und dem realen Lebensweg erstaunlicherweise fast nur gute Seiten ab, die wir vorher nicht gesehen haben – *benefit-finding* nennen das die Forscher« (Ernst, 2010, S. 25). Kein Wunder, dass Erzählungen überall Konjunktur haben, in der Therapie wie in der Wirtschaft, wo es unter »Storytelling« vermarktet wird. Ernst warnt aber, dass diese Methoden keine Allheilmittel seien, auch wenn sie den Anstoß zu einem »Drall ins Positive« geben. Eine andere Form der nachträglichen Begründung des eigenen Tuns kennen wir auch aus dem Alltag. Dazu gibt es eine bekannte Fabel, die das Phänomen umschreibt: »Der Fuchs und die Traube« handelt von der Situation, in der sich ein Fuchs abwertend über die Trauben äußert, die er nicht erreichen kann, weil sie zu hoch hängen. »Sie sind mir noch nicht reif genug, ich mag keine sauren Trauben.« Mit diesem Satz stolziert er von dannen. In der Psychologie ist dieses Phänomen unter dem Begriff »Reduktion einer kognitiven Dissonanz« bekannt geworden. Wir rationalisieren im Nachhinein eine getroffene Entscheidung und bestärken diese ähnlich wie im Benefit-Finding. Wenn wir beispielsweise ein Auto der Marke X gekauft haben, beachten wir im Nachhinein viel stärker die Werbung des gewählten Produktes als von Alternativen. Wenn wir wie im Fall des Fuchses etwas nicht erreichen (konnten), dann werten wir es im Nachhinein als sowieso nicht erstrebenswert ab. In den Beispielen wird deutlich: Den Sinn im Leben gibt es nicht einfach so.

Csikszentmihalyi, bekannt geworden durch sein *Flow-Konzept*, sieht in Anlehnung an viele psychologische Erkenntnisse eine schrittweise Entwicklung des Menschen in Richtung Lebensziele und Sinn. Er beschreibt in »Flow – das Geheimnis des Glücks« die Entwicklung in vier Stufen (1992, S. 290): Zuerst geht es um Überleben, Komfort und Lust. Wenn die Sicherheit des körperlichen Selbst gegeben sei, übernimmt der Mensch die Werte der Gemeinschaft und erweitert den Horizont des Sinnsystems. Dieser Schritt ist in der Regel mit einer Anpassung an die entsprechenden Normen und Werte verbunden. Beim dritten Schritt wendet sich der Mensch wieder nach innen und findet in einem »reflektierten Individualismus« Autorität und Werte in sich selbst. Er passt sich nicht mehr einfach an, sondern entwickelt ein autonomes Gewissen. Der vierte Schritt baut auf den vorhergehenden Schritten auf. Dabei wendet sich das Individuum mehr weg vom Selbst in Richtung Zusammenleben mit anderen und »Übereinstimmung mit universellen Werten« (S. 290). Andere Modelle beschreiben die Entwicklung in mehr als vier Stufen, bekannt ist etwa die fünfstufige Bedürfnispyramide von Abraham Maslow. Die Anzahl der Stufen ist nach Csikszentmihalyi weniger wichtig als die spiralmäßige Entwicklung in einem Wechsel zwischen *Differenzierung* und *Integration* (S. 292). Gemäß Csikszentmihalyi ist die Organisation des Selbst nach jedem Flow-Erlebnis komplexer als vorher. Das Selbst reift, indem es immer komplexer wird. Komplexität ist das Resultat von Differenzierung und Integration. Differenzierung meint eine Bewegung hin zu Einzigartigkeit, Autonomie, also eine Absonderung des Selbst von den anderen. Integration bedeutet das Gegenteil, nämlich die Verbindung mit anderen Menschen und ihren Gedanken. Ein komplexes Selbst ist eines, dem es gelingt, diese beiden Tendenzen miteinander zu verbinden (S. 63).

Sinnbausteine

Auch wenn nicht alle Menschen die verschiedenen Stadien zunehmender Komplexität durchlaufen, so ist doch das *Streben nach Zielen* ein entscheidender Baustein von Sinn. Die Ziele sollten von uns selbst gesetzt sein, und es besteht eine wechselseitige Beziehung zwischen den Zielen und der Anstrengung für deren Erreichung. »Ziele rechtfertigen die erforderlichen Anstrengungen zu Beginn; später ist es jedoch die Anstrengung, die das Ziel rechtfertigt. Man heiratet, weil der Partner für wert gehalten wird, das Leben mit ihm zu teilen, doch wenn man sich nicht dementsprechend verhält, verliert die Partnerschaft im Laufe der Zeit an Wert« (Csikszentmihalyi, 1992, S. 293). Doch mit der Wertevielfalt wird es nicht einfacher, welche Ziele wir im Leben verfolgen sollen. Die größere Wahlfreiheit ist keine Hilfe bei der Entwicklung von Lebenssinn, im Gegenteil: »Wenn die Regeln eines Spiels zu flexibel werden, nimmt die Konzentration ab, und es wird schwerer, *flow* zu erlangen« (S. 294). Da es in der Multioptionsgesellschaft niemanden gibt, der uns sinnvolle Ziele vorgibt, muss jeder Mensch seinen eigenen obersten Sinn oder seine Ziele selbst finden. Analog zu Wahrgebungsprozessen können wir also von *Sinngebungsprozessen* sprechen. Oft aber blockieren wir uns, indem wir zu starre oder perfektionistische Ziele setzen. Wenn wir unser Leben lediglich als »unfertige Skizze« betrachten, dann können wir darauf verzichten, alles perfekt zu planen (Tenzer, 2017). Hilfreich kann es zudem sein, wenn wir neben konkreten Zielen auch einen Plan B haben, den wir dann verfolgen, wenn unsere Anstrengungen nicht zum ursprünglich gewünschten Ziel führen. Damit postuliert Hölzle (Hölzle u. Jansen, 2011) etwas Ähnliches, wie Oettingen in der Psychologie des Gelingens (2015): Gemäß der Motivationspsychologin reichen Träumen oder smarte Ziele setzen für das Umsetzen von Wünschen nicht aus. Mit der Methode des »mentalen Kontrastierens« lernen wir, uns die Träume zu vergegenwärtigen und gleichzeitig die eigenen inneren Hindernisse anzuschauen, die uns davon abhalten können, die Träume zu verwirklichen. Erst durch das mentale Kontrastieren gewinnen wir die zum Handeln notwendige Energie. Oettingen hat dafür ein einfach handhabbares Modell unter dem eingängigen Namen »WOOP« dargelegt. WOOP steht für die Abkürzung der vier relevanten Schritte: **W**ish für den Wunsch oder das formulierte Anliegen. **O**utcome umschreibt das bestmögliche Ergebnis, das man sich von der Erfüllung des Wunsches erhofft. **O**bstacle meint das Hindernis, das der Wunscherfüllung im Wege steht. Im letzten Schritt geht es darum, einen **P**lan zu erstellen, welcher die Tätigkeiten umfasst, um das Hindernis zu überwinden.

Neben der *Setzung von Zielen* gibt es drei weitere *Sinnbausteine*, die von der Psychologie identifiziert wurden (vgl. Ernst, 1996, S. 190 f. u. 2010, S. 22): Menschen brauchen ein für sie stimmiges

Wertesystem, das ihnen hilft, in verschiedenen Lebenslagen Orientierung zu gewinnen. Ein Mindestmaß an *Kontrolle* über die eigenen Lebensbedingungen ausüben und sich als »selbsteffizient« erleben zu können, ist der dritte Sinnbaustein. Kontrollverlust geht häufig einher mit Resignation oder gar Identitätskrisen. Es ist dabei weniger entscheidend, ob Kontrolle faktisch möglich ist, sondern wichtiger ist die subjektive Einschätzung. Der vierte Baustein ist das im vorhergehenden Abschnitt bereits genannte *Selbstwertgefühl*. Menschen empfinden ihr Leben dann als sinnvoll, wenn sie sich selbst wertschätzen können. Hauptsächlich wird das Selbstwertgefühl aus sozialen Vergleichsprozessen generiert, indem sich das Individuum hinsichtlich sozial erwünschter Aspekte in Bezug auf andere einschätzt, beispielsweise nach Beliebtheit, Tüchtigkeit, Humor, Ansehen. Das Problem dieser vier Sinnbausteine liegt aber darin, dass sie nicht stabil sind und leicht erodieren können. Eine ähnliche, aber etwas andere Gewichtung von für den Lebenssinn wesentlichen Merkmalen nennt Schnell. In ihrem für den deutschen Sprachraum bedeutenden Buch »Psychologie des Lebenssinns« (2016) führt die Innsbrucker Psychologin ein Inventar von fünf Sinndimensionen auf, die insgesamt 26 sinngebende Lebensbedeutungen umfassen (S. 54 ff.). In ihren Untersuchungen kommt sie zu einem interessanten Schluss: Viktor Frankl baute seine Logotherapie darauf auf, dass der Mensch ein inhärentes Bedürfnis nach Sinn aufweist. Wird dieses Bedürfnis nicht erfüllt, so resultieren daraus seelische Probleme. Demgegenüber fand Schnell, dass über ein Drittel aller Deutschen ihr Leben als sinnlos erfahren und damit aber kein Problem haben. »Sie suchen keinen Sinn und leiden nicht unter Sinnmangel oder einer Sinnkrise« (S. 86). Schnell bezeichnet diese Gruppe als »existenziell indifferent« und ergänzt damit die beiden anderen Gruppen »Sinnerfüllung« und »Sinnkrise« (S. 87). Die vier von ihr genannten für die Psychologie des Lebenssinnes wesentlich sinngebenden Merkmale sind (2014, 2016, S. 7 ff.): *Bedeutsamkeit*: Was ich tue, ist mir sehr wichtig. *Orientierung*: Dies kommt der oben genannten Zielorientierung sehr nahe: Wir wissen, in welche Richtung die Reise im Leben geht. *Zugehörigkeit*: Wenn wir uns zu einem größeren Ganzen wie etwa in Familie, Freundeskreis oder Arbeitsgruppe verbunden fühlen, ist das viel zentraler als etwa das

Streben nach Selbstverwirklichung und ausgeprägter Individualität. *Stimmigkeit oder Kohärenz*: Passt das, was ich tue, wirklich zusammen, insbesondere auch mit meinen Werten?

Integration unterschiedlicher Werte

Am unsichersten schätzt Heiko Ernst die Sinnbasis der Werte ein, weil viele traditionelle Wertesysteme ihre Autorität oder Bindekraft verloren haben. Selbst die Wissenschaften stecken in Sinnkrisen und können keine letztlichen Antworten auf die Frage nach den »richtigen« Werten geben. Denn für die meisten wissenschaftlichen Erkenntnisse gibt es Studien, die zu gegenteiligen Ergebnissen kommen bzw. neue Fragen aufwerfen. Deshalb seien hier zwei Modelle vorgestellt, wie mit unterschiedlichen, gegensätzlichen Werten auf eine *integrierende Art* umgegangen werden kann.

Das erste Modell ist das *Wertequadrat* nach Paul Helwig und Friedemann Schulz von Thun. Helwig entwickelte in seiner »Charakterologie« (1967) in Anlehnung an Aristoteles das Werteviereck. Der Grundsatz dabei lautet: Jeder Wert (jede Charaktereigenschaft, Tugend usw.) kann nur dann zu einer konstruktiven Wirkung gelangen, wenn er sich in einer Balance zu einem positiven Gegenwert, einem »Schwesterwert« befindet. Ohne diese Balance verkommt ein Wert zu seiner »Entartungsform« (Helwig) bzw. zu seiner »entwertenden Übertreibung« (Schulz von Thun, 1989). An einem der Grundthemen dieses Buches sei das Wertequadrat erläutert: Flexibilität verkommt ohne ihren positiven Gegenwert Beständigkeit zu einer völligen Auflösung (des Ichs), umgekehrt verkommt Beständigkeit ohne Flexibilität zur Erstarrung (siehe Abbildung 11).

Bei diesem Quadrat entstehen vier Arten von Beziehungen, je nachdem wie die Begriffe zueinander stehen:
1. Die obere Linie zwischen den positiven Werten stellt einen dialektischen Gegensatz dar mit einem positiven Spannungsverhältnis.
2. Die Diagonalen verweisen auf konträre Gegensätze zwischen einem Wert und einem Unwert.
3. Die senkrechten Linien stehen für die entwertende Übertreibung.
4. Die untere Verbindung zwischen beiden Unwerten bezeichnet Helwig als »Überkompensation« (1967, S. 66). Sie entsteht, wenn wir von einem Unwert in den entgegengesetzten Unwert fliehen.

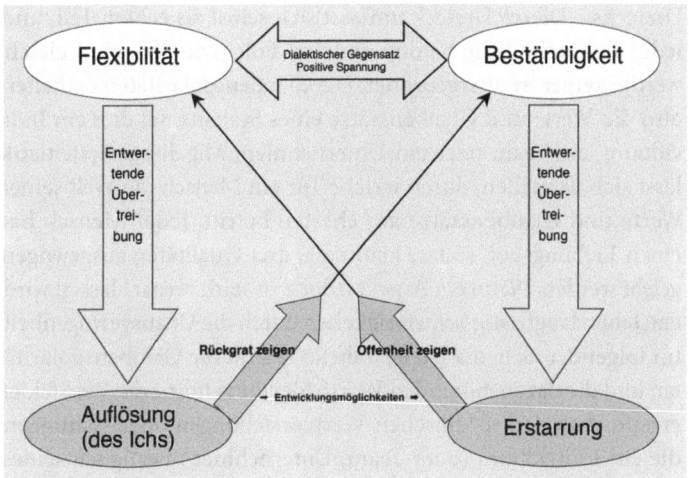

Abbildung 11: Wertequadrat am Beispiel Flexibilität und Beständigkeit

Anzustreben ist eine dynamische Balance zwischen den Polen; dies soll nicht ein Plädoyer für ein »Mittelmaß« sein. Vielmehr geht es darum, dass wir die Möglichkeit besitzen, je nach Situation auf beide Werte zurückgreifen zu können. Schulz von Thun verwendet auch das Symbol von Yin und Yang für das Verhältnis der beiden oberen Werte: »Sie durchdringen sich gegenseitig und enthalten jeweils schon selbst ein Spurenelement des Gegenpoles« (1989, S. 40). Als Entwicklungsquadrat ermöglicht das Wertequadrat darüber hinaus anzudeuten, in welche Richtung eine weitere (Identitäts-)Entwicklung eines Menschen gehen könnte.

Das zweite Modell, das *Glaubenspolaritätenschema,* wurde im Rahmen der Systemischen Strukturaufstellung von Matthias Varga von Kibéd und Insa Sparrer entwickelt. Angeregt wurden sie durch die religionsphilosophischen Überlegungen von Frithjof Schuon, der sich wiederum an der Einteilung von Yoga-Formen aus der späteren Yoga-Philosophie nach Patanjali orientierte. Deren Einteilung in Erkenntnis – Liebe – Ordnung/Handlung erinnert übrigens stark an Pestalozzis »Kopf – Herz – Hand«. Varga von Kibéd und Sparrer haben die drei Pole in einem Glaubenspolaritätenschema dargestellt, einem fraktalen Schema in Form eines »Sierpinski-

Dreiecks«. Dieses Dreieck umfasst sich selbst als echten Teil, und jeder Pol enthält die beiden anderen Pole. Die Pole sind gleichwertig, keiner ist übergeordnet. Die Glaubenspolaritäten enthalten also die Werte und Glaubenssätze eines Systems, sei dies ein Individuum, ein Team oder ein Unternehmen. Mit dieser Systematik lässt sich darstellen, durch welche Tür ein Mensch die Welt seiner Werte und Glaubenssätze am ehesten betritt. Jeder Mensch hat einen Lieblingspol, sodass kaum alle drei Qualitäten ausgewogen gelebt werden. Wenn ein Aspekt jedoch zu stark vernachlässigt wird, entstehen langfristig Schwierigkeiten durch die Unausgewogenheit. Im folgenden Schema (siehe Tabelle 1) sind die Glaubenspolaritäten und die dazugehörenden Wortfelder aufgeführt; die Wortfelder entsprechen den spezifischen Wertvorstellungen oder Haltungen, die ein Individuum (oder Team, Unternehmen) bezüglich seines Lieblingspols am passendsten findet.

Tabelle 1: Schema Glaubenspolarität

Glaubens-polarität	Wortfeld	Philosophische Disziplin	Metaphysisches Prinzip	Yoga-Form
Erkenntnis (Kopf)	Einsicht, Vision, Überblick, Klarheit, Erkenntnis, Wissen, Wahrheit, Wertschätzung, Schönheit	Logik	das Wahre	Jnana-Yoga
Liebe (Herz)	Vertrauen, Mitgefühl, Sehnen, Einfühlung, Erbarmen, Güte, Mitleid	Ästhetik	das Schöne	Bhakti-Yoga
Ordnung (Hand)	Struktur, Verantwortung, Tatkraft, Ausgleich, Pflicht, Handlung, Tat und Folgen	Ethik	das Gute	Karma-Yoga
Weisheit	Sophia			

Die Pole werden als übergeordnete, gleichwertige Kraftquellen betrachtet, bei denen sich ein Individuum (bzw. ein anderes lebendes System) stärken kann, wenn die Pole frei zugänglich sind. In der Methode der Glaubenspolaritätenaufstellung werden die Pole der Symbolkategorie *Orte* zugeordnet. Jeder dieser Pole trägt in sich die Qualität der anderen beiden Pole. Eine wechselseitige Abwertung ist in einem fraktalen Muster gar nicht möglich, da in jedem einzelnen Teil immer wieder das Ganze enthalten ist. Die folgende Abbildung (Abbildung 12) verdeutlicht die fraktale Darstellung des Glaubenspolaritätenprofils:

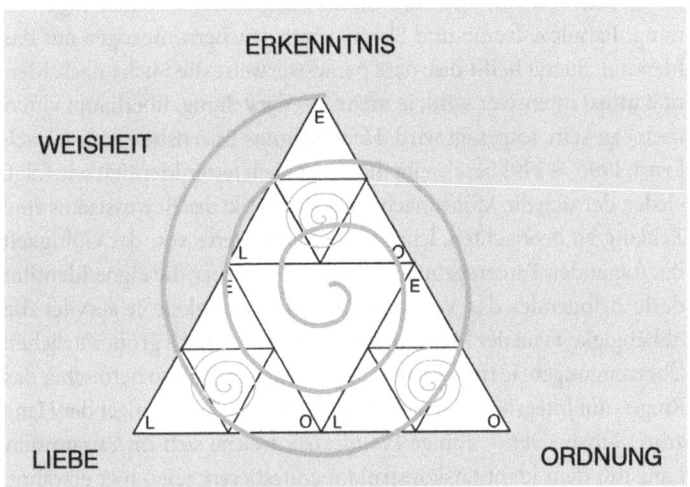

Abbildung 12: Glaubenspolaritätenschema(ta)

Für die Aufstellungsarbeit (Näheres dazu etwa in Varga von Kibéd u. Sparrer, 2011; Daimler, 2008) wird neben den Polaritäten als Orten auch ein »freies Element«, die *Weisheit,* eingesetzt. Ein freies Element verkörpert häufig überpersönliche Kräfte. Im Falle des Glaubenspolaritätenschemas wäre die Weisheit in der Mitte als Balancierung aller Werte zu verstehen. Da aber der Mittelpunkt nicht ein Ort ist, sondern etwas, das sich ständig entwickelt und in Bewegung ist, wird die Weisheit als freies Element symbolisiert im Sinne einer »balancierten Einbeziehung der Unbalanciertheit« (Sparrer u. Varga von Kibéd, 2010, Seminarnotizen), also eines Fließgleichgewichts. Durch die Arbeit mit den Glaubenspolaritäten eröffnet sich bezogen auf Werte eine Art Ausgleich, sodass dem Individuum im Sinne einer Ganzheit wieder alle Pole als Ressource zur Verfügung stehen.

3.5.4 Ich bin verrückt, also bin ich: Paradoxes, »Crazy Quilt« – und selbst dies nicht und auch das nicht

Die Theorie der Fraktale spiegelt zusammen mit anderen Theorien (wie etwa Chaostheorie, Komplexitätstheorie) den Schwerpunkt in den Naturwissenschaften wider, der Unbestimmbarkeit, Vielfalt, Zufall, Widersprüchlichkeit, Relativität usw. betont. Entsprechend steht nach Rifkin (2000, S. 261) Spontaneität auf der gesellschaftlichen Tagesordnung. Paradox, Ironie und Skeptizismus wuchern. Bezogen auf das Identitätsthema heißt das, dass paradoxerweise die Suche nach Identität umso intensiver wird, je mehr die Vorstellung, überhaupt »identisch« zu sein, totgesagt wird. Hans Magnus Enzensberger (zit. nach Ernst, 1996, S. 199) beschreibt die Sucht nach fester Identität wie folgt: »Jeder, der sich die Mühe macht, den Jahrmarkt des Bewusstseins eine Zeitlang zu beobachten, kann sich ohne weiteres von der Gültigkeit der folgenden Faustregeln überzeugen: Je mürber die eigne Identität, desto dringender das Verlangen nach Eindeutigkeit. Je serviler die Abhängigkeit von der Mode, desto lauter der Ruf nach grundsätzlichen Überzeugungen. Je frenetischer die Spesenjägerei, desto heroischer das Ringen um Integrität. Je schicker das Ambiente, desto inniger der Hang zum ›Subversiven‹«. Einige *Paradoxien*, welche sich im Zusammenhang mit dem Identitätskonstrukt manifestieren, seien hier erwähnt:

- Der Wunsch nach Festigkeit, Eindeutigkeit, Individualität steht im Widerspruch mit dem Motiv, sich möglichst alle Optionen offenzulassen, sich kaum festzulegen und Entscheidungen nur vorläufig zu treffen.
- Die Sehnsucht, nach Existenzformen zu suchen, die Sicherheit und Kohärenz bieten, steht diametral der Furcht entgegen, sich festlegen zu müssen und in festgefahrenen Formen zu erstarren. Das Individuum muss einen Weg zwischen den Polen der Vereinheitlichung und der Fragmentierung des Selbst finden.
- Die archaische Methode des Geschichten-Erzählens scheint paradoxerweise eine der wenigen Möglichkeiten zu sein, sich in Zeiten wachsender Komplexität und Beschleunigung überhaupt zu definieren und zu behaupten und möglicherweise dem eigenen Dasein Sinn zu verleihen.
- Alles, außer gewöhnlich zu sein (Förster u. Kreuz, 2007, vgl. Kapitel 3.2), kann genauso wie die »Sei-spontan-Paradoxie« dann zu

einem Widerspruch werden, wenn es als Aufruf an alle Menschen geht; wenn außergewöhnlich zu sein zu einem Hervorhebungsmerkmal des postmodernen Menschen gehört, dann wird es hinfällig, sobald alle danach streben.
- Die existenziell freie Wahl, seinen eigenen Weg zu gehen, steht im Gegensatz zur Verführung, sich für standardisierte, leicht konsumierbare Formate der Lebensführung zu entscheiden.
- Die Auffassungen, was als psychisch »normal« gilt und was nicht, verändern sich im Laufe der Zeit. So war beispielsweise für den Zürcher Psychiater Eugen Bleuler um 1914 Ambivalenz ein Krankheitssymptom, eng verwandt mit der Schizophrenie, ein Phänomen, das der Mensch nicht aushält (Gugerli, 2011). Abnormal oder normal sind keine Entweder-oder-Gegensätze, sondern alle Menschen befinden sich auf einem Kontinuum zwischen den beiden Polen. Die Linie zwischen normalem und nicht normalem Verhalten ist somit eine Gratwanderung. Heute müssen wir uns sogar die Frage stellen, ob wir »nicht alle ein bisschen bluna« sind (Nuber, 2006) oder »leicht neben der Spur« (Nuber, 2017). Wenn wir die Frage bejahen, es heute also normal ist, dass wir ein bisschen verrückt sind, dann besteht eine Paradoxie. Ist dann Verrücktheit eine völlig normale Erscheinung?

Ambivalenz weist von seinem lateinischen Ursprung auf eine Zwiespältigkeit hin, meistens verbunden mit zwei entgegengesetzten Gefühlen bezogen auf ein Thema, sodass die Gefahr einer Handlungsunfähigkeit besteht. Eigentlich müsste man heute eher von Multivalenz sprechen, denn wie wir etwa beim Thema der inneren Familienmitglieder gesehen haben, treten in komplexen Situationen mehrere Stimmen in Erscheinung. Um mit dieser Vielfalt adäquat umzugehen, geht es darum, neue Entscheidungsstrategien zu finden. In Anlehnung an den Psychologen Gelatt (1989, S. 252, zit. nach Keupp et al., 1999, S. 280) soll es eine Entscheidungsstrategie der »positiven Unsicherheit« sein, die hilft, mit Wandel und Ambivalenz umzugehen. Unsicherheiten und Inkonsistenzen gehören zu einem solchen Verfahren, welches auch intuitive, nicht rationale Seiten des Denkens und Auswählens mit einbezieht. Gefördert werden damit »positive Haltungen und paradoxe Methoden in der Gegenwart wachsender Unsicherheit« (S. 280).

Umgang mit Multivalenzen: Das Tetralemma

Erneut soll an dieser Stelle ein Verfahren aus der Feder von Matthias Varga von Kibéd und Insa Sparrer (2011) vorgestellt werden, welches einen kreativen, querdenkerischen Zugang zu und Umgang mit Gegensätzen und Multivalenzen erlaubt: das Tetralemma bzw. die Tetralemmaaufstellung (siehe Abbildung 13). Das Verfahren dient der Entscheidungsfindung und kann gut für Einzelpersonen, aber auch für Gruppen oder Organisationseinheiten angewandt werden (vgl. Lippmann, 2009, S. 182). Es lassen sich mit dem Tetralemma aber auch Gegensätze integrieren, Standpunkte klären, Werte überprüfen oder neue Perspektiven entwickeln. An einem Beispiel aus der Säule der Berufsidentität sollen die Schritte erläutert werden: Die ersten zwei Positionen des Tetralemmas sind in dem Gegensatz »Entweder-oder« bekannt: Soll sich jemand für Beruf A oder B entscheiden? In einem nächsten Schritt kann die Option »Beides: sowohl als auch« geprüft werden, in dem Fall also eine Verbindung oder Kombination von A und B. Es kann sich aber bei der vierten Position »Keines von beiden« zeigen, dass ein ganz anderer Beruf in den Vordergrund rückt oder es sich um etwas anderes als die Berufsentscheidung handelt. Varga von Kibéd und Sparrer ließen sich von einer Struktur aus der traditionellen indischen Logik inspirieren, die zur Kategorisierung von Standpunkten dient. Die in Sanskrit genannten »vier Ecken« ermöglichen es im Rechtswesen dem Richter, verschiedene Standpunkte einzunehmen: A hat recht oder B, in der dritten Ecke haben beide recht und als vierte Variante keine von beiden Parteien. »Diese vier Positionen wurden von den buddhistischen Logikern, ausgehend vom Madhyamaka-Buddhismus des Nagarjuna, um die Negation des Tetralemmas (die sogenannte vierfache Negation) erweitert« (Varga von Kibéd u. Sparrer, 2011, S. 77). Dadurch entsteht die sogenannte fünfte Position, eine übergeordnete Sichtweise mit Aspekten der Überraschung, des Querdenkens und Humors. Diese Position nennen Varga von Kibéd und Sparrer »All dies nicht – und selbst das nicht!«. Das Wort »dies« bezieht sich dabei auf die Positionen eins bis vier und deutet an, dass keine dieser Positionen einen alle Aspekte des Themas umfassenden Standpunkt darstellt. Mit »und selbst das nicht« soll formuliert werden, dass auch die fünfte Position keinen Anspruch auf Absolutheit haben kann. Sie hebt sich daher selbst auf, deshalb kann sie auch »die fünfte (Nicht-)Position« genannt werden (S. 91). Dies ist meiner Meinung nach das Faszinierende an dem Verfahren: Es erinnert daran, dass alle Standpunkte unvollständig sind. Indem wir uns das Tetralemma als eine Art Spirale vorstellen, symbolisiert es einen nie endenden Entwicklungsprozess (S. 93). Und die am Ende von Abschnitt 3.5.1 erwähnte Ringparabel von Lessing taucht hier in ähnlicher Form wieder auf: »Wer die fünfte ›Position‹ des Tetralemmas berührt hat, sucht nicht mehr nach dem letzten oder besten Schema, dem Schubkasten aller Schubkästen. Wo es um Werte wie falsch und richtig, gut und böse geht, weiß der bis hierher vorgedrungene Querdenker, dass es um lebendige Qualitäten geht, die vorgelebt werden müssen« (S. 93).

Zurück zum Thema Paradoxie und *Verrücktheit*. Mit dem Querdenken sind wir höchstwahrscheinlich heutzutage noch klar im Bereich der »normalen Identität«. Aber generell vermutet Nuber, dass wohl niemand von uns wirklich normal sei. Für eine Unterscheidung, ob eine »Identität« »gestört« ist oder ob es sich lediglich um Persönlichkeitsstile oder -züge handelt, werden mindestens vier Aspekte berücksichtigt (Nuber, 2006, S. 23 ff., Nuber, 2017):

- Ausprägung: Wie stark ist das abweichende Denken, Fühlen und Verhalten am äußeren Rand auf dem Kontinuum »normal – abnormal« anzusiedeln?
- Flexibilität: Wie stark eingeschränkt ist eine Person, auf veränderte Bedingungen flexibel reagieren zu können?
- Stress: Wie stark sind die Selbstwahrnehmung und das eigene Erleben geprägt vom Gefühl, stark belastet und in seinem Leben eingeschränkt zu sein?
- Kontext: Wie situationsadäquat versus deplatziert und verrückt ist eine Verhaltensweise bezogen auf den Kontext?

Diese »tolerante« Sichtweise bietet die Möglichkeit, viele Verhaltensweisen vom Image des Pathologischen und Verrückten zu befreien. Die meisten Verhaltensmuster, die man bei Persönlichkeitsstörungen findet, sind grundsätzlich bei allen Menschen angelegt. Vermutlich sind sie ein Erbe der Evolution. So konnte etwa übermäßige Furcht ein Überlebensvorteil gewesen sein. LeDoux (2006) stellt die Hypothese auf, dass möglicherweise diejenigen eher überlebt haben, die auf dem Weg durch ein Dickicht bei einem Verdacht auf eine Schlange einen Umweg in Kauf nahmen, als diejenigen, welche furchtlos weitergingen unter der Annahme, es könnte sich ja ebenso gut um einen Ast handeln. Or übermäßiger Geiz mag in Zeiten sinnvoll gewesen sein, wo es darum ging, sich auf eine Notsituation vorzubereiten. Solche Überlegungen veranlassen Nuber zur Hoffnung, dass auffällige Verhaltensweisen wieder einen Platz im Spektrum des Normalen erhalten: »Es gibt Hoffnung, dass in unserer Gesellschaft nicht mehr nur der Konformismus triumphiert, sondern auch das Schillernde, Bunte, Unangepasste akzeptiert wird« (Nuber, 2006, S. 26). Neben dem Plädoyer für mehr Toleranz bedeutet dies auch eine Abkehr von der Vorstellung, dass nur Konformität und Anpassung an die geltenden Regeln der Königsweg zur psychischen Gesundheit sein sollen. Im Gegenteil, Nuber zitiert Studien mit Exzentrikern, die belegen, dass diese gesünder leben als der »normale« Durchschnitt. Denn sie setzen sich weniger unter Druck, immer mit dem Strom schwimmen zu müssen. Ihre innere Unabhängigkeit mache sie selbstsicherer und mutiger. In Einklang mit Erich Fromm und Arno Gruen kommt Nuber zum Schluss, dass ein gewisser Nonkonformismus für den Einzelnen, aber auch für die gesellschaftliche Weiterentwicklung unabdingbar sei. »So gesehen erscheinen die Kapriolen unserer Politiker in einem neuen Licht: Vielleicht ist es ja ein positives Zeichen für unsere gesellschaftliche Entwicklung, wenn selbst hohe Funktionsträger es wagen, sich über herrschende Normen hinwegzusetzen, und ein in klein wenig verrückt spielen« (S. 27).

Auch wenn dieses Sich-Hinwegsetzen über Normen sicher eine Gratwanderung ist, klingt in dem Zitat wiederum ein Aspekt an, den ich mit der proteischen Persönlichkeit mehrfach umschrieben habe. Beim Spielerischen sind wir nahe bei der Thematik des »*So tun, als ob*« (Hecht, 2010) und der *Authentizität*: Beides hängt wiederum mit der Frage zusammen, ob es denn so etwas wie ein »Kernselbst« gibt, das gewissermaßen als »Referenzpunkt« für Authentizität dienen könnte. Der Sozialpsychologe Mark Leary (2004) formuliert es offen:

»Wir glauben, dass wir ein Kern-Selbst haben, und dem wollen wir entsprechen. Wer das nicht zu schaffen glaubt, leidet wirklich an dieser eingebildeten Unauthentizität« (zit. nach Ernst, 2008, S. 24). Ob es ein »wahres Selbst« gibt oder nicht: Auf jeden Fall zeigt sich auch an dem Begriff der Authentizität eine Paradoxie: Gerade in einer Zeit, die eine hohe Anpassungskunst und Fähigkeit zum »So tun, als ob« erfordert (bezogen auf alle Säulen der Identität, wie ich dargelegt habe), stehen Authentizität und »Echtheit« hoch im Kurs. Deshalb fragt Ernst kritisch, ob wir nicht einem postmodernen Fetisch, einem Trugbild nachjagen, indem wir nach dem »wahren Selbst« suchen. Andererseits liegt für viele der Kick gerade darin, sich nicht auf einen wahren Kern festlegen zu müssen, sondern mit vielen Identitäten spielen zu können. Und dabei fließen durch die interaktiven Medien die verschiedenen Identitätsebenen ineinander, sodass am Schluss kaum mehr unterscheidbar ist, was nun virtuell oder real und was noch »normal« oder »nicht mehr normal« ist. Abnormal bedeutet ja immer eine Abweichung von der sozialen Norm. Bis heute ist es noch keinem einzigen wissenschaftlichen Experiment gelungen, unabhängig von sozialen Kriterien den Unterschied zwischen psychisch normal und psychisch abnormal zu formulieren (Verhaeghe, 2013, S. 103). Die Definition psychischer Erkrankungen ist eine schmale Gratwanderung. Das ist auch der Grund, wieso es rund um eine Neuauflage des »Diagnostic and Statistical Manual of Mental Disorders«, DSM-5, zu heftigen Kontroversen kommt. Im Umfeld der 5. Auflage im Jahr 2013 äußerte sich Allen Frances, der Herausgeber der früheren Version, kritisch (2013, 2014): Krankheitsbilder seien unnötig aufgeweicht worden, man riskiere eine Inflation psychiatrischer Diagnosen und pathologisiere Menschen, die ganz normal seien. Dies komme vor allem der Pharmaindustrie zugute. Sensibilisiert für das Thema Pathologisierung startete Fanny Jimenez für die Welt am Sonntag eine Kolumne »Bin ich noch normal, wenn …?«. Denn was normal ist und was nicht, kann niemand mit absoluter Sicherheit sagen. Auch die absurdesten Macken sind nicht so irrational, wie sie auf den ersten Blick scheinen. Die Psychologin und Wissenschaftsjournalistin sammelte eine Fülle von Spleens (Jimenez, 2016). Dabei vertritt sie die Ansicht, dass Spleens eine wichtige Funktion erfüllen für diejenigen, die sich einen zugelegt haben.

Von der Patchwork-Identität zum »Crazy Quilt«

Damit möchte ich abschließend zu diesem Kapitel über die fünfte Identitätssäule zu einem Begriff kommen, den ich als eine sehr treffende Umschreibung betrachte für die komplexe Thematik der Identität wie auch der (Ab-)Normalität. Keupp (1989) greift die Patchwork-Metapher für die Identitäten der Spätmoderne auf. Sie entspreche dem klassischen Identitätsbegriff. Patchworks sind geometrische Muster in einer sich wiederholenden Gleichförmigkeit. Dadurch stehen sie für eine durchstrukturierte Harmonie mit einem Gleichgewichtszustand von Form- und Farbelementen. Dem Patchwork stellt Keupp den »*Crazy Quilt*« gegenüber. Dieser besticht durch seine überraschenden, oft wilden Verknüpfungen von Farben und Formen. Für das Identitätskonzept bedeutet diese Metapher, dass wir nicht einen generellen Verlust von Identität zu bedauern haben, sondern allenfalls von jenem Typ, der sich entsprechend dem klassischen Patchwork über Ordnung und Voraussehbarkeit definiert: »Wir haben es nicht mit ›Zerfall‹ oder ›Verlust der Mitte‹ zu tun, sondern eher mit einem Zugewinn kreativer Lebensmöglichkeiten« (Keupp, 1989, S. 64).

Damit gehe auch die Vorstellung von Kohärenz nicht verloren. Im Gegenteil: Keupp hält an der Wichtigkeit eines Kohärenzgefühls für die Identitätsarbeit fest, »aber Kohärenz entsteht nicht nur dann, wenn ich auf ein fixes Koordinatensystem von Normen und Sinnorientierungen zurückgreifen kann. Kohärenz ohne ›Identitätszwang‹ ist ein kreativer Prozess von Selbstorganisation« (S. 64). Und dieser Prozess geschieht sehr stark in Interaktion mit den sozialen Netzen, wie sie in der entsprechenden Identitätssäule dargestellt worden sind. Interessanterweise kommt Sennett in seiner im Grunde eher pessimistischen Analyse über die »Korrosion des Charakters« (so der englische Originaltitel seines Buches) zu einem ähnlichen Schluss wie Keupp. Denn er führt aus, die Postmoderne erfordere »eine besondere Charakterstärke – das Selbstbewusstsein eines Menschen, der ohne feste Ordnung auskommt, der inmitten des Chaos aufblüht« (1998, S. 79). Dass dabei die sozialen Netze eine zentrale Rolle spielen, sieht Sennett genauso. Er betont aber etwas stärker als Keupp die soziale Ungleichheit und die Machtverhältnisse, die nicht allen im gleichen Ausmaß ein »Crazy Quilt« erlauben: »Die wahren Sieger leiden nicht unter der Fragmentierung, sie regt es vielmehr an, an vielen Fronten gleichzeitig zu arbeiten; das ist Teil der Energie, die den irreversiblen Wandel antreibt. Die Fähigkeit, sich von der eigenen Vergangenheit zu lösen und Fragmentierung zu akzeptieren, ist der herausragende Charakterzug der flexiblen Persönlichkeit, wie sie in Davos an den Menschen abzulesen ist, die im neuen Kapitalismus wirklich zu Hause sind. Doch diese Eigenschaften kennzeichnen die Sieger. Auf den Charakter jener, die keine Macht haben, wirkt sich das neue Regime ganz anders aus« (Sennett, 1998, S. 80). Sennett spricht also den Machtlosen die Möglichkeit ab, aus der Flexibilität einen Zugewinn an kreativen Lebensmöglichkeiten zu erzielen. Ist er zu pessimistisch oder Keupp mit seiner positiven Konnotation zu optimistisch? Wie auch immer: Wenn Ihnen die Metapher des »Crazy Quilt« nicht zusagt – vielleicht wegen des »crazy« oder der Ausblendung der Machtverhältnisse –, dann biete ich folgenden Ausweg an, in Anlehnung an das fünfte Element im Tetralemma: Identität ist selbst dies nicht und auch das nicht.

3.5.5 Die Säule »Glaube, Werte und Sinn« bei Zelig

Das Thema des *Glaubens* und der *Religion* präsentiert sich klar durch Zeligs jüdische Wurzeln. Irving Howe, einer der interviewten Intellektuellen, interpretiert Zeligs Geschichte als Parallele der jüdischen Gemeinde innerhalb der amerikanischen Gesellschaft. Die Juden in den USA versuchen, sich ebenfalls an die Gesellschaft anzupassen, und riskieren dabei das Aufgeben ihrer Kultur (Allen, 1983, S. 105). Diese Anpassung ging in der Biografie Zeligs so weit, dass sich seine Eltern auf die Seite der Antisemiten geschlagen haben, als der kleine Leonard von ihnen geplagt wurde (S. 21). Sicher kein Zufall ist, dass alle interviewten amerikanischen Intellektuellen jüdische Wurzeln aufweisen: Susan Sontag, Irving Howe, Saul Bellow, Bruno Bettelheim und John Morton Blum geben kürzere oder längere Statements ab zu Aspekten von Zelig (ausführlicher zu diesen Personen vgl. Celikkaya, 2009, S. 55 ff.). Es gibt zudem eine Szene, in der sich Zelig im Gespräch mit anderen Rabbis in Paris selbst in einen Rabbiner verwandelt (Allen, 1983, S. 59). Diese Verwandlung gelingt so realistisch, dass einige Franzosen ihn am liebsten auf die Teufelsinsel verbannt hätten. Dies ist eine Anspielung auf die Affäre

Dreyfus, den größten politischen Skandal der Dritten Französischen Republik. Zelig parodiert dabei die Franzosen, die zwar für »liberté, égalité, fraternité« einstehen, aber sich nicht scheuten, in Dreyfus einen Sündenbock zu sehen. Die Teufelsinsel war früher eine Strafkolonie, hier inhaftierte man auch Alfred Dreyfus, weil man ihm als Jude deutscher Herkunft vorwarf, für die Deutschen zu spionieren. Parodiert wird mit dieser Szene aber auch das orthodoxe Judentum, welches zu Intoleranz neigen kann, wie die aktuelle Situation in Israel leider deutlich macht. Auf der anderen Seite kommt im Film auch der christlich-amerikanische Rassismus zum Tragen, wenn etwa eine streng christliche Gruppierung aufruft, »den kleinen Juden zu lynchen« (S. 114). Diese Szene wie auch diejenige mit dem Ku-Klux-Klan wurden schon im Zusammenhang mit dem Ethnozentrismus erwähnt. Bei Papst Pius XI. stiftet Zelig Chaos, als er bei dessen Ostersonntagszeremonie stört (S. 71). Die Themen des Fanatismus und der Toleranz werden somit an einigen Stellen und teilweise in parodistischer Art und Weise aufgenommen.

Die *narrative Identität* wird bei Zelig absolut, da die Figur Zelig *nur* aus Erzählung besteht. Der Film ist im Erzählstil, chronologisch und dokumentarisch aufgebaut. Teilweise gibt es Überblenden, etwa bei Rückblenden in Zeligs Kindheit, wo Pseudodokumentarfotos gezeigt werden. Die Kernepisoden drehen sich um die Themen »geliebt werden« und das Selbstwertgefühl Zeligs, welches sich parallel mit der Liebe zu Dr. Fletcher entwickelt. Wie erwähnt, enthält der Film nicht nur Elemente aus Woody Allens Leben bis 1983, sondern nimmt auch spätere Lebensthemen vorweg. Möglicherweise kann das Erzählen in Filmen und Geschichten generell als zentraler Beitrag zur *Kohärenz* des Autors, Regisseurs und Schauspielers Woody Allen betrachtet werden. Bezüglich *Sinngebung* hat Zelig keinen leichten Stand. Auf dem Totenbett vermittelt ihm sein Vater, »dass das Leben ein Alptraum sinnloser Qualen sei, und der einzige Rat, den er ihm gibt, ist, immer alle Paketschnüre aufzuheben« (S. 22). Auch der Rabbi – so erinnert sich Zelig in der Hypnose – machte es ihm diesbezüglich nicht leicht: »Ich bin zwölf Jahre alt. Ich gehe in eine Synagoge. Ich frage den Rabbi nach dem Sinn des Lebens. Er erklärt mir den Sinn des Lebens, aber auf Hebräisch. Ich kann kein Hebräisch. Danach verlangt er von mir

600 Dollar für den Hebräisch-Unterricht« (S. 85). Allen spielt hier nicht nur auf das Klischee des geschäftstüchtigen Juden an, sondern mit beiden Episoden vermittelt er eine zentrale Botschaft zum Lebenssinn: Der Sinn des Lebens wird einem weder gegeben noch vermittelt (auch nicht gegen Geld), sondern jedes Individuum sucht im Leben Sinn und gibt dem Leben *seinen* Sinn. Zelig findet seine »Weisheit« im Balancieren zwischen verschiedenen Paradoxien und Wegen in seinem »Crazy Quilt«. Denn seine Suche nach Sinn und Identität ist gespickt von *Paradoxien:* Gerade durch seine Art, sich an die Umgebung anzupassen und nicht auffallen zu wollen, zieht Zelig größte Aufmerksamkeit auf sich und wird berühmt. Sein Konformitätsdruck ist einerseits getrieben vom Wunsch, dazuzugehören und normal zu sein. Doch andererseits wird er gerade dadurch zum psychiatrischen Fall. Mit dem anderen Motiv, nämlich um jeden Preis geliebt zu werden, schafft sich Zelig auch viele Feinde. Diese kommen vor allem dann zum Tragen, als es ihm besser geht und er zusammen mit Dr. Fletcher selbstbewusster auftritt. Schließlich bedeutet sein letzter »Rückfall« in die Rolle des Piloten die Rettung und sein Heldentum. Dazu Saul Bellow im Film: »Äh ... die ... Sache war wirklich paradox, denn das, was ihn in die Lage versetzte, dieses Meisterstück auszuführen, war ja seine Fähigkeit, sich zu verwandeln. Ah ... und ... deshalb war seine Krankheit gleichzeitig der Grund für seine Rettung, und, äh ... ich glaube, es ist ganz interessant, die Sache aus dieser Perspektive zu betrachten, dass es, äh ... dass es nämlich seine Geistesstörung war, die ihn letztlich zum Helden machte« (S. 127). Eine weitere Paradoxie in dieser Episode besteht darin, dass sich Zelig mit dem Flug vor dem symbolischen Ort rettete, der uns wohl wie kein anderer in der Geschichte der Menschheit die Absurdität eines übermäßigen Konformismus vor Augen führt: Nazideutschland. Dass Zelig selbst bei den Nazis untertauchte, aber kurz darauf als »Vorbild für die Jugend« (S. 126) ausgezeichnet wird, ist eine Anspielung auf eine weitere Paradoxie: Charles Lindbergh hat sowohl den amerikanischen Medal of Honor als auch den Deutschen Adlerorden der Nazis erhalten. »Durch diesen Vergleich kritisiert Allen nicht nur Lindbergh, sondern gleichzeitig auch die amerikanische Gesellschaft, die scheinbar nicht das nötige Gespür hat, um zu erkennen, mit wem sie es eigentlich zu

tun haben und wen oder was sie da eigentlich feiern« (Celikkaya, 2009, S. 61).

Wie anspruchsvoll es ist, eine gute Balance zu finden zwischen *Authentizität* und Anpassung bzw. »So tun, also ob«, wird im Film ebenfalls veranschaulicht. Nach einigen Therapiesitzungen im »weißen Zimmer« wird Zelig authentischer und bemerkt: »Man muss zu sich selbst finden ... und seine eigenen Entscheidungen treffen ... auch wenn das manchmal einigen Mut erfordert ... sonst ist man ja wie ein Roboter oder eine Eidechse« (Allen, 1983, S. 91). Als dann kurz darauf die Chefärzte ins Landhaus zu Besuch kommen, um sich von den Fortschritten Zeligs ein eigenes Bild zu machen, bedeutet dies für Dr. Fletcher eine erste wichtige Probe, »was wohl passieren würde, wenn er mit sehr starken Persönlichkeiten zusammenkäme, ob er dann seine eigene Persönlichkeit wieder verlieren würde« (S. 94). Doch Zelig bleibt »standhaft«, ja mehr noch, er legt einen »militanten Nonkonformismus« (Zirfas u. Jörissen, 2007, S. 213) an den Tag: Als ein Arzt harmlos über das schöne Wetter reden will, widerspricht ihm Zelig, er sei da anderer Meinung. Die Szene endet in einem Handgemenge, bei welchem Zelig mit einem Laubrechen auf Einzelne losgeht. Dazu kommentiert die Erzählstimme: »Zelig, der nun darauf trainiert ist, seine eigene Überzeugung ohne Angst auszusprechen, ist zu streitlustig. Man hat ihn zu weit ins andere Extrem getrieben. Er ist übermäßig eigensinnig und kann es nicht ertragen, wenn irgendjemand anderer Meinung ist als er« (Allen, 1983, S. 95). Eine gute Balance zu finden zwischen den Polen Anpassung versus Eigensinn oder *Normalität versus Verrücktheit* bleibt für jedes Individuum eine große Herausforderung im Leben, so auch für Zelig im letzten Teil der Erzählung. Der Film endet aber nicht mit dem »Crazy Quilt« bzw. der Aussage, was man alles erreichen kann, wenn man geistesgestört ist. Das »Happy End« wird im Abspann erzählt: »Leonard Zelig und Eudora Fletcher lebten für den Rest ihres Lebens glücklich zusammen. Sie arbeitete weiter als Psychoanalytikerin, und er hielt von Zeit zu Zeit Vorlesungen, in denen er über seine Erfahrungen sprach. Zeligs Persönlichkeitsveränderungen traten immer seltener auf und allmählich verschwand seine Krankheit völlig. Auf seinem Totenbett erzählte er den Ärzten, dass er ein gutes Leben gehabt hatte und dass das einzig Ärgerliche am

Sterben sei, dass er gerade angefangen hatte, ›Moby Dick‹ zu lesen, und nun wissen wollte, wie es ausging« (S. 134). Es gibt verschiedene Interpretationen zu diesem Filmende und Zeligs Interesse an »Moby Dick« (etwa wegen der Thematik des Dazugehörens, des Nicht-zur-Ruhe-Kommens, vgl. Celikkaya, 2009, S. 50 f.). Für mich zeigt sich darin auch die Symbolik, dass Erzählungen, sei es von Moby Dick, Zelig oder über unser Leben, vieldeutig bleiben bis zum Schluss. Die Sinngebung von Erzählungen – auch des eigenen Lebens – liegt allein in unserer Hand.

4 Zusammenfassende und weiterführende Gedanken zu den fünf Säulen der Identität

4.1 Schlussgedanken zur Säule »Soziale Beziehungen«

Bei dieser Identitätssäule wurde verdeutlicht, dass wir Menschen als *Beziehungswesen* auf soziale Integration und Anerkennung angewiesen sind. Die soziologischen Faktoren für die Entwicklung einer »Gemeinschaft« hin zu einer »Gesellschaft« haben zur Folge, dass vorgegebene soziale Netzwerke in der Postmoderne abnehmen. Individuen haben zunehmend mehr eigeninitiierte soziale Beziehungen (Freundeskreise, Interessengemeinschaften usw.) mit entsprechend höheren Freiheitsgraden und geringeren Verpflichtungen. Dabei ist festzustellen, dass sozioökonomisch unterprivilegierte Schichten weniger in Netze eingebunden sind und höhere Defizite in der erforderlichen Beziehungsarbeit aufweisen (Keupp et al., 1999, S. 278). Das zeigt einmal mehr, wie stark die Säulen der Identität miteinander verwoben sind und sich gegenseitig stärken oder umgekehrt auch schwächen können. Bezogen auf die *Herkunftsfamilie* ist die »Bindungssicherheit« für die Identität zentral (Stierlin, 1994, S. 126). In den Ausführungen wurde mit zahlreichen Beispielen gezeigt, wie vielfältig schon allein die Optionen in der Postmoderne im Bereich der Generativität geworden sind. Damit droht zukünftigen Generationen vermehrt eine Orientierungslosigkeit bzw. Fragmentierung nur schon bezüglich der Frage des eigenen Ursprungs. Eine multiple Identität wird immer häufiger dem Individuum bereits in die Wiege gelegt. Bezogen auf eine »narrative Identität« kann das einerseits bedeuten, dass sich eine Herkunftsgeschichte aus verschiedenen Quellen speist, mit allen Chancen, die damit verbunden sind. Auf der anderen Seite kann es mit höherer Unsicherheit einhergehen, wenn jemand sich nicht ganz im Klaren über die eigene Abstammung ist. Stierlin postuliert, dass »je bindungssicherer wir uns in unseren Ursprungsfamilien erleben, umso eher können wir es uns leisten, aus deren Geschichtenangebot differenzierend das zu übernehmen, was zu uns passt, was uns guttut. Wenn solche Sicherheit fehlt, kann uns das veranlassen, uns früher oder später möglicherweise in einer Art Rundumschlag von den uns beherrschenden und einengenden Geschichten zu befreien« (Stierlin, 1994, S. 126).

Partnerschaften und *Hinkunftsfamilien* sind gewissermaßen gemeinsame narrative Identitäten, die konstruiert werden. Je individualisierter die Beziehungsformen und Familienstrukturen sich ausbilden, umso vielfältiger werden auch die Entwicklungsphasen der einzelnen Beziehungspartner. Ko-Evolution und Ko-Individuation lassen sich somit immer weniger in typischen Phasenmodellen beschreiben, wie dies noch bei Erikson der Fall war (1977, S. 130). Die Grundthematik von Bindung und Ausstoßung bzw. Abhängigkeit und Autonomie bleibt jedoch auch in der Multioptionsgesellschaft eine »condition humaine«. Partnerschaft, Ehe und Familie werden emotional aufgeladener, gleichzeitig erhöht sich das Spannungsfeld zwischen verschiedenen Vorstellungen und Bedürfnissen bezüglich gelingender Partnerschaft. In der Partnerschaft wie in der Hinkunftsfamilie geht es somit vermehrt darum, verschiedene Sichtweisen einnehmen und Konflikte austragen zu können. Die Fähigkeit zu einem Ausgleich der Interessen und einer Balancefindung zwischen verschiedenen, oft sogar sich widersprechenden Werten wird zu einer zentralen Kompetenz in der Ko-Evolution. Dabei kann das in Abschnitt 3.5.3 beschriebene Wertequadrat hilfreich sein. Für die individuelle Identitätswerdung ist eine bezogene Individuation bzw. *Ko-Evolution* von großer Bedeutung. Eine erfolgreiche Entwicklung zeigt sich unter anderem an Folgendem (vgl. Erikson, 1977, S. 113 f.):

- Trotz aller Wechselfälle gelingt es dem Individuum, ein Gefühl der Identität, Integrität und Kohärenz zu entwickeln.
- Abgrenzung von und Zugehörigkeit zu bilden eine konstruktive Balance; dem Individuum ist klar, dass eine gesunde Entwicklung auch auf vielfachen Abhängigkeiten beruht (z. B. von anderen Menschen, intaktem Ökosystem, adäquater Nahrung usw.).
- Eigene Ziele zu setzen und Werte zu definieren gelingt ohne Konformitätsdruck, aber im Austausch mit andern Menschen.
- Das Individuum erlebt sich als Zentrum eigener Initiative und Täterschaft und übernimmt auch die Verantwortung für die Auswirkungen seines Handelns.

– Mit inneren und äußeren Konflikten und den dazugehörenden Polyvalenzen kann umgegangen werden.

Ob es für all dies eine zentrale »Ich-Instanz« braucht, gibt oder nicht, habe ich im Vorhergehenden kontrovers dargestellt. Ich schlage folgende Lösung vor: Wir tun so, als ob wir ein »Kernselbst« oder »Zentral-Ich« hätten. Denn irgendetwas soll ja in unserem Werden für eine gewisse Konstanz und Integration der Teil-Selbste sorgen. Zudem laufen wir weniger Gefahr, am Paradox des Versprechens zu scheitern. Es ist wohl kein Zufall, dass einige von Erikson genannten Tugenden – denen auch moderne Identitätsforscher noch hohe Relevanz zuschreiben (Abels, 2006, S. 435) – die Identitätssäule »soziales Netz« betreffen. Neben Hoffnung und Weisheit, die eindeutiger der fünften Säule zuzuschreiben sind, nennt Erikson Wille, Zielstrebigkeit sowie Treue, Liebe und Fürsorge. Dies verweist auf die Tatsache, dass Identität ein Austauschprozess ist nicht nur zwischen einzelnen Teilen in uns selbst, sondern auch zwischen Individuen. Ko-Evolution lehnt sich damit stark an Martin Bubers Interpersonaltheorie des »Zwischen« an (Emrich, 2007, S. 208). Dann stellt sich natürlich die Frage, ob die *virtuellen Beziehungen* auch mit eingeschlossen sind. Auf jeden Fall haben wir gesehen, dass die Grenzen zwischen virtueller und realer Welt ineinanderfließen. Gefordert ist, wie in dem entsprechenden Kapitel beschrieben, ein flexibles Identitätsmanagement für die virtuelle Welt, aber auch für die identitätsfördernde Wechselwirkung zwischen beiden Welten.

Und was die inneren Teammitglieder betrifft, empfehle ich analog zu vorher, so zu tun, als ob wir ein »Teamoberhaupt« hätten. Denn nach meiner Erfahrung in eigenen und fremden Führungstätigkeiten zeigt sich deutlich, dass es von den Ergebnissen und Auswirkungen her konstruktiver ist, wenn die Teamkonferenzen durch jemanden geleitet werden. Das Teamoberhaupt ist dabei nicht nur in einer moderierenden Rolle: Nach meinem Verständnis gehört die Teamleitung zum Team dazu und vertritt neben der Moderation auch eine Stimme. Deshalb schlage ich im Umgang mit dieser Paradoxie (vgl. die Analogie mit dem Barbier auf Seite 70) vor, dass das Oberhaupt seine Stimme zu einem optimalen Zeitpunkt auch einbringt und in die integrative Teamlösung mit einbezieht. Analoges gilt für den

Fokus in der Systemischen Strukturaufstellung: Der Fokus ist in der Aufstellung stellvertretend für die Person des Kunden bezogen auf eine bestimmte Fragestellung. Ohne Einbezug eines Oberhauptes käme der abgewandelte Spruch frei nach Groucho Marx zur Geltung: »Ich würde niemals Mitglied in einem Team werden, das Personen wie mich als Oberhaupt aufnimmt.« Gut moderierte Teamkonferenzen führen in der Regel zu optimalen Ergebnissen. Genauso fördern gut geführte innere Konferenzen und Selbstgespräche die Kreativität und damit eine zentrale Kompetenz im Identitätsprozess.

Eine kleine Anleitung zum Selbstgespräch kann da sicher hilfreich sein (vgl. dazu auch Tenzer, 2011, S. 29): Schwierige Aufgaben gelingen mit *Selbstgesprächen* besser. Dies gilt vor allem, wenn man analytische Fragen an sich selbst richtet, optimalerweise verbunden mit Fragen nach den Auswirkungen: »Was passiert eigentlich, wenn ich das so mache?« Sich selbst fertigzumachen bzw. mit dem »inneren Schweinehund« zu reden oder sich selbst anzufeuern ist wenig zielführend. Besser sind offene Fragen etwa in der Art: »Wie kann ich das schaffen?« oder »Was kann ich für eine optimale Lösung tun?«. Es spielt auch eine Rolle, wie wir uns selbst anreden. Wenn wir unsere Vornamen oder das Pronomen Du verwenden, dann meistern wir eine Situation, auf die wir uns vorbereiten, viel souveräner. Mit der Du-Anrede schaffen wir eine größere Distanz, die uns erlaubt, vernünftiger, ruhiger und zuversichtlicher auf eine Situation zuzugehen (Weintraub, 2016).

Den Ursprung der inneren Stimmen sieht der englische Psychologe Fernyhough (2016) in der Verinnerlichung jener laut geführten Selbstgespräche, die Kinder vor allem zwischen drei und acht Jahren intensiv führen. Sie begleiten damit ihre Tätigkeit oder äußern Absichten: »Jetzt fahre ich mit dem Auto um die Kurve«. Beim Schuleintritt nehmen die laut geführten Selbstgespräche aber massiv ab und unter Erwachsenen gelten sie sogar als Anzeichen von Verrücktheit. Dazu kann man evolutionärstheoretische Erklärungen heranziehen: Hätten unsere Ahnen beim Verstecken vor einem gefährlichen Tier laut »Jetzt muss ich still sein« zu sich gesagt, wären sie wohl rasch Opfer eines Angriffs geworden. Aber auch heute kann lautes Vor-sich-Hinsprechen störend sein in einem Großraumbüro. Fernyhough weist auf das Paradox hin, dass zwar viele Leute laut

Selbstgespräche führen, jedoch in der Regel nur, wenn sie allein sind, weil es gesellschaftlich nicht akzeptiert ist. Es ist erwiesen, dass laut geführte Selbstgespräche in vielen Situationen hilfreich sein können, speziell, wenn es darum geht, schwierige Aufgaben zu lösen oder als Vorbereitung auf anspruchsvolle Situationen (die sich im narrativen Selbst einmal als sogenannte Kernepisoden erweisen können). Mit einem Mobiltelefonstöpsel im Ohr lassen sich heutzutage Selbstgespräche sogar bestens als »so tun, als ob man telefoniere« inszenieren. Somit wirkt das ja absolut normal, selbst wenn die Gespräche laut geführt werden. Und wenn man dennoch für verrückt gehalten wird, dann kann man sich ja an das »Beinahe-Schlusswort« von Zelig erinnern: ... was man alles schaffen kann, wenn man total geistesgestört ist.

4.2 Schlussgedanken zur Säule »Arbeit und Leistung«

Die Identitätssäule »Arbeit und Leistung« besteht in der multioptionalen Gesellschaft nicht mehr aus einer festen Berufsidentität. So wie Zelig in verschiedene Berufe schlüpft, so kann man heute von einer *Destandardisierung der Erwerbsbiografie* sprechen. Statt des Jobs fürs Leben hat der flexible Mensch ein Leben voller Jobs. Für die Identitätsarbeit bleibt diese Säule jedoch zentral, gerade mit und wegen der Verknappung von Arbeit. Dies zeigt sich vor allem bei Menschen, welche keine Arbeit haben. Flexibel zu sein bedeutet in erster Linie auch einen optimalen Umgang zu finden mit den Widersprüchen in der heutigen Arbeitswelt. Folgende Fragen und Herausforderungen stellen sich für »Arbeitskraftunternehmer« und Firmen:

- Wenn alle flexibel und »alles, außer gewöhnlich« sein müssen, so ist das ja auch wieder ein Anpassungsdruck. Sind somit »kreative Opportunisten« gefragt, die alles tun, um sich den sich rasch verändernden Arbeitsbedingungen anzupassen? Und wenn das alle machen, wo bleibt denn da noch die Originalität?
- Gesucht sind »Arbeitskraftunternehmer«, also Angestellte, die wie Unternehmer denken und handeln, dennoch aber die grundsätzliche Machtverteilung zwischen Kapital und Arbeit nicht anzweifeln. Die Frage stellt sich natürlich, wie solche selbst-

ständigen Mitarbeitenden geführt werden sollen bzw. können. Vielleicht durch *Polyarchie*, bei der Führung nicht nur von den Führungskräften, sondern auch durch die Mitarbeitenden selbst gestaltet wird? »Complex Adaptive Leadership« (Obolensky, 2010), integrale evolutionäre Organisationen (Laloux, 2015), Holacracy (Robertson, 2016) oder das kollegial geführte Unternehmen (Oestereich u. Schröder, 2017) als mögliche Antworten?
- Wie soll der Arbeitskraftunternehmer mit dem Paradox umgehen, dass er Beiträge zu immer höherer Produktivität leisten soll und dabei Gefahr läuft, sich selbst wegzurationalisieren? Denn wenn es immer noch schlanker geht, dann heißt dies ja, vorher war es nicht gut genug; das Alte wird abgewertet. Und wo ist die Grenze der »Lean Production« erreicht? Dazu folgende Geschichte von Idries Shah: Der Mulla Nasrudin kaufte einen Esel. Jemand sagte ihm, er müsse ihm täglich so und so viel Futter geben. Das erschien ihm aber zu viel. Er wollte, so entschied er, den Esel an weniger Futter gewöhnen. Darum verringerte er täglich die Futtermenge. Als der Esel schließlich so gut wie gar kein Futter mehr bekam, fiel er um und war tot. »Schade«, sagte der Mulla, »ich hätte nur noch ein wenig Zeit gebraucht, um ihn daran zu gewöhnen, von gar nichts zu leben.«
- Wir sollten flexibel mit dem Widerspruch umgehen können, einerseits als Angestellte oder Selbstständige mit anderen in Konkurrenz zu stehen, andererseits gleichzeitig arbeitsgruppenintern oder in Netzwerken zu kooperieren. Für eine optimalere Kooperation in Netzwerken steht beispielsweise der »Working Out Loud«-Ansatz, der ein vernetztes, kollaboratives Arbeiten unterstützen möchte (Lipkowski, 2016).
- In Firmen sollte der modulare Mensch anerkennen, dass alle in einem Boot sitzen, aber auch akzeptieren, dass der Fortschritt gegebenenfalls seine Entlassung erforderlich macht.
- Wir sind zwar gefordert, lebenslang zu lernen, dennoch besteht permanent die Gefahr, dass wir vieles von dem, was wir als Hänschen oder Hans gelernt haben, später nicht mehr gebrauchen können.
- Durch die neuen »grenzenlosen« Karrieremodelle stehen wir vor der paradoxen Aufgabe, unsere Planung selbst in die Hand

zu nehmen in einer Zeit, wo keine Orientierungslinien, sicheren Erfolgsrezepte oder Planungshilfen bereitliegen. Ob sich eine Orientierung an einer klassischen Normalbiografie oder an einem anderen Karriereskript schlussendlich gelohnt hat, können wir erst im Nachhinein beurteilen. Diese Unsicherheit mag wiederum den Wunsch nach einem klassischen, linearen Modell aufkommen lassen, auch wenn dieses von den meisten Organisationen gar nicht mehr angeboten werden kann.
- Unser Leben ist von der Biologie her beschränkt, die Firmen hingegen trachten nach Unsterblichkeit. Aber auch sie können untergehen, wie viele Beispiele gerade in letzter Zeit zeigen. Das Spannungsfeld von Unendlichkeit versus Tod gilt es aber nicht nur im Zusammenhang mit der Säule der Berufsidentität auszuhalten.

So schließe ich dieses Kapitel ab mit dem Ende einer Rede von Steve Jobs auf einer Abschlussfeier an der Stanford-University (Jobs, 2005):
»Niemand will sterben. Nicht einmal diejenigen, die in den Himmel wollen, möchten sterben, um dorthin zu kommen. Der Tod ist unser aller Schicksal. Und das ist gut so, denn der Tod ist wahrscheinlich eine der besten Erfindungen des Lebens. Er sorgt für die Veränderung des Lebens. Er putzt das Alte weg und macht den Weg frei für Neues. Gerade jetzt sind Sie das Neue. Aber eines Tages, nicht zu weit von heute entfernt, werden Sie alt und vom Neuen ersetzt […] Ihre Zeit ist begrenzt! Vergeuden Sie nicht Ihre Zeit damit, dass Sie das Leben eines anderen leben. Lassen Sie sich nicht von Dogmen einengen. Dogmen sind das Ergebnis des Denkens anderer Menschen. Lassen Sie nicht zu, dass der Lärm fremder Meinungen Ihre eigene innere Stimme übertönt. Und vor allem haben Sie Mut, Ihrem Herzen und Ihrer Intuition zu folgen. Sie wissen bereits in etwa, was Sie wirklich werden möchten, alles andere ist zweitrangig. In meiner Jugend gab es eine wunderbare Zeitschrift mit dem Titel ›The Whole Earth Catalog‹, eine Art Google in Papierform. Mitte der Siebziger wurde sie eingestellt. Auf der Rückseite der letzten Ausgabe befand sich die Fotografie einer Landstraße am frühen Morgen, darunter die Worte: ›Bleibt hungrig! Bleibt verrückt!‹ Genau das habe ich mir immer für mich selbst gewünscht. Und nun wünsche ich Ihnen genau dasselbe. Bleiben Sie hungrig! Bleiben Sie verrückt!«

4.3 Schlussgedanken zur Säule »Leiblichkeit«

Die Gestalttherapie als Grundlage der fünf Säulen der Identität versteht sich als ganzheitlicher Ansatz. Unter dem Begriff der »Integrativen Therapie« wird versucht, das Dualismus-Dilemma zwischen »Psychotherapie« und »Körpertherapie« aufzulösen. Bei der Betonung der Säule »Leiblichkeit« geht es also in der Leib-Seele-Thematik (vgl. Abbildung 5 in 3.3.2) darum, sich dem Leib wieder mehr anzunähern durch bewusste, einfühlsame Aufmerksamkeit und das Achten darauf, was der Leib ausdrücken will (Ladisich-Raine u. Pernter, 2012). Denn der Leib ist unser Zugang zur Welt, mit ihm vollziehen wir unsere »Wahrgebungsprozesse« über die verschiedenen Sinne. Der gegenseitige Einfluss des Körpers auf das Mentale und des Mentalen auf das Erleben des Körpers wurde anhand einiger Experimente dargestellt. Storch (2006) leitet aus diesen Zusammenhängen konkrete Erkenntnisse für unseren Alltag ab:

- Auf die Körperhaltung achten, denn sie kann unsere Stimmung beeinflussen. Wie im Beispiel der Probanden, die in aufrechter Haltung beim Lösen eines Puzzles eine längere Ausdauer zeigten im Vergleich zu denjenigen in gekrümmter Haltung: Gunther Schmidt brachte es auf den Nenner: »So wie man geht, so geht es einem.«
- Wenn man sich etwas vornimmt, Ziele setzt, dann ist es von Vorteil, diese Ziele positiv zu formulieren (»hin zu« statt »weg von«). Zusätzlich schlägt Storch vor, sich auszumalen, in welcher (Körper-)Verfassung man sein will, wenn das Ziel erreicht ist. Je nach Bild löst das unterschiedliche Körperhaltungen aus: etwa ruhig und erhaben stehen wie eine Eiche; souverän wie eine Königin dastehen; sich eine dicke Elefantenhaut zulegen.
- Will man seine Leistungsfähigkeit und Kreativität verbessern, so ist auch von Bedeutung, welchen Spielraum man seinem Körper zugesteht. Neben ergonomischen Gesichtspunkten betont Storch vor allem den Aspekt, wie man sich in eine »Komm-her-Haltung« bringen kann. Konkret kann dies auch mit Übungen aus Yoga, Tai-Chi oder Qigong geschehen.

Cantieni schlägt eine Reihe von Körperübungen vor, »wie gesundes Embodiment selbst gemacht wird« (2006). Neben konkreten Anleitungen regt sie Fragen an, um mit dem Körper in einen Dialog zu treten und von einer »Fehlhaltung« in eine »Gut-Haltung« zu kommen. Dazu führt sie eine Checkliste für den spontan erlebnisbereiten Körper an (S. 125).

Die Bedeutung der *somatischen Marker* wurde »als diagnostisches Leitsystem für Selbstkongruenz« (Storch u. Krause, 2002, S. 48) bezeichnet. Das Achten auf positive somatische Marker kann uns bei Entscheidungen und generell in unserem Identitätsprozess als Wegweiser dienen. Tauchen solche Marker auf, können wir davon ausgehen, dass die Themen, Inhalte, Absichten und Pläne von der betroffenen Person als für sie stimmig und passend erlebt werden.

Identität als Prozess bedeutet auch, dass wir uns ständig in Lern- und Entwicklungsprozessen befinden. Hüther (2006, S. 94) nennt folgende Erkenntnisse aus der Hirnforschung, wie wir *nachhaltiges Lernen* am besten fördern können. Lernen funktioniert am besten, wenn
- die Aufmerksamkeit genügend geweckt ist;
- die Lerninhalte über möglichst viele Sinneskanäle vermittelt und erfahren werden;
- ein unmittelbares Feedback erfolgt und die Leistungen durch Belohnungen unterstützt werden;
- das Gelernte eine persönliche Bedeutung hat, nützlich, sinnvoll und anwendbar ist;
- der Lernstoff neu genug ist, aber dennoch an bereits vorhandenes Wissen anknüpfen kann;
- keine Druck-, Angst- oder Überreizungssituation vorhanden ist;
- ausreichende Wiederholungen stattfinden.

Allerdings reichen diese Erkenntnisse nicht aus, wenn es um Weiterentwicklungen und Veränderungen geht. Veränderungen (z. B. Abgewöhnen einer schlechten Gewohnheit) finden dann am ehesten statt, wenn es gelingt, ein tief sitzendes inneres Bedürfnis beim betreffenden Individuum zu wecken und zu befriedigen. So wie es de Saint-Exupéry formuliert hat (2009): »Wenn du ein Schiff bauen willst, dann trommle nicht Männer zusammen, um Holz zu beschaffen, Aufgaben zu vergeben und die Arbeit einzuteilen, sondern lehre die Männer die Sehnsucht nach dem weiten, endlosen Meer.« Ganz ähnlich sieht Gerhard Roth den Zusammenhang zwischen Motivation und Gehirn: Veränderungen und eine Zufriedenheit darüber stellen sich dann ein, »wenn meine bewussten Ziele motiv-kongruent sind, wenn ich also das bewusst und aus vollem Herzen tun kann, was mein unbewusstes Selbst, meine unbewusste Persönlichkeit, auch will, und umgekehrt« (2007, S. 254). Daraus folgen die in der Motivationspsychologie bekannten Grundsätze, dass das Verfolgen selbstbestimmter Ziele eine Belohnung in sich trägt und keine von außen benötigt.

Von der Hirnforschung zur Bewusstseinsethik nennt Metzinger (2010) seine Schlussfolgerungen zu seinem Konzept des »Ego-Tunnels« (vgl. Abschnitt 3.3.3). Wie an den Beispielen der Gummihand- oder Ganzkörper-Illusion gezeigt wurde, lassen sich Bewusstseinsinhalte manipulieren. Deshalb fordert Metzinger dazu auf, sich Gedanken zu machen, wie die Grenzen des Einzelnen bezogen auf seine Privatsphäre geschützt werden können. Neben der Frage, was eine gute Handlung sei, stellt sich darüber hinaus auch diejenige nach dem »*guten Bewusstseinszustand*« (Metzinger, 2010, S. 326). Ein wünschenswerter Bewusstseinszustand sollte Leid minimieren und eine Komponente der Einsicht und Erweiterung von Wissen haben (epistemisches Potenzial). Als Drittes sollte er Verhaltenskonsequenzen haben, die die Wahrscheinlichkeit des Auftretens weiterer entsprechender Bewusstseinszustände in der Zukunft erhöhen – ganz im Sinne von Heinz von Foersters Leitsatz: Wir sollten stets so handeln, dass sich die Zahl der (Handlungs-)Möglichkeiten vermehrt (1993, S. 78). Wenn wir aber die Handlungsoptionen erweitern, dann stellt sich die Frage, wie wir mit unserer Aufmerksamkeit als begrenzter Ressource umgehen. Denn unsere Gehirne können nur eine begrenzte Menge dieser wertvollen Ressource erzeugen. Deshalb fordert Metzinger ein »*Aufmerksamkeitsmanagement*« (2010, S. 329). Wir sollten Techniken erlernen, die eigene Achtsamkeit zu verstärken und aufrechtzuerhalten. Konkret können das Meditationstechniken sein oder auch Techniken zur Verbesserung der Traumerinnerung.

Eine Form des Träumens sind die *Tagträume*. Ernst (2011, S. 22) bezeichnet sie als ein jederzeit verfügbarer innerer Zufluchtsort. Sie sind wertvoll für die seelische Balance, für Kreativität und Selbst-

erkenntnis. Tagträume sind uns leichter zugänglich als die nächtlichen Träume. Wir inszenieren sie im Wachzustand, wandern dabei »nach innen«, bleiben aber in Verbindung mit der realen Umwelt. Da wir anscheinend annähernd die Hälfte unserer Wachzeit in unseren Innenwelten verbringen, lohnt es sich, den Code der Wachträume zu entschlüsseln als eine weitere Form der Annäherung an unser Selbst. Ernst (2011, S. 23) stellt dazu ein paar hilfreiche Fragen:
- Wo und unter welchen Umständen habe ich Tagträume?
- Was ging den Träumen unmittelbar voraus?
- Wie fühle ich mich während des Tagtraums?
- Welche Geschichten erzähle ich mir selbst? Gibt es wiederkehrende Motive zu erkennen?
- Was können Gründe für die Motive sein und was haben die mit meiner aktuellen Situation zu tun?

Eine anderer Zugang zu unserem Selbst sind die erwähnten *Klarträume*. Gerade die Kunst des luziden Träumens wäre eine Möglichkeit, ohne psychoaktive Substanzen zu einer veränderten Form des Bewusstseinszustandes zu kommen. Eine einfache Einführung bietet Thiemann (2013) und Metzinger (2010, S. 205) führt dazu eine Checkliste an, die man als Leitfaden benutzen kann, um zu Klarträumen zu kommen. Insgesamt geht es Metzinger um die Entwicklung einer Bewusstseinskultur, die den »Einzelnen dazu ermutigt, die Verantwortung für sein eigenes Leben zu übernehmen« (S. 335).

4.4 Schlussgedanken zur Säule »Materielle Sicherheiten«

Die Tatsache, dass diese Identitätssäule in der psychologischen Fachliteratur wenig Beachtung findet, bedeutet keinesfalls, dass Materielles und Besitz für das Individuum unbedeutend sind (vgl. Schäfer 2012). Die von Habermas genannten Identitätsfunktionen von Besitz dürften vielmehr gerade in Zeiten, in denen so vieles im Fluss ist, dem Individuum eine gewisse Stabilität bieten. Zudem ermöglichen es Eigentum und Besitz, sich mithilfe von Gegenständen psychisch auszudehnen und sein Ich zu erweitern. Weil etwa die Liebesbeziehungen keine Langfristigkeit mehr gewähren, vermutet

Precht (2007, S. 333), dass viele auf Konsum und Besitz ausweichen, weil diese zuverlässigere Identitätsfaktoren seien. Auch Precht ist erstaunt, dass die Liebe zum Materiellen ein schwach beleuchtetes Kapitel im Buch der menschlichen Psyche ist. Denn noch nie »gab es in der Geschichte der Menschheit eine Gesellschaft und einen Lebensstil, der sich in einem solchen Maße über den *Erwerb* von Eigentum definiert hätte, wie es heute in der industrialisierten Welt der Fall ist« (S. 334). Precht unterstützt somit – ohne Erich Fromm zu erwähnen – Fromms These, dass sich die moderne Gesellschaft nach dem Haben-Modus organisiert. Fromm sieht wie aufgezeigt im Marketing-Charakter eine Verbindung zum Konformismus: »Ich bin so, wie du mich haben möchtest« (1976, S. 145).

Dagegen kommt Rifkin zum Ergebnis, dass in ein paar Jahren ein Großteil der Unternehmen und Konsumenten Eigentum für altmodisch halten werden (2000, S. 13). Statt einer industriellen Produktion von Gütern und Dienstleistungen wird sich das Kerngeschäft vermehrt auf die Vermarktung von Erlebnissen und Erfahrungen konzentrieren. An die Stelle einer Arbeitsethik tritt in der »Erlebnis-Ökonomie« zunehmend eine Spaß- und Spielethik. Somit werden immer mehr menschliche Erfahrungen kommerzialisiert. Beziehungen werden verstärkt zu Marktbeziehungen; dies gilt nicht nur für den Bereich der Partnerschaften, wie dies anhand der Thesen von Illouz (2011) verdeutlicht wurde. In der Wirtschaft werden die Netzwerke im Cyberspace zentral. Das damit verbundene »Zur-Ware-Machen« von menschlichen Beziehungen wird gemäß Rifkin wichtiger als der Handel mit Gütern und Dienstleistungen (2000, S. 131). Produkte und Dienstleistungen wechseln immer rascher, aber die Kundenbeziehungen werden zentral, im Idealfall lassen sie sich auf Lebenszeit halten. Marketingexperten sprechen dann von »Lifetime Value«: Durch ständiges kybernetisches Feedback lassen sich die Bedürfnisse eines Konsumenten über dessen Lebensspanne verfolgen, vorhersagen und bedienen. Die Kontrolle über den Kunden wird somit für Unternehmen zentraler als die Kontrolle über das Produkt.

Der These vom »Verschwinden des Eigentums« wurde hier die Gegenthese gegenübergestellt: Spielen und Beziehungsmarketing ersetzen nicht Eigentum, sondern heutzutage wird vielfach versucht, spielerisch Eigentum zu erwerben und zu vermehren. Eigentum mag zwar wichtig sein, räumt Rifkin ein, aber im Wesentlichen kommt es darauf an, dass man Zugang zum Netz hat (2000, S. 21). Dass die virtuelle Welt von hoher Bedeutung ist für Gelderwerb, Eigentumsbildung und Spiel, wurde am Beispiel der Spekulationen aufgezeigt. Und dass die dazugehörenden Prozesse sich permanent beschleunigen, passt in den allgemeinen Trend der Postmoderne (vgl. Spörri, 2012). Neben dem »Rohstoff« Beziehungen bleibt aber mit Sicherheit auch der Zugang zu den Rohstoffen, die für die industrielle Produktion wichtig sind, zentral und damit ein Spielball der Spekulanten (vgl. Schilliger, 2012). Gut zehn Jahre nach »Access« schreibt Rifkin (2011) von der dritten industriellen Revolution: Danach werden anstelle der Rohstoffe Kohle und Erdöl die alternativen Energien zentral. Zugang zu haben zu den verschiedensten Ressourcen wird weiterhin mehr an Bedeutung gewinnen als etwas zu besitzen. Eine andere wichtige Erkenntnis aus der Wirtschaftspsychologie ist die Tatsache, dass Erfahrungen glücklicher machen als Dinge zu besitzen (Dunn u. Norton, 2013). Materielle Güter haben sich als unzuverlässige Zufriedenheitslieferanten erwiesen. Sich Zeit nehmen für schöne Erfahrungen oder sich dafür Zeit kaufen (indem man sich von besonders unangenehmen Aufgaben freisetzt) sind erfolgsversprechende Glücklichmacher. Wer zudem sein Geld oder die Erfahrungen mit anderen teilt, speziell mit Personen, die einem etwas bedeuten, fühlt sich danach besonders glücklich (Dunn u. Norton, 2013). Speziell solche Erfahrungen tragen in stärkerem Maß zur Identität bei als Gegenstände: »Erfahrungen dagegen sind wirklich ein Teil von uns. Letztlich sind wir die Summe unserer Erfahrungen. Wenn wir also in Erfahrungen investieren, investieren wir in uns selbst. Sie verändern und bereichern uns. Und das bleibt, solange man lebt« (Schäfer, 2017). Die Bedeutung der sozialen Verbundenheit zeigt sich auch beim Phänomen der »Collaborative Consumption«, also beim Nutzen statt Besitzen. Es bedeutet einen gemeinschaftlichen Konsum und das Teilen von Gütern über das Internet (Koch, 2012). Trotz des Booms im Cyberspace darf allerdings nicht vergessen werden, dass ein sehr großer Teil der heute lebenden Menschen keinen Zugang zum Netz hat. Deshalb entwickeln sich nach Rifkin zwei verschiedenen Zivilisationen: die Welt innerhalb der elektronischen Mauern und jene außerhalb: »Die große Kluft der Zukunft verläuft zwischen denen, deren Leben zunehmend im Cyberspace stattfindet, und denen, die zu diesem mächtigen neuen Reich menschlicher Existenz niemals Zugang haben werden« (Rifkin, 2000, S. 23).

Symbolisch für die hier gemachten Ausführungen steht der Börsengang von Facebook im Jahr 2012. Es ging darum, dass nicht nur der Begründer und 28-fache Milliardär Mark Zuckerberg zu weiterem materiellem Reichtum kommt, sondern mit ihm auch viele Mitbegründer und einmal mehr die involvierten »Spieler« an der Börse. Facebook steht auch für den Streit um geistiges Eigentum, eine Eigentumsform, die immer mehr an Bedeutung gewinnen wird. Und Facebook steht sinnbildlich für das, was Rifkin mit Beziehungsmarketing auch meinte. Es geht um das menschliche Bedürfnis, sich zu vernetzen, Zugang zu Informationen über andere Menschen zu haben, Beziehungen zu pflegen und sich selbst im Netz darzustellen. Im Februar 2017 veröffentlichte Mark Zuckerberg ein Manifest, in welchem er zur Gründung einer globalen Gemeinschaft aufrief. Facebook würde dabei eine wesentliche Rolle zukommen. Wird Facebook soziale Anliegen höher gewichten als seine finanziellen Interessen? Harari würde dies als eine revolutionäre Entwicklung betrachten (2017b, S. 7): »Die Ur-Gurus des Silicon Valleys sahen im Internet noch keine Geldmaschine, sondern ein Instrument für eine soziale Revolution. In den vergangenen Jahren schien ihre Vision gekapert und verfälscht worden zu sein. Wird Zuckerberg das Internet wieder gross machen?« Doch zu Recht wendet Harari ein, dass die Internet-Giganten den Menschen auf ein Paar Augen und Ohren beschränken, die mit zehn Fingern einem Gerät und einer Kreditkarte verbunden sind. Aber ein »entscheidender Schritt Richtung Vereinigung der Menschheit ist die Einsicht, dass Menschen einen Körper haben« (2017b). Darüber hinaus stellen sich Probleme rund um die Zugangsthematik: Wer hat denn überhaupt Zugang zum Netz? Was geschieht mit den Daten(spuren) im Netz, mit der Privatsphäre und dem Zugang zu den Daten? Wofür werden all die Daten noch gebraucht, vermarktet? Dazu wird es weiterhin viele Kontroversen geben und Zuckerberg im Schussfeld der Kritik bleiben. Seine Ansicht, wer eine private und eine öffentliche Identität habe, beweise einen Mangel an Integrität, und die Gesellschaft werde besser, »wenn wir alle offen zeigen, wer wir sind« (Büttner, 2012), beweist, dass Identität und Cyberwelt auch in Zukunft ein spannungsgeladenes Thema bleiben dürfte. Mag der Zugang zur Cyberwelt bedeutsam sein, Zugang zu materiellen Ressourcen, Besitz und Eigentum werden dennoch weiterhin zentral bleiben. So zeigen die jährlich erhobenen Indizes bezüglich Garantie der Eigentumsrechte, dass es einen positiven Zusammenhang gibt zwischen sicheren Eigentumsrechten eines Landes und dessen wirtschaftlichem Wohlstand (Finanz und Wirtschaft, 7.10.2017). In Übereinstimmung mit Keupp (2012, S. 98 ff.) vertrete ich die Ansicht, dass neben verschiedenen Ressourcen eine gelingende Identität auch auf »materielles Kapital« angewiesen ist. Denn die Verknüpfung mit den anderen Säulen der Identität ist evident. Deshalb lautet mein Plädoyer, speziell auch gerichtet an die Welt der Psychologen, dieser Säule durchaus etwas Bedeutungs- und Lustvolles abzugewinnen. Speziell auch das Sichfrei-Machen von Materiellem scheint ja ein Thema zu sein, welches auf großes Interesse stößt, denn Bücher wie etwa »Magic Cleaning« von Marie Kondo (2017) aus Japan sind internationale Bestseller. Im Zusammenhang mit der Flüchtigkeit des Identitätsbegriffs und der Tatsache, dass mit unserem begrenzten Leben auch das Materielle »vergänglich« ist, sei mit folgender Weisheit zur letzten Säule übergeleitet: »Der Sinn des Lebens liegt nicht darin, alles zu bekommen, sondern darin, dass wir lernen, nichts zu behalten« (Maggauer-Kirsche, 1998).

4.5 Schlussgedanken zur Säule »Glaube, Werte und Sinn«

Wie wir gesehen haben, wird der Religion und dem Glauben auch in der Postmoderne eine große Bedeutung zugeschrieben. Es besteht heute eine so große Optionsvielfalt, dass jedes Individuum zu seiner eigenen Form der Religiosität finden kann. *Toleranz* bleibt ein zentrales Element im Zusammenleben verschiedener Religionen, und in Anlehnung an Lessings Ringparabel und die fünfte Position beim Tetralemma habe ich wiederholt, dass es dabei nicht allein um die Haltung geht, sondern dass sich Toleranz letztlich nur im

Handeln zeigt. Voraussetzung dafür ist die Bereitschaft aller zu einer permanenten Auseinandersetzung und furchtlosen Debatte (Ribi, 2016). Das Konzept der *narrativen Identität* geht weg von der Vorstellung einer Identität, die wir haben, besitzen oder sind. Vielmehr stellt das Selbst eine sich entfaltende Geschichte dar, die ständig um- und neugeschrieben wird. Rifkin (2000) zieht eine Analogie zur Entwicklung weg vom gedruckten Text in Form eines Buches hin zum elektronischen Text, zu einem »Hypertext«, der assoziativ und grenzenlos ist: An einem Hypertext arbeiten mehrere Personen; die Idee eines individuellen Erzählers, der seine Ideen und Worte als Eigentum besitzt, wird hier anders als beim Produkt Buch hinfällig. In der neuen Welt der elektronischen Medien, der Knoten, Verbindungen und Netzwerke, wird die frühere Vorstellung des Selbst als einer »Insel«, eines autonomen Wesens, von einem *relationalen Selbst* abgelöst. In Anspielung an Fromms Buchtitel »Haben oder Sein« könnte man also sagen: Identität ist weder Haben (Eigentum) noch Sein (Buch mit festem Anfang und Ende), sondern etwas *Werdendes*: Die relationale Persönlichkeit ist fließend und transitorisch wie die Netzwerke, an denen die Menschen teilhaben. Gefördert wird damit eine multiple Persönlichkeit. Das Selbst verschwindet aber nicht, sondern wir befinden uns in einem ständigen Balanceakt zwischen Wandelbarkeit, wiederholter Gestaltveränderung und dem Versuch, ein kohärentes Selbst zu bilden. Rifkin verbindet mit der Abnahme der Unterscheidung von Mein und Dein, mit dem Verschwinden von Eigentum, die Hoffnung, dass Kooperationen unter den Menschen zunehmen und die Ausbeutung des Planeten aufhört (2000, S. 286). Das Experimentieren mit multiplen Persönlichkeiten könnte auch zu mehr Toleranz führen: »Ein proteisches Bewusstsein kann, wovor manche Psychologen warnen, zu einem fragmentierten Gefühl der Existenz führen; doch es ist ebenso möglich, dass das Experimentieren mit multiplen Persönlichkeiten einen neuen Sinn für Empathie mit anderen erzeugen und damit dazu beitragen könnte, eine Grundlage für eine Erneuerung der Kultur zu legen« (S. 287).

Kohärenz bleibt eine zentrale Ressource für den Identitätsprozess. Kohärenz resultiert aus einem kreativen Prozess von Selbstorganisation und geschieht sehr stark in der Interaktion mit sozialen Netzen. So endet auch die Suche nach dem Ich bei Siefer und Weber (2006,

S. 296) bei der Feststellung: »Nur noch ›Ich‹ zu sagen ist eine Perversion, ein sich selbst auflösender Akt. Das Ich ist nur denkbar im Wir.« Die Stärke des Kohärenzgefühls hängt auch davon ab, welchen *Sinn* der Mensch seinem Leben beimisst. Mit dem Begriff des *Sinngebungsprozesses* habe ich umschrieben, dass nur jede Person selbst ihrem Leben Sinn geben kann. In ihrem bereits unter 3.5.3 erwähnten Buch gibt Schnell (2016) in mehreren – als »erkenne dich selbst« bezeichnete Abschnitte – wertvolle Anregungen für den eigenen Sinngebungsprozess. Sinn geben, statt nach dem Sinn des Lebens zu suchen, ist sinnvoller, sonst geht das Leben vor lauter Suchen an einem vorbei. »Der Sinn des Lebens ist das, was man daraus macht«, meint der britische Literaturwissenschaftler Terry Eagleton (2008, zit. nach Ernst, 2010, S. 27). Wie beim Toleranzbegriff geht es auch hier um *Taten*. Passend dazu schreibt der Logotherapeut Viktor Frankl (1988, S. 234): »Der Sinn des Lebens ist nicht zu erfragen, sondern zu beantworten, indem wir das Leben verantworten. Daraus ergibt sich aber, dass die Antwort jeweils nicht in Worten, sondern in der Tat, durch ein Tun gegeben ist. Auch das Leben fragt uns nicht in Worten, sondern in Form von Tatsachen, vor die wir gestellt werden, und wir antworten ihm auch nicht in Worten, sondern in Form von Taten, die wir setzen.« Zu Frankl sei noch angemerkt, dass er selbst in sehr schwierigen Situationen dem Leben einen Sinn geben konnte. In seiner Tätigkeit als Arzt und Jude im KZ Theresienstadt wählte er in der paradoxen Situation die Anpassung an ein Regime, welches seine Glaubensgenossen umbrachte.

Timothy Pytell (2005) setzt sich mit Frankls Biografie und speziell seiner Tätigkeit im KZ kritisch auseinander. Ich erwähne das Beispiel hier aus folgendem Grund: Wir müssen uns alle – wenn auch glücklicherweise selten in so extremen Situationen – in unseren Tätigkeiten auch mit der Frage auseinandersetzen, ob es sinnvoll ist, sich einer Macht unterzuordnen oder autonom zu handeln gegen den Willen von oben. Welches ist eine sinnvolle Balance zwischen Konformität und Autonomie? Diese Frage stellt sich besonders stark bezüglich der Identitätssäule Arbeit. Dort gilt es ganz speziell, sich im Spannungsfeld Person-Rolle-Organisation um eine ganzheitliche Sinngebung zu bemühen (vgl. dazu Schmid, 2009, S. 40 ff.). Darüber hinaus geht es insgesamt darum, eine optimale *Sinnbalance aller Lebens- und Tätig-*

keitsfelder zu finden. Denn der Begriff Work-Life-Balance suggeriert, dass Leben nur außerhalb der Arbeit stattfindet, und das kann, wie dargestellt, nicht der Sinn des Lebens sein. Ob es sinnvoll ist, sich unsinnigen Tätigkeiten zu entziehen, ist eine spannende Frage, die der englische Aphoristiker Ashleigh Brillant so beantwortet: »Besser, das Leben ist sinnlos, als dass es einen Sinn hat, dem ich nicht zustimmen kann« (zit. nach Precht, 2007, S. 375). In meiner eigenen Biografie habe ich laut Schilderungen meiner Eltern die Problematik der Anpassung versus Autonomie etwas anders formuliert: »Wenn ich unbedingt muss, dann mache ich, wie ich will«, lautete meine Devise als Dreijähriger. Wie ich mit dem Wertequadrat und dem Glaubenspolaritätenschema gezeigt habe, ist es auf jeden Fall zentral für die Sinngebung, sich mit widersprüchlichen Werten so auseinanderzusetzen, dass eine Art Balancierung gelingt, die als *Weisheit* umschrieben werden kann.

Somit kommen wir abschließend zum *Paradoxen* und *Verrückten*: »Identität« stammt etymologisch von »derselbe, dieselbe«, dies führt zur Paradoxie des Versprechens: Wenn Identität etwas Werdendes ist, so kann ich ja keine verlässlichen Aussagen über meine Zukunft machen. Eine Möglichkeit im Umgang mit dieser Paradoxie zeigt folgende Geschichte von Nasreddin, der auch der »türkische Eulenspiegel« genannt wird und bei dem es im Gegensatz zu Zelig unklar ist, ob es ihn überhaupt je gegeben hat (Varga von Kibéd u. Sparrer, 2011, S. 40f.): »Der Mullah Nasreddin, zu dieser Zeit schon recht betagt, wurde in einer Runde von Zuhörern nach seinem Alter befragt. ›Sechzig Jahre ist es her, seit ich zum ersten Mal das Licht der Welt erblickte‹, antwortete der Mullah. ›Aber Mullah, das habt ihr doch vor fünf Jahren auch schon gesagt!‹, wandte einer ein, der ihn lange nicht gesehen hatte. ›Gewiss‹, sagte Nasreddin, ›ich bin ein Ehrenmann und bleibe immer bei dem, was ich einmal gesagt habe!‹«

Was Heinz von Förster in seinem Vorwort zu »Ganz im Gegenteil« (Varga von Kibéd u. Sparrer, 2011) bezogen auf die Lösungsorientierung des Buches bemerkt, wandle ich hier zur Thematik Identität um: Das ist ja verrückt! Erst wenn die Identität aus ihrer alten Stellung verrückt wird, kann man sie anders, in der Form ihrer Lösung sehen (S. 10). Identität löst sich von einem »So-Sein«, »Gleich-Sein«, in einen Prozess des Werdens: Ich werde, also bin ich (nicht). Somit bleibt auch die Frage offen, ob es ein »wahres Selbst«,

ob es Authentizität gibt oder ob alles Theater (Goffman, 2003) und unser Tun eine »Als-ob-Inszenierung« ist. In Anlehnung an Goffman antwortet Abels (2006, S. 431) auf die Frage nach der wahren Identität: »Für das Individuum ist seine Identität das, was es gerade von sich annimmt.« Einen möglichen Weg, authentisch zu sein, schlägt Martin Walser vor: »Tritt auf als der, als der du angesehen sein willst« (1991, S. 347). In Anlehnung an Nuber (2006) fasse ich die Merkmale zusammen, woran man ein *authentisches Leben* erkennt:
- Unabhängigkeit von anderen Menschen und deren Meinungen, eigene Meinung auch dann vertreten, wenn sie unpopulär ist;
- kein Zwang, sich ständig mit anderen vergleichen zu müssen, um sich überlegen zu fühlen;
- Gefühl, wertvoll zu sein, und gelassen bleiben, auch wenn man angegriffen wird, unsicher oder ambivalent ist;
- eigene Gefühle kennen und ihnen angemessen Ausdruck verleihen, ohne konformistisch zu werden;
- bewusste Entscheidungen treffen im Sinne der eigenen Werte;
- optimistisch, offen für Neues sein, Verantwortung übernehmen und die eigenen Grenzen kennen, um auch Hilfe annehmen zu können;
- Besitz und Status sind weniger wichtig;
- das tun und verfolgen, was man am besten kann, mutig sein.

Es ist ein naheliegender Schritt, dass Nuber auch ein Buch zu »Eigensinn« verfasst hat. Darin plädiert sie dafür, dass wir uns für unsere Bedürfnisse einsetzen und deutlich sagen, was wir wollen. Im Gegensatz zum egoistischen Menschen haben Eigensinnige die Haltung, dass auch die anderen Rechte haben und man die Wünsche gegenseitig beachten und respektieren soll (Nuber, 2016). Fletcher und Pine hingegen vertreten in ihrem Buch »Flex« (2012) die These, dass wir nur ein Zehntel unseres Potenzials nutzen, wenn wir uns immer nur authentisch verhalten würden. »Do something different« lautet deshalb der Untertitel des Buches. Um sein Potenzial optimal zu nutzen, müsse man in vielen Situationen gegen seine natürlichen Tendenzen gehen. Damit gehen sie davon aus, dass wir durch unsere »Persönlichkeiten« geprägte Gewohnheiten haben, die es zu überwinden gelte. Als Erstes müssen wir erkennen, wie wir »normalerweise« sind. Dazu kann man aus einer Liste von Gegensatzpaaren diejenigen ankreuzen, die am ehesten auf einen zutreffen. Danach empfehlen die beiden Autoren, das »ruhende« Verhaltenspotenzial auszuschöpfen, indem man gerade die Verhaltensweisen erprobt, welche den Gewohnheiten entgegengesetzt sind (vgl. Wolf, 2013). Durch dieses flexible Verhalten lernen wir besser, uns veränderten Umständen anzupassen. Zudem ermöglicht uns strategisch eingesetztes »so tun, als ob«, dass wir gewisse für uns wichtige Ziele optimaler erreichen (Schäfer, 2013).

Unabhängig davon, ob wir uns »echt echt« verhalten, so tun, als ob oder ob wir uns eine Handlung lediglich vorstellen: Unser Bauchgefühl (Höfner, 2011, S. 72) bzw. unser Körper-Selbst mit den somatischen Markern können als »diagnostisches Leitsystem für Selbstkongruenz« (Storch u. Krause, 2002, S. 48) eingesetzt werden. Die somatischen Marker zeigen an, wann jemand eine Entscheidung gefällt hat, die er als zu sich selbst passend erlebt. Somatische Marker sind leichter beobachtbar und damit in einem gewissen Sinn messbarer als ein »Selbst« oder eine »Authentifikation«. Damit meint der Philosoph Andreas Luckner eine Methode, die es erlaubt, unter den wählbaren Handlungsoptionen die eigene, richtige zu finden (Kuhl u. Luckner, 2007). Das Individuum braucht somit bestimmte Kompetenzen, um mit der Tatsache umzugehen, dass die postmoderne Identität ein permanenter Wandel ist, ein Werden, ein ständiges Integrieren von Pluralitäten. Auf die somatischen Marker zu achten als integraler Teil bei Entscheidungen ist sicher eine der Kompetenzen gelungener Identität. Und ob eine Entscheidung gut ist oder nicht, hängt – wie mehrfach ausgeführt – von den Taten danach ab. Neben dem Streben nach Zusammenhang, Kohärenz und Sinn müssen wir als weitere Kompetenz auch eine Toleranz entwickeln, mit Widersprüchen, Paradoxien und Verrücktem umzugehen. Im Zeitalter des Chamäleons heißt das: flexibel sein und Farbe bekennen. Anstelle einer oft genannten »Ambiguitätstoleranz« (vgl. Abels, 2006, S. 438) benötigen wir dazu vielmehr eine »Multiguitätstoleranz«, da es sich in der Regel ja nicht einfach um Zweideutigkeiten handelt, sondern wir sollten multiple Optionen aushalten und mit ihnen umgehen können. Erforderlich ist eine innere Pluralitätskompetenz, durch welche »die innere Vielfalt oder Multiplizität zu einem eigenwilligen, flexiblen und offenen Identitätsmuster komponiert werden kann« (Keupp et al., 1999, S. 58). Die Komposition eines »Crazy Quilt« soll auch Ausdruck von Kreativität und Mut sein, also auch zum Mut, Farbe zu bekennen und für etwas einzustehen. Letztlich geht es darum, dass der Mensch in der Lage ist, »*Selbstsorge*« zu übernehmen. Damit meint Keupp (2003) in Anlehnung an Foucault die Kompetenz, auf sich selbst zu achten (Achtsamkeit) und sich mit Sorgfalt um sich selbst zu kümmern. Es ist nicht zufällig, dass in einer reizüberfluteten, hektischen Welt das Thema der Achtsamkeit in den letzten Jahren einen Boom erlebt hat (Knuf, 2016a, 2016b; Jardine, 2017.) Auch Übungen in philosophischer Lebenskunst können für Selbstsorge unterstützend sein (Kops, 2017). Nur wer gut für sich sorgt, kann dann auch für andere sorgen, ganz im Sinne des Empowerment-Konzepts, wie es auch die Weltgesundheitsorganisation in der Ottawa-Charta formuliert hat (Keupp, 2003, S. 308, Verhaeghe, 2013, S. 227). In diesem Sinn beende ich das Kapitel und das Buch mit einer Geschichte, welche *Empowerment* und die dazu nötige Weisheit symbolisiert:

In der Nähe eines Dorfes lebte einst eine alte Frau. Die Dorfbewohner gingen zu ihr, wenn sie Fragen hatten oder vor wichtigen Entscheidungen in ihrem Leben standen. Es war bekannt, dass die weise Frau immer die richtigen Antworten geben konnte. Ein junger Mann dachte sich aber: »Es kann doch nicht sein, dass die Alte alles weiß, ich werde sie auf die Probe stellen!« Er fing sich einen kleinen Vogel und ging zur Weisen, um mit den Händen auf dem Rücken die Frage zu stellen: »Lebt das Ding in meiner Hand oder lebt es nicht?« Dabei dachte er sich: »Sagt die Alte ja, es lebt, drücke ich zu; sagt sie nein, es lebt nicht, dann lasse ich den Vogel fliegen!«

Die Weise aber sagte: »Ob es lebt oder nicht, es liegt in deiner Hand!«

Literatur

Abels, H. (2006). Identität. Über die Entstehung des Gedankens, dass der Mensch ein Individuum ist, den nicht leicht zu verwirklichenden Anspruch auf Individualität und die Tatsache, dass Identität in Zeiten der Individualisierung von der Hand in den Mund lebt. Wiesbaden: VS Verlag für Sozialwissenschaften.

Allen, W. (1983). Zelig. Zürich: Diogenes.

Althaus, N. (2014). Wann feiern wir eigentlich den Leihmuttertag? NZZ am Sonntag, 8.5.2014.

Althaus, N. (2015). Selber schuld, wer unfreiwillig kinderlos bleibt. NZZ am Sonntag, 31.5.2015.

Amrhein, C. (2011). »Ich bin der dort drüben!« Außerkörperliche Erfahrungen. Psychologie Heute, 38 (3), 46–49.

Antonovsky, A. (1997). Salutogenese. Zur Entmystifizierung der Gesundheit. Tübingen: Dgvt-Verlag.

Armborst-Weihs, K., Becker, J. (Hrsg.) (2010). Toleranz und Identität. Geschichtsschreibung und Geschichtsbewusstsein zwischen religiösem Anspruch und historischer Erfahrung. Göttingen: Vandenhoeck & Ruprecht.

Assagioli, R. (1993). Psychosynthese. Reinbek: Rowohlt.

Assmann, A. (2006). Kulturen der Identität, Kulturen der Verwandlung. In A. Assmann, J. Assmann (Hrsg.), Verwandlungen, Archäologie der literarischen Kommunikation, IX. München: Fink.

Badinter, E. (1987). Ich bin Du. Die neue Beziehung zwischen Mann und Frau oder Die androgyne Revolution. München: Piper.

Balmer, R. (2012). Umworbene Jeanne d'Arc. NZZ, 6.1.2012.

Beck, U. (1986). Risikogesellschaft. Auf dem Weg in eine andere Moderne. Frankfurt a. M.: Suhrkamp.

Beck, U. (1999). Schöne neue Arbeitswelt. Vision: Weltbürgergesellschaft. Frankfurt a. M.: Campus.

Beck, U., Beck-Gernsheim, E. (2011). Fernliebe – Lebensformen im globalen Zeitalter. Berlin: Suhrkamp; dazu Interview im Tages-Anzeiger vom 9.11.2011 mit Jeannette Villachica.

Berndt, C., Mayer, V. (2016). 65-jährige bekommt Vierlinge: Ein Jahr danach. Süddeutsche Zeitung. Zugriff am 28.04.2017 unter http://www.sueddeutsche.de/panorama/kuenstliche-befruchtung-jaehrige-bekommt-vierlinge-ein-jahr-danach-1.2997965

Bierhoff, B. (1987). Erziehung und Identität zwischen Haben und Sein. In J. Classen (Hrsg.), Erich Fromm und die Pädagogik. Gesellschafts-Charakter und Erziehung (S. 49–59). Weinheim: Beltz.

Birbaumer, A., Steinhardt, G. (Hrsg.) (2003). Der flexibilisierte Mensch. Subjektivität und Solidarität im Wandel. Heidelberg: Asanger.
Bischof, N. (2008). Psychologie. Ein Grundkurs für Anspruchsvolle. Stuttgart: Kohlhammer.
Boszormenyi-Nagy, I., Spark, G. M. (1981). Unsichtbare Bindungen. Die Dynamik familiärer Systeme. Stuttgart: Klett-Cotta.
Bourdieu, P. (1997). »Die männliche Herrschaft«. In I. Dölling, B. Krais, (Hrsg.), Ein alltägliches Spiel. Geschlechterkonstruktion in der sozialen Praxis (S. 153–217). Frankfurt a. M.: Suhrkamp.
Bracher, K. (2014). Für das späte Kind nach Spanien. NZZ am Sonntag, 22. 6.2014.
Brand, C. (2014). Was bin ich? NZZ am Sonntag, 23.2.2014
Brand, C. (2015). König des Seitensprungs. NZZ am Sonntag, 30.8.2015.
Brodbeck, N., Thorun-Brennan, K. (2011). Das Chamäleon-Prinzip. Vom Überleben im Dschungel der modernen Arbeitswelt. München: Blanvalet.
Bruckner, P. (2017). Der Tod des Todes ist der Tod des Lebens. Tages-Anzeiger, 8.7.2017.
Buber, M. (1936). Die Stunde und die Erkenntnis. Reden und Aufsätze 1933–1935. Berlin: Schocken-Verlag.
Buchter, H., Schieritz, M., Storn, A. (2010). Sind Spekulanten böse? Zeit Online, 2.9.2010. Zugriff am 3.1.2012 unter http://www.zeit.de/2010/36/Spekulanten
Butler, J. (1990). Das Unbehagen der Geschlechter. Frankfurt a. M.: Suhrkamp.
Büttner, J.-M. (2012). Mark Zuckerberg – Der Mitbegründer von Facebook geht nach langem Zögern an die Börse. Tages-Anzeiger, 3.2.2012.
Buzinkay, M. (2007). Lifestreams: Trichter meiner online Aktivitäten. Zugriff am 28.12.2011 unter http://www.idea-lounge.net/pro/?p=219
Cantieni, B. (2006). Wie gesundes Embodiment selbst gemacht wird. In M. Storch, B. Cantieni, G. Hüther, W. Tschacher, Embodiment. Die Wechselwirkung von Körper und Psyche verstehen und nutzen (S. 99–125). Bern: Huber.
Casati, R., Matussek, M., Oehmke, Ph., Uslar, M. von (2007). Alles im Wunderland. Der digitale Maskenball. Zweites Leben im Internet. Der Spiegel, 8, 150–163.
Celikkaya, M. (2009). Masken und Identitäten der Moderne. Eine Filmanalyse des Films Zelig. Norderstedt: GRIN.
Chesney, M. (2013). »Aktien werden noch 22 Sekunden gehalten. Das macht keinen Sinn mehr«. Interview mit Philipp Löpfe, Tages-Anzeiger, 26.7.2013.
Coontz, St. (2005). Marriage, a history. New York: Penguin Books.
Corballis, M. C. (2011). The recursive mind. The origins of human language, thought, and civilization. Princeton: Princeton University Press.
Crocoll, S. (2013). Mc Donald's lehrt seine Mitarbeiter das Sparen. Tages-Anzeiger, 22.7.2013.
Csikszentmihalyi, M. (1992). Flow. Das Geheimnis des Glücks. Stuttgart: Klett-Cotta.
Dahrendorf, R. (1981). Über Lebenschancen und Wandlungen der sozialen Konstruktion des menschlichen Lebens. In: Reproduktion des Menschen (S. 254–277). Frankfurt a. M.: Ullstein.

Daimler, R. (2008). Basics der Systemischen Strukturaufstellungen. Eine Anleitung für Einsteiger und Fortgeschrittene. München: Kösel.
Damasio, A. R. (2000). Ich fühle, also bin ich. Die Entschlüsselung des Bewusstseins. Berlin: List.
Damasio, A. R. (2006). Descartes' Irrtum. Fühlen, Denken und das menschliche Gehirn. Berlin: List.
Dang, K. (2009). Es lebe die multisexuelle Vielfalt. NZZ am Sonntag, 24.5.2009.
Delaye, F. (2016). Unsterblichkeit – ultimativer Luxus der Superreichen. Luxe. Magazin zur Ausgabe der Finanz und Wirtschaft, 18.6.2016, 34–37.
Dietschi, I. (2015). Es gibt mehr als Frau und Mann. Die menschliche Geschlechtsentwicklung ist ein genetisch gesteuerter Vorgang. Für Abweichungen gibt es zahlreiche Möglichkeiten. Horizonte – Das Schweizer Forschungsmagazin, 107, 13–15.
Djerassi, C. (2014). Unbefleckt zum Wunschkind. Sex im Zeitalter der technologischen Reproduktion. NZZ, 24.9.2014.
Döring, N. (1999). Sozialpsychologie des Internet. Die Bedeutung des Internet für Kommunikationsprozesse, Identitäten, soziale Beziehungen und Gruppen. Göttingen: Hogrefe.
Döring, N. (2000). Identität + Internet = Virtuelle Identität? Forum medienethik, München, 2, 65–75 bzw. Zugriff am 28.12.2011 unter http://mediaculture-online.de/fileadmin/bibliothek/doering_identitaet
Dunn, E., Norton, M. (2013). Wie Geld doch glücklich macht. Psychologie Heute, 40 (12), 36–43.
Duss-von Werdt, J. (1980). Der Familienmensch. Identität und Familie. In J. Duss-von Werdt, R. Welter-Enderlin (Hrsg.), Der Familienmensch (S. 17–28). Stuttgart: Klett-Cotta.
Eagleton, T. (2008). Der Sinn des Lebens. Berlin: Ullstein.
Eickelpasch, R., Rademacher, C. (2004). Identität. Bielefeld: Transcript.
Eigner, C., Ritter, M. (2007). Das Leben ist ein Roman. Psychologie Heute, 34 (3), 64–66.
Emrich, H. M. (2007). Identität als Prozess. Würzburg: Königshausen & Neumann.
Engel, M. (2014). Kind als Produkt. NZZ, 12.8.2014.
Erikson, E. H. (1977). Identität und Lebenszyklus. Drei Aufsätze (4. Aufl.). Frankfurt a. M.: Suhrkamp.
Ernst, H. (1996). Psychotrends. Das Ich im 21. Jahrhundert. München: Piper.
Ernst, H. (2008). Leben mit Echtheitszertifikat: Wer oder was wollen wir wirklich sein? Psychologie Heute, 35 (10), 20–27.
Ernst, H. (2010). Sinn: Suchet und ihr werdet finden! Psychologie Heute, 37 (4), 20–27.
Ernst, H. (2011). »Ich bin mal kurz weg!« Warum wir mehr tagträumen sollten. Psychologie Heute, 38 (8), 20–28.
Ernst, H. (2017). Nichts zu bereuen! Psychologie Heute, 44 (5), 18–24.
Fernyhough, C. (2016). The voices within. London: Profile Books.

Fine, C. (2010). Delusions of gender – The real science behind sex differences. London: Icon Books.
Flasspöhler, S. (2012). Wir sind mehr als unser Gehirn. Psychologie Heute, 39 (1), 72–77.
Fletcher, B., Pine, K. (2012). Flex. Do something different. How to use the other 9/10 ths of your personality. Hatfield: University of Hertfordshire Press.
Foerster, H. von (1993). KybernEthik. Berlin: Merve.
Förster, A., Kreuz, P. (2007). Alles, außer gewöhnlich. Provokative Ideen für Manager, Märkte, Mitarbeiter. Berlin: Econ.
Foucault, M. (1977). Überwachen und Strafen. Die Geburt des Gefängnisses. Frankfurt a. M.: Suhrkamp.
Foucault, M. (2000). Über Hermaphrodismus. Der Fall Barbin. Frankfurt a. M.: Suhrkamp.
Foucault, M. (2005). Analytik der Macht. Frankfurt a. M.: Suhrkamp.
Frances, A. (2013). Normal. Gegen die Inflation psychiatrischer Diagnosen. Köln: Dumont.
Frances, A. (2014). »Wir machen aus der Kindheit eine Krankheit«. Interview mit Patrick Imhasly und Theres Lüthi. NZZ am Sonntag, 12.1.2014.
Frankl, V. E. (1978). Das Leiden am sinnlosen Leben. Psychotherapie für heute. Freiburg: Herder.
Frankl, V. E. (1988). Der unbewusste Gott. Psychotherapie und Religion. München: Dt. Taschenbuch-Verlag.
Fritz, J. (2005). Ich chatte, also bin ich. Virtuelle Spielgemeinschaften zwischen Identitätsarbeit und Internetsucht. 6.12.2005. Zugriff am 29.12.2011 unter http://www.bpb.de/themen/YBL3QW,3,0,Ich_chatte_also_bin_ich
Fromm, E. (1976). Haben oder Sein. Die seelischen Grundlagen einer neuen Gesellschaft. Stuttgart: Deutsche Verlags-Anstalt.
Fromm, E. (1980). Die Furcht vor der Freiheit (11., überarb. Aufl.). Frankfurt a. M.: Europäische Verlagsanstalt.
Ganz-Blättler, U. (2014). Beim Barte der Aphrodite. NZZ, 12.8.2014.
Gelatt, H. B. (1989). Positive uncertainty: A new decision-making framework for counselling. Journal of Counselling Psychology, 36, 252–256.
Gellner, E. (1995). Bedingungen der Freiheit. Die Zivilgesellschaft und ihre Rivalen. Stuttgart: Klett-Cotta.
Gergen, K. J. (1996). Das übersättigte Selbst. Identitätsprobleme im heutigen Leben. Heidelberg: Carl-Auer.
Glomp, I. (2017). Besser als Glück. Wichtiger als Spaß ist etwas anderes: Sinn schlägt Freude. Psychologie Heute, 44 (7), 64–68.
Goethe, J. W. (1808/2010). Faust. Eine Tragödie. Erster und zweiter Teil. München: Dt. Taschenbuch-Verlag.
Götzke, R. (2002). Identität und Internet. Der virtuelle Raum als Labor für Ich-Konstruktionen. Diplomarbeit an der Technischen Universität Berlin, Fachgebiet Entwicklungspsychologie am Institut für Soziologie. Zugriff am 27.12.2011 in der Zusammenfassung unter http://rolf-goetzke.de/pdf/Diplomarbeit.pdf

Goffman, E. (2003). Wir alle spielen Theater. Die Selbstdarstellung im Alltag. München: Piper.

Goldschmidt, S. (1995). Familien im Zeitalter der Fortpflanzungstechnologie. Familiendynamik, 20 (3), 275–291.

Gondek, H.-D. (1990). Das Versprechen und seine Verbindlichkeit. In K. Holz (Hrsg.), Soziologie zwischen Moderne und Postmoderne. Untersuchungen zu Subjekt, Erkenntnis und Moral (S. 39–65). Gießen: Focus.

Greve, W. (2013). Ich bin ich. Psychologie Heute, 40 (8), 30–33.

Grigoriadis, V. (2010). In der Seifenblasenwelt. Wie aus einer adretten Schülerin der Popstar Lady Gaga gemacht wurde. Das Magazin, 37, 24–35.

Gross, P. (1994). Die Multioptionsgesellschaft. Frankfurt a. M.: Suhrkamp.

Gubler, C. (2011). Sexuelle Identität und Orientierung. psychoscope, 12, 4–7.

Gugerli, D. im Gespräch mit M. Eisenhut und M. Meili (2011). Wir wissen, dass man 2050 über unsere Prognosen lachen wird. Tages-Anzeiger, 10.11.2011.

Guldner, J. (2016). Platonische Liebe unter Kollegen. Handelszeitung, 23. März 2016.

Güntürkün, O. (2015). »Meine Neuronen und ich sind identisch«. Martin Tschechne im Interview mit Onur Güntürkün. Psychologie Heute, 42 (12), 72–77.

Gyr, M. (2017). Kristina sucht ihre Eltern. Rechtsstreit mit einer bekannten Fortpflanzungsklinik in Bregenz. NZZ, 6.5.2017.

Habermas, T. (1996). Geliebte Objekte. Symbole und Instrumente der Identitätsbildung. Berlin: De Gruyter.

Harari, Y. N. (2017a). Homo Deus. Eine Geschichte von Morgen. München: C.H. Beck.

Harari, Y. N. (2017b). »Sharen« ist nicht teilen. NZZ am Sonntag, 7.5.2017.

Hardering, F. (2011). Unsicherheiten in Arbeit und Biographie. Zur Ökonomisierung der Lebensführung. Wiesbaden: VS Verlag für Sozialwissenschaften.

Hausser, K. (1995). Identitätspsychologie. Berlin u. Heidelberg: Springer.

Hecht, M. (2005). Wir Heimat-Vertriebenen. Psychologie Heute, 32 (12), 22–27.

Hecht, M. (2010). So tun, als ob: Über die Macht der Heuchelei. Psychologie Heute, 37 (6), 28–33.

Helg, M. (2011). Im falschen Leben. NZZ am Sonntag, 6.11.2011.

Helwig, P. (1967). Charakterologie. Freiburg i. Br.: Herder.

Hesse, H. (1927/2007). Der Steppenwolf. Frankfurt a. M.: Suhrkamp.

Hirschi, A. (2012). Karrieren werden grenzenlos. NZZ, 5.9.2012.

Höfner, E. N. (2011). Glauben Sie ja nicht, wer Sie sind! Grundlagen und Fallbeispiele des Provokativen Stils. Heidelberg: Carl-Auer.

Hölzle, C., Jansen, I. (Hrsg.) (2011). Ressourcenorientierte Biografiearbeit. Grundlagen – Zielgruppen – Kreative Methoden. Wiesbaden: VS Verlag.

Hondrich, K. O. (2004). Liebe in den Zeiten der Weltgesellschaft. Frankfurt a. M.: Suhrkamp.

Hug, D. (2014). Kultur schwächt ehrliches Verhalten. NZZ am Sonntag, 16.11.2014.

Hug, D. (2014). »Firmenkultur und Verhalten«. Interview mit Michel A. Maréchal. NZZ am Sonntag, 23.11.2014.

Hüther, G. (2006). Wie Embodiment neurobiologisch erklärt werden kann. In M. Storch et al., Embodiment (S. 73–97). Bern: Huber.

Illouz, E. (2003). Der Konsum der Romantik. Liebe und die kulturellen Widersprüche des Kapitalismus. Frankfurt a. M.: Campus.

Illouz, E. (2011). Warum Liebe weh tut. Eine soziologische Erklärung. Frankfurt a. M.: Suhrkamp.

Imhasly, P. (2017). Die biologische Uhr tickt auch für Männer. NZZ am Sonntag, 23.7.2017.

James, W. (1890/1950). Principles of psychology. New York: Dover.

Janszky, S. G. (2010). Rulebreaker – Wie die Menschen denken, deren Ideen die Welt verändern. Wien: Goldegg-Verlag.

Jardine, A. (2001). Welches Kind hätten Sie gern? Spiegel Online. Zugriff am 15.9.2011 unter www.spiegel.de/sptv/reportage/0,1518,druck-111153,00.html

Jardine, A. (2007). Die Kinder von 2010. Familie gründen ohne Trauschein – und ohne Mann. NZZ Folio, 4, 44–55.

Jardine, A. (2017). Achtsamkeit in der Wirtschaft. Serie in der NZZ, abrufbar unter nzz.ch/wirtschaft/achtsamkeit.

Jimenez, F. (2016). Ich und mein Spleen. Was wir tun, wenn wir alleine sind. München, C.H. Beck.

Jobs, S. (2005). Commencement Speech, Stanford University. Zugriff am 15.9.2011 unter news.stanford.edu/news/2005/june15/jobs-061505.html

Jörissen, B. (2000). Identität und Selbst. Systematische, begriffsgeschichtliche und kritische Aspekte. Berlin: Logos.

Jörissen, B., Zirfas, J. (Hrsg.) (2010). Schlüsselwerke der Identitätsforschung. Wiesbaden: VS Verlag für Sozialwissenschaften.

Jordan-Young, R. M. (2010). Brainstorm – The flaws in the science of sex differences. Cambridge, Mass.: Harvard University Press.

Kappeler, B. (2013). Wie das Problem der kurzen Haltedauer von börsenkotierten Aktion gelöst werden kann. NZZ am Sonntag, 8.9.2013.

Karasek, H. (1983). Menschliches Chamäleon. Der Spiegel, 40, 280–283.

Kast, V. (2003). Trotz allem Ich. Gefühle des Selbstwerts und die Erfahrung von Identität. Freiburg i. Br.: Herder.

Kaufmann, J.-C. (2008). Wenn ICH ein anderer ist. Konstanz: UVK Verlagsgesellschaft.

Kaufmann, J.-C. (2011). Sex@mour. Wie das Internet unser Liebesleben verändert. Konstanz: UVK Verlagsgesellschaft.

Keupp, H. (1989). Auf der Suche nach der verlorenen Identität. In H. Keupp, H. Bilden (Hrsg.), Verunsicherungen. Das Subjekt im gesellschaftlichen Wandel (S. 47–69). Göttingen: Hogrefe.

Keupp, H. (2003). Zukünfte des Individuums: Fitness für den Markt oder Selbstsorge in der Zivilgesellschaft. In A. Birbaumer, G. Steinhardt (Hrsg.), Der flexibilisierte Mensch. Subjektivität und Solidarität im Wandel (S. 297–315). Heidelberg: Asanger.

Keupp, H. (2012). Identität und Individualisierung: riskante Chancen zwischen Selbstsorge und Zonen der Verwundbarkeit – sozialpsychologische Perspektiven. In H. G. Petzold (Hrsg.), Identität. Ein Kernthema moderner Psychotherapie – interdisziplinäre Perspektiven (S. 77–105). Wiesbaden: VS Verlag.

Keupp, H., Ahbe, Th., Gmür, W., Höfer, R., Mitzscherlich, B., Kraus, W., Straus, F. (1999). Identitätskonstruktionen. Das Patchwork der Identitäten in der Spätmoderne. Reinbek: Rowohlt.

Knobel, R. (2008). Interview mit Peter Kreuz. Migros-Magazin, 11, 10.3.2008.

Knuf, A. (2016a). Der achtlose Umgang mit der Achtsamkeit. Psychologie Heute, 43 (1), 26–29.

Knuf, A. (2016b). »Der Boom wird immer wilder«. Interview mit Paul Grossmann zum Achtsamkeitsboom. Psychologie Heute, 43 (1), 30–31.

Koch, C. (2010). Bauch zu vermieten. NZZ am Sonntag, 10.10.2010.

Koch, C. (2012). Miete mein Leben. NZZ am Sonntag, 29.1.2012.

Koch, C. (2013). »Mann sucht Frau für gemeinsames Kind«. Vom Car- zum Baby-Sharing. NZZ am Sonntag, 24.2.2013.

Kondo, M. (2017). Magic Cleaning. Wie Sie sich von Ballast befreien und glücklich werden. Reinbek: Rowohlt.

Kops, K. (2017). Sorge dich um dich selbst. Übungen in philosophischer Lebenskunst. Psychologie Heute, 44 (4), 25–27.

Kotre, J. (1996). Weiße Handschuhe. Wie das Gedächtnis Lebensgeschichte schreibt. München: Hanser.

Krasnow, I. (2011). The Secret Lives of Wives. New York: Gotham Books.

Kreiner, P. (2014). Zwei Babys und zu viele Eltern. Tages-Anzeiger, 13.8.2014.

Kuhl, J., Luckner, A. (2007). Freies Selbstsein. Authentizität und Regression. Göttingen: Vandenhoeck & Ruprecht.

Kurianowicz, T. (2013). Die Angst, die Liebe zu verpassen. NZZ, 18.5.2013.

Kurzweil, R. (2010). »Auf dem Weg zur Unsterblichkeit«. Interview mit Daniel Huber. Credit Suisse bulletin, 1, 78–82.

Kuschel, K.-J. (2004). »Jud, Christ und Muselmann vereinigt«? Lessings »Nathan der Weise«. Düsseldorf: Patmos.

Ladisich-Raine, A., Pernter, G. (2012). Das Identitätsthema in Theorie und Praxis der Gestalttherapie. In H. G. Petzold (Hrsg.), Identität. Ein Kernthema moderner Psychotherapie – Interdisziplinäre Perspektiven (S. 333–360). Wiesbaden: VS Verlag.

Laloux, F. (2015). Reinventing Organizations. Ein Leitfaden zur Gestaltung sinnstiftender Formen der Zusammenarbeit. München: Vahlen.

Lancaster, L. C., Stillman, D. (2003). When generations collide. London: Harvill Press.

Langer, M.-A. (2014). Das fremde Ich im Netz. NZZ, 20.1.2014.

Leary, M. (2004). The curse oft he self. Self-awareness, egotism, and the quality of human life. New York: Oxford University Press.

LeDoux, J. (2006). Das Netz der Persönlichkeit. Wie unser Selbst entsteht. München: Deutscher Taschenbuch Verlag.

Lifton, R. J. (1987). The future of immortality. New York: Basic Book.

Lipkowski, S. (2016). Teilen lernen. Die Methode Working Out Loud. managerSeminare 214, Januar 2016, 82–89.

Lippmann, E. (1990). Drogenabhängigkeit: Familientherapie und Prävention. Ein Vergleich familientherapeutischer Modelle bei der Behandlung drogenabhängiger Jugendlicher und Vorschläge für die Suchtprävention in der Familie. Heidelberg: Springer.

Lippmann, E. (2009). Intervision. Kollegiales Coaching professionell gestalten. Heidelberg: Springer.

Lippmann, W. (1914). Drift and mastery. An attempt to diagnose the current unrest. New York: Mitchell Kennerley.

Little, B., Joseph, M. (2007). Personal projects and free traits: Mutable selves and well being. In: Little, B. et al. (eds.): Personal project pursuit. Goals, action, and human flurishing (pp. 375–400). London: Lawrence Erlbaum Associates.

Maggauer-Kirsche, A. (1998). Ganz schön rot geworden. Aphorismen. Kriens: Brunner.

Martens, A. (2010). Das wahre Ich entwickeln. Identität im Job. ManagerSeminare, 148, 40–45.

McAdams, D. (1996). Das bin ich. Wie persönliche Mythen unser Selbstbild formen. Hamburg: Kabel.

McAdams, D. (1997). The case for unity in the (post)modern self: A modest proposal. In R. Ashmore, L. Jussim (Eds.), Self and identity (pp. 46–80). New York: Oxford University Press.

McBride, M. C., Bergen, K. M. (2015). Work spouses: Defining and understanding a »new« relationship. Communication Studies, 66 (5), 487–508.

Mead, G. H. (1983). Geist, Identität und Gesellschaft aus der Sicht des Sozialbehaviorismus. Frankfurt a. M.: Suhrkamp.

Meissner, J. O., Weichbrodt, J. u. a. (2016). Flexible neue Arbeitswelt. Eine Bestandesaufnahme auf gesellschaftlicher und volkswirtschaftlicher Ebene. ETH Zürich: vdf Hochschulverlag.

Metzinger, Th. (2010). Der Ego-Tunnel. Eine neue Philosophie des Selbst: Von der Hirnforschung zur Bewusstseinsethik. Berlin: Berliner Taschenbuch Verlag.

Metzner-Szigeth, A. (2008). Von Cyber-Identitäten, virtuellen Gemeinschaften und vernetzter Individualisierung – sozial-psychologische Überlegungen. Sic et Non. Zeitschrift für Philosophie und Kultur. Im Netz, 9/2008. Zugriff am 20.11.2011 unter http://sicetnon.org./content/pdf/cyber-ident.pdf

Minssen, H. (2012). Arbeit in der modernen Gesellschaft. Eine Einführung. Wiesbaden: VS Verlag für Sozialwissenschaften.

Mitterauer, M., Sieder, R. (1980). Vom Patriarchat zur Partnerschaft. Zum Strukturwandel der Familie (2. Aufl.). München: Beck.

Morris, J. S. et al. (1996). A Differential Neural Respons in the Human Amygdala to Fearful and Happy Facial Expressions. Nature, 383, 812–815.

Murano, G. (2009). 10 Most Bizzarre Paternity Stories. 17.4.2009. Zugriff am 3.10.2011 unter http://www.oddee.com/item_96644.aspx, siehe auch unter www.zimbio.com unter dem entsprechenden Namen.

Nachtwey, O. (2016). Die Abstiegsgesellschaft. Berlin: Suhrkamp.

Nast, M. (2016). Generation Beziehungsunfähig. Hamburg: Edel.

Niederberger, W. (2011). CS schickt Händler aus Sicherheitsgründen in die Ferien. Tages-Anzeiger, 28.12.2011.
Nuber, U. (2006). Sind wir nicht alle ein bisschen bluna? Psychologie Heute, 33 (2), 20–27.
Nuber, U. (2016). Eigensinn. Die starke Strategie gegen Burn-out und Depression – für ein selbstbestimmtes Leben. Frankfurt a. M.: Fischer.
Nuber, U. (2017). Leicht neben der Spur. Psychologie Heute Compact, 48, 58–61.
Obolensky, N. (2010). Complex adaptive leadership. Embracing paradox and uncertainty. Farnham Surrey: Gower.
Oestereich, B., Schröder, C. (2017). Das kollegial geführte Unternehmen. Ideen und Praktiken für die agile Organisation von morgen. München: Vahlen.
Oettingen, G. (2015). Die Psychologie des Gelingens. München: Pattloch.
Oldenburg, R. (1998). The great good place. New York: Marlowe.
Orban, P. (1996). Der multiple Mensch. Frankfurt a. M.: Fischer.
Ornstein, R. (1992). Multimind – ein neues Modell des menschlichen Geistes. Paderborn: Junfermann.
Pabst, V. (2015). Indien will Leihmutterschaft einschränken. NZZ, 30.10.2015.
Paulus, J. (2013). Wie Smartphones das Selbstbewusstsein schwächen. Psychologie Heute, 40 (12), 13.
Peichl, J. (2010). Jedes Ich ist viele Teile. Die inneren Selbst-Anteile als Ressource nutzen. München: Kösel.
Peichl, J. (2011): Ego-States, Seiten, Parts, Teile: nur Metaphern oder neuronale Netzwerke? Meinen Teiletherapeuten alle damit das Selbe oder nur das Gleiche? Referat am Heidelberger Symposium zum Thema »Viele sind wir« am 18.–20. März 2011.
Perls, F. S. (1979). Gestalt-Therapie in Aktion. Stuttgart: Klett-Cotta.
Petersen, J. L., Hyde, J. S. (2010). A meta-analytic review of research on gender differences in sexuality, 1993–2007. Psychological Bulletin, 136 (1), 21–38.
Petzold, H. G. (1993). Integrative Therapie. Paderborn: Junfermann.
Petzold, H. G. (Hrsg.) (2012). Identität. Ein Kernthema moderner Psychotherapie – Interdisziplinäre Perspektiven. Wiesbaden: VS Verlag.
Pfaff, D. W. (2011). Man & woman – An inside story. New York: Oxford University Press.
Pfersdorf, S. (2017). Ich! Großartig! Psychologie Heute Compact, 48, 30–33.
Pössneck, L. (2012). IBM: Community statt Festanstellung. silicon.de, 2.2.2012; Zugriff am 14.3.2012 unter www.silicon.de/management/cio/0,39044010,41558569,00/ibm_community_statt_festanstellung.htm
Pongratz, H. J., Voss, G. G. (2003). Arbeitskraftunternehmer. Erwerbsorientierungen in entgrenzten Arbeitsformen. Berlin: Ed. Sigma.
Poster, M. (2004). The digital unconscious: Identity theft and security, or, what's the use of having an identity. Manuskript (zit. nach J. Zirfas, B. Jörissen, 2007).
Precht, R. D. (2007). Wer bin ich – und wenn ja, wie viele? München: Goldmann.
Pytell, T. (2005). Viktor Frankl. Das Ende eines Mythos? Innsbruck: Studienverlag.

Quitterer, J. (2002). Unser Selbst im Spannungsfeld von Alltagsintuition und Wissenschaft. In G. Rager, J. Quitterer, E. Runggaldier (Hrsg.), Unser Selbst – Identität im Wandel der neuronalen Prozesse (S. 61–142). Paderborn: Schöningh.

Rager, G. (2002). Neuronale Korrelate von Bewusstsein und Selbst. In G. Rager, J. Quitterer, E. Runggaldier (Hrsg.), Unser Selbst – Identität im Wandel der neuronalen Prozesse (S. 15–59). Paderborn: Schöningh.

Ramachandran, V. S. et al. (1995). Scientific correspondence. Touching the phantom limb. Nature 377, 489–490.

Rau, S. (2012). »Die Frauen wollten nur meinen Samen.« Tages-Anzeiger, 24.1.2012.

Rauchfleisch, U. (2011). »Transidentität ist keine Krankheit. Es gibt so viele Geschlechtsidentitäten, wie es Menschen gibt«. Interview mit Myshelle Baeriswyl. Psychoscope, 12, 8–11.

Reinhardt, S. (2014). Generation App: Ständig verbunden und doch einsam? Psychologie Heute, 40 (12), 30–33.

Reyer, C. (2011). Dieser Mann ist das begehrteste Frauenmodel. Welt Online, 3.7.2011. Zugriff am 20.11.2011 unter www.welt.de/lifestyle/article13457183/Dieser-Mann-ist-das; vgl. dazu auch www.zeit.de/2011/08/Mode-Model

Ribi, T. (2016). Das Paradox der Toleranz. NZZ, 24.12.2016.

Riboltis, E. (1996). Gesucht: Beschäftigte ohne Eigenschaften. Psychologie Heute, 23 (4), 52–57.

Riesebrodt, M. (2000). Die Rückkehr der Religionen: Fundamentalismus und der »Kampf der Kulturen«. München: Beck.

Riesman, D. (1968). Die einsame Masse. Eine Untersuchung der Wandlungen des amerikanischen Charakters (12. Aufl.). Reinbek: Rowohlt.

Rifkin, J. (2000). Access. Das Verschwinden des Eigentums. Warum wir weniger besitzen und mehr ausgeben werden. Frankfurt a. M.: Campus.

Rifkin, J. (2011). Die dritte industrielle Revolution. Die Zukunft der Wirtschaft nach dem Atomzeitalter. Frankfurt a. M.: Campus.

Robertson, B. J. (2016). Holacracy. Ein revolutionäres Management-System für eine volatile Welt. München: Vahlen.

Roesler, M. (1991). Das kulturelle Atom – Ein psychodramatisches Instrument zur Erfassung der Persönlichkeit. Psychodrama, 4, 187–202.

Roming, A. (2016). Sieh's doch mal so! Psychologie Heute, 43 (11), 18–23.

Rosenbaum, R., Dyckman, J. (1996). Die Integration von Selbst und System: Eine leere Schnittstelle? Familiendynamik, 21 (4), 346–382.

Roth, G. (2007). Persönlichkeit, Entscheidung und Verhalten. Warum es so schwierig ist, sich und andere zu ändern. Stuttgart: Klett-Cotta.

Runggaldier, E. (2002). Deutung menschlicher Grunderfahrungen im Hinblick auf unser Selbst. In G. Rager, J. Quitterer, E. Runggaldier (Hrsg.), Unser Selbst – Identität im Wandel der neuronalen Prozesse (S. 143–223). Paderborn: Schöningh.

Ryan, C., Jethá, C. (2016). Sex. Die wahre Geschichte. Stuttgart: Klett-Cotta.

Ryschka, J. (2007). Veränderungen in der Firma – und was wird aus mir? Ein Arbeitsbuch zum Selbstcoaching. Weinheim: Wiley-VCH.

Sadecky, V. (2015). Ice Ice Baby. NZZ am Sonntag, 24.5.2015.

Saint-Exupéry, A. de (2009). Die Stadt in der Wüste. Düsseldorf: Karl Rauch.

Sander, C. (2010). Change! Bewegung im Kopf. Ihr Gehirn wird so, wie Sie es benutzen. Göttingen: BuinessVillage.

Satir, V. (2001). Meine vielen Gesichter. Wer bin ich wirklich? München: Kösel.

Saum-Aldehoff, T. (2008). Wo wohnt das Ich? Psychologie Heute, 35 (12), 66–71.

Saum-Aldehoff, T. (2013). Wir sind immer auf Zeitreise. Psychologie Heute, 40 (2), 36–41.

Schachtner, C. (2010). Ich bin online, also bin ich. Psychologie Heute, 37 (3), 30–34.

Schacter, D. L. (1996). Wir sind Erinnerung. Gedächtnis und Persönlichkeit. Reinbek: Rowohlt.

Schäfer, A. (2012). Wir sind, was wir haben. Die tiefere Bedeutung der Dinge für unser Leben. München: DVA.

Schäfer, A. (2013). Der flexible Mensch: So tun, als ob. Psychologie Heute, 40 (8), 20–24.

Schäfer, A. (2017). »Die Erinnerung an ein schönes Erlebnis bleibt«. Interview mit Thomas D. Gilovich. Psychologie Heute, 44 (8), 40–43.

Schein, E. (1998). Karriereanker. Die verborgenen Muster in der beruflichen Entwicklung (5. Aufl.). Darmstadt: Beratungssozietät Lanzenberger, Looss, Stadelmann.

Scheuring, H. (2017). Maschinelle Intelligenz wird massiv überschätzt. Die Menschheit ist nicht bedroht von Robotern. NZZ am Sonntag, 20.8.2017.

Schilliger, P. (2012). Die Not mit dem Nachschub. Viele Rohstoffe sind knapp und bestenfalls noch in China erhältlich. Handelszeitung, 2.2.2012.

Schlegel, L. (1988). Die Transaktionale Analyse. Ein kritisches Lehrbuch und Nachschlagewerk. Tübingen: Francke.

Schmid, B. (2009). Selbstfindung und Sinn im Beruf und in der Organisation. In M. Hänsel, A. Matzenauer (Hrsg.), Ich arbeite, also bin ich? Sinnsuche und Sinnkrise im beruflichen Alltag (S. 40–52). Göttingen: Vandenhoeck & Ruprecht.

Schmid, B. (2016). Zutreffendes bitte ankreuzen. Geschlechter im Fluss. nzz.ch., 17.06. 2016. Zugriff am 5.8.2017 unter: https://www.nzz.ch/gesellschaft/aktuelle-themen/geschlechter-im-fluss-zutreffendes-bitte-ankreuzen-ld.89427.

Schmid, B. (2017). Sie liebte einen Falschen. NZZ, 3.3.2017.

Schmidt, G. (2005). Einführung in die hypnosystemische Therapie und Beratung. Heidelberg: Carl-Auer.

Schmidt-Lellek, C. (2011). Perspektiven des Lebensganzen. Die Lebensspanne und die Lebensbereiche im Life-Coaching. In C. Schmidt-Lellek, F. Buer (Hrsg.), Life-Coaching in der Praxis. Wie Coaches umfassend beraten (S. 27–49). Göttingen: Vandenhoeck & Ruprecht.

Schnabl, L. (2016). Ich heirate. Mich! NZZ am Sonntag, 28.8.2016.

Schnell, T. (2014). »Beim Sinn geht es nicht um Glück, sondern um das Richtige und Wertvolle«. Interview von Andreas Huber mit Tatjana Schnell. Psychologie Heute (41), 2, 36–41.

Schnell, T. (2016). Psychologie des Lebenssinns. Berlin, Heidelberg: Springer.
Schreiber, M. (2012). Fragebogen zu den Karriereorientierungen. Zürich: Institut für Angewandte Psychologie. Auf www.laufbahndiagnostik.ch befinden sich weiterführende Publikationen und der Fragebogen, der gratis ausgefüllt werden kann, mit unverzüglicher Auswertung.
Schulz von Thun, F. (1989). Miteinander reden, 2. Stile, Werte und Persönlichkeitsentwicklung. Differentielle Psychologie der Kommunikation. Reinbek: Rowohlt.
Schulz von Thun, F. (1998). Miteinander reden, 3. Das »Innere Team« und situationsgerechte Kommunikation. Reinbek: Rowohlt.
Schwab, K. (2011). Im Gespräch mit Markus Eisenhut und Res Strehle. Tages-Anzeiger, 31.12.2011.
Schwartz, R. C. (1997). Systemische Therapie mit der inneren Familie. München: Pfeiffer.
Schweitzer, J., Schlippe, A. von (2016). Es kann alles auch ganz anders sein. Psychologie Heute, 43 (11), 24–27.
Seibt, C. (2015). Der grosse Betrug. Tages-Anzeiger, 2.9.2015.
Sennett, R. (1998). Der flexible Mensch. Die Kultur des neuen Kapitalismus (Orig.: The corrosion of character). Berlin: Berlin Verlag.
Siefer, W., Weber, C. (2006). Ich. Wie wir uns selbst erfinden. Frankfurt a. M.: Campus.
Siegel, D. J. (2006). Wie wir werden, die wir sind. Neurobiologische Grundlagen subjektiven Erlebens und die Entwicklung des Menschen in Beziehungen. Paderborn: Junfermann.
Siegel, D. J. (2010). Die Alchemie der Gefühle. Wie die moderne Hirnforschung unser Seelenleben entschlüsselt – das Navigationssystem zu emotionaler Klarheit. München: Kailash.
Signer, D. (2011a). Ihnen gehört die Zukunft. Binationale Jugendliche. NZZ am Sonntag, 6.3.2011.
Signer, D. (2011b). Die Zukunft der Liebe. NZZ am Sonntag, 24.4.2011.
Simon, C. P. (2009). Wer bin »ich« und wer könnte ich sein? GEO WISSEN, 43, 22–26.
Smith, R. (2011). Frei von Selbsttäuschung. Der buddhistische Weg aus der Ego-Falle. Oberstdorf: Windpferd.
Sparrer, I., Varga von Kibéd, M. (2010). Lehrgang »Systemische Strukturaufstellungen (SySt)« im Organisationsbereich. Seminarnotizen. Weggis.
Spiekermann, S., Hampson, P., Ess, C. M., Hoff, J., Coeckelbergh, M., Franck, G. (2017). Wider den Transhumanismus. Tages-Anzeiger, 19.7.2017.
Spillmann, K. R. (1980). Vom Wandel der Eltern-Kind-Beziehung im Laufe der Geschichte. In J. Duss-von Werdt, R. Elter-Enderlin (Hrsg.), Der Familienmensch (S. 29–41). Stuttgart: Klett-Cotta.
Spörri, B. (2012). Tempo Teufel. Unser Leben wird immer schneller – der Stress nimmt zu. Wo führt das bloss hin? SonntagsZeitung, 5.2.2012.
Steck, A. (2017). Die neuen Söldner im Büro. NZZ am Sonntag, 12.3.2017.

Steffes-enn, R. (2010). Sex sells. Über die Sexualisierung in den Neuen Medien. In F. J. Robertz, R. Wickenhäuser (Hrsg.), Orte der Wirklichkeit. Über Gefahren in medialen Lebenswelten Jugendlicher. Killerspiele, Happy Slapping, Cyberbullying, Cyberstalking, Computerspielsucht ... Medienkompetenz steigern (S. 79–100). Heidelberg: Springer.

Stern, D. (1992). Die Lebenserfahrung des Säuglings. Stuttgart: Klett-Cotta.

Stern, H. (2016). Heimat finden. Psychologie Heute, 43 (12), 18–24.

Stevenson, R. L. (2001). Dr. Jekyll und Mr. Hyde. Ditzingen: Reclam. (engl. Original erschienen 1886)

Stierlin, H. (1994). Ich und die anderen. Psychotherapie in einer sich wandelnden Gesellschaft. Stuttgart: Klett-Cotta.

Stone, H., Stone, S. (1994). Du bist viele. München: Heyne.

Storch, M. (1999). Identität in der Postmoderne – mögliche Fragen und mögliche Antworten. In H. Dohrenbusch, J. Blickenstorfer (Hrsg.), Allgemeine Heilpädagogik – eine interdisziplinäre Einführung (S. 70–84). Luzern: Edition SZH.

Storch, M. (2006). Wie Embodiment in der Psychologie erforscht wurde. In M. Storch et al., Embodiment. Die Wechselwirkung von Körper und Psyche verstehen und nutzen (S. 35–72). Bern: Huber.

Storch, M., Krause, F. (2002). Selbstmanagement – ressourcenorientiert. Grundlagen und Trainingsmanual für die Arbeit mit dem Zürcher Ressourcen Modell. Bern: Huber.

Straumann, F. (2016). Die Kinderwunsch-Transplantation. Tages-Anzeiger, 19.8.2016.

Sturm, A. (2012). Im Supermarkt der Liebe. Psychologie Heute, 39 (3), 34–39.

Tenzer, E. (2011). Sprich mit dir! Psychologie Heute, 38 (9), 26–30.

Tenzer, E. (2017). Das Leben als Skizze. Psychologie Heute, 44 (5), 25–27.

Thiemann, J. (2013). Klartraum. Wie Sie Ihre Träume bewusst steuern können. Reinbek: Rowohlt.

Tönnies, F. (1887). Gemeinschaft und Gesellschaft – Abhandlung des Communismus und des Socialismus als empirischer Culturformen. Berlin: Fucs.

Tolstoi, L. N. (2010). Krieg und Frieden. München: Hanser. (russ. Original erschienen 1868/69)

Trachsel, H. (2011). Employability und Identität: Ich-Marke trifft Markt. Alpha 8./9.1.2011.

Traub, R. (2006). Die Rückkehr des Glaubens. Spiegel Special, 9, 6–15.

Tschacher, W. (2006). Wie Embodiment zum Thema wurde. In M. Storch et al., Embodiment. Die Wechselwirkung von Körper und Psyche verstehen und nutzen (S. 11–34). Bern: Huber.

Turkle, S. (2011). »Das Internet ist noch nicht erwachsen«. Interview, geführt von Anna Gielas. Psychologie Heute, 38 (7), 42–45.

Unverzagt, G. (2016). Warum bin ich so, wie ich bin? Psychologie Heute, 43 (9), 70–74.

Varga von Kibéd, M., Sparrer, I. (2011). Ganz im Gegenteil. Tetralemmaarbeit und andere Grundformen Systemischer Strukturaufstellungen – für Querdenker und solche, die es werden wollen (7. Aufl.). Heidelberg: Carl-Auer.

Veiel, A. (2009). Heiraten light in Frankreich. NZZ am Sonntag, 8.11.2009.
Verhaeghe, P. (2013). Und ich? Identität in einer durchökonomisierten Gesellschaft. München: Kunstmann.
Voigt, C., Moreno, J. (2010). Die Paarungsfalle. Der Spiegel, 45, 76–87.
Walser, M. (1991). Die Verteidigung der Kindheit. Frankfurt a. M.: Suhrkamp.
Walster, E., Walster, W. (1979). Liebe: das romantische Tauschgeschäft. Psychologie Heute, 6 (6), 62–69.
Watkins, J. G., Watkins, H. H. (2003). Ego-States. Theorie und Therapie. Ein Handbuch. Heidelberg: Carl-Auer.
Watzlawick, P., Beavin, J. H., Jackson, D. D. (1969). Menschliche Kommunikation. Formen, Störungen, Paradoxien. Bern: Huber.
Weber, B. (2012). Der Schlüssel zum Glück ist die Frau. Tages-Anzeiger, 28.1.2012.
Weber, M. (1934). Die protestantische Ethik und der Geist des Kapitalismus. Paderborn: Salzwasser Verlag. Reprint des Originals 2011.
Weintraub, P. (2016). Sprich mit dir! Die Kunst, sich selbst ein guter Ratgeber zu sein. Psychologie Heute, 43 (2), 18–23.
Welsch, W. (1995). Vernunft. Die zeitgenössische Vernunftkritik und das Konzept der transversalen Vernunft. Frankfurt a. M.: Suhrkamp.
Welsch, W. (2000). Virtual to Begin with? In M. Sandbothe, W. Marotzki (Hrsg.), Subjektivität und Öffentlichkeit. Kulturwissenschaftliche Grundlagenprobleme virtueller Welten (S. 25–60). Köln: Herbert von Halem Verlag.
Wick, H. (2012). Börsen im Geschwindigkeitsrausch. Technologische Neuerungen und Trends in der Finanzinformatik. NZZ, 25.1.2012.
Wilhelm, K. (2011). »Ich handle, also denke ich.« Embodied Cognition. Psychologie Heute, 38 (1), 76–80.
Wilhelm, K. (2016). Das Ende der Menschheit, so wie wir sie kennen. Psychologie Heute, 43 (8), 64–69.
Willi, J. (2007). Wendepunkte im Lebenslauf. Persönliche Entwicklung unter veränderten Umständen – die ökologische Sicht der Psychotherapie. Stuttgart: Klett-Cotta.
Windlin, S. (2009). Kind ja, Mann vielleicht. Mehr Abwechslung, mehr Respekt, mehr Sex und die besten Wohnungen. Das Elend der Alleinerziehenden wird übertrieben. 15 Gründe, warum es Spass macht, eine Single-Mutter zu sein. NZZ am Sonntag, 22.11.2009.
Wolf, A. (2013). So bin ich. Ich kann aber auch anders! Psychologie Heute, 40 (8), 26–29.
Wottreng, W. (2011). Zwischen allen Stühlen. Nachruf auf Juliano Mer-Khamis. NZZ am Sonntag, 17.4.2011.
Wüst, P. (2008). PR in eigener Sache: Gezielt unverwechselbar. Alpha 22./23.11.2008.
Zeit Online: Interview mit Andrej Pejic. www.zeit.de/2011/08/Mode-Model/ Zugriff am 6.1.2012
Zilic, A. (2012). Anwälte machen Jagd auf Opfer. SonntagsZeitung, 12.2.2012.
Zimmermann, T., Laszig, P. (1998). Über die Konstruktion von Identität, Körper und Sexualität im Internet – Erotische Schnittstellen zwischen Erweiterung und Begrenzung. Familiendynamik, 23 (4), 413–420.

Zirfas, J., Jörissen, B. (2007). Phänomenologien der Identität. Human-, sozial- und kulturwissenschaftliche Analysen. Wiesbaden: VS Verlag für Sozialwissenschaften.
Zivadinovic, D. (2011). Willkommen, little Zachary. Schweizer Illustrierte, 31.1.2011.
Zollinger, M. (2016). Sodom und Pandora. NZZ, 30.9.2016.
Zucker, B. (2010). Funktionaler Analphabetismus im Management oder: lebensuntauglich. Alpha, 16./17.10.2010.
Zweig, S. (1942). Die Welt von Gestern. Erinnerungen eines Europäers. Stockholm: Bermann-Fischer.

Tabus sichern Identität – Tabubrüche ermöglichen Entwicklung

Hartmut Kraft
Die Lust am Tabubruch
2015. 244 Seiten, mit 15 Abb.,
kartoniert
ISBN 978-3-525-49154-6
eBook: ISBN 978-3-647-49154-7

Tabus haben Konjunktur. Bestimmte Tabubrüche führen zum Ausschluss aus der Bezugsgruppe. So ist ein Politiker, der in Deutschland das Antisemitismus-Tabu bricht, schnell am Ende seiner Karriere. Doch besteht immer auch eine Lust am Tabubruch, das Bedürfnis, überholte und verkrustete Denk- und Handlungsmuster abzustreifen. Von der sexuellen Revolution bis zu den Auseinandersetzungen um die Homosexuellenehe zieht sich ein roter Faden des gesellschaftlichen Wandels. Auf diesem Weg mussten zahlreiche Tabus in Frage gestellt, gebrochen und neue Normen und Gesetze aufgestellt werden. Der Psychoanalytiker Hartmut Kraft untersucht das Tabuphänomen in all seinen spannenden Facetten.

Verlagsgruppe Vandenhoeck & Ruprecht | V&R unipress

www.v-r.de

Die erste umfassende Darstellung der Personzentrierten Systemtheorie

Jürgen Kriz
Subjekt und Lebenswelt
Personzentrierte Systemtheorie
für Psychotherapie, Beratung
und Coaching
2017. 300 Seiten, mit 54 Abb.
und 8 Tab., kartoniert
ISBN 978-3-525-49163-8
eBook: ISBN 978-3-647-49163-9

Die Personzentrierte Systemtheorie ist eine Mehr-Ebenen-Konzeption zum Verständnis von klinischen, psychotherapeutischen, beraterischen und auf Coaching bezogenen Prozessen unter besonderer Berücksichtigung des Zusammenwirkens unterschiedlicher Ebenen (u. a. körperliche, psychische, interpersonelle und gesellschaftliche Prozesse). Jürgen Kriz legt nun erstmals eine Gesamtdarstellung seines Konzeptes vor, in der er sowohl die systemischen Prinzipien als auch die vier zentralen Prozessebenen in ihrer Interaktion ausführlich erläutert. Das Buch ist ein Must-have für alle systemischen wie auch humanistischen Psychotherapeuten und Berater.

Verlagsgruppe Vandenhoeck & Ruprecht | V&R unipress

www.v-r.de